मुख्य परीक्षा के लिए

प्रशासकीय नीतिशास्त्र

रविन्द्र शेखावत

प्रभात
पेपरबैक्स
www.prabhatbooks.com

प्रकाशक
प्रभात पेपरबैक्स
4/19 आसफ अली रोड, नई दिल्ली-110002
फोन : 23289555 • 23289666 • 23289777
• हेल्पलाइन/  7827007777
इ-मेल : prabhatbooks@gmail.com ❖ वेब ठिकाना : www.prabhatbooks.com

सर्वाधिकार
सुरक्षित

संस्करण
प्रथम, 2019

अ.मा.पु.स. 978-93-5322-027-3

———— ★ ————

PRASHASKEEYA NITISHASTRA
Ravinder Shekhawat

Published by **PRABHAT PAPERBACKS**
4/19 Asaf Ali Road, New Delhi-110002

ISBN 978-93-5322-027-3

विषय-सूची

1. **प्रशासनिक नैतिकता** 1-3
   - प्रशासनिक नैतिकता 1
   - प्रशासनिक नैतिकता के तीन मूलभूत घटक 2
   - सिविल सेवा से जुड़ी नैतिक शर्तें या सिद्धांत 2
   - प्रशासनिक नैतिकता के लिए आवश्यक शर्तें 2

2. **नीतिशास्त्र और परस्पर मानव-व्यवहार** 4-7
   - नीतिशास्त्र की शाखाएं या अध्ययन क्षेत्र 4
   - तत्व-नीतिशास्त्र 5
   - नियमात्मक नीतिशास्त्र 6
   - व्यावहारिक नीतिशास्त्र 6

3. **भारत व विश्व के चिंतकों तथा दार्शनिकों का योगदान** 8-22
   - विश्व के प्रमुख नैतिक चिंतक (विचारक) 8
   - सुकरात 8
   - प्लेटो 9
   - प्लेटो का आदर्शवाद 9
   - अरस्तू 10
   - प्लेटो और अरस्तू—एक तुलनात्मक अध्ययन 10
   - दर्शन-संबंधी अंतर 10
   - नीतिगत अंतर 11
   - राजनीतिक दर्शन-संबंधी अंतर 11
   - इमैनुअल कांट 12
   - जॉन रॉल्स 12
   - रॉल्सवाद 13
   - जेरेमी बेंथम 13
   - जॉन स्टुअर्ट मिल 14
   - ऑन लिबर्टी 15
   - 'द सब्जेक्शन ऑफ वूमन' 15
   - रूसो 16
   - दलाई लामा 17
   - भारतीय नैतिक विचारक 17
   - गौतम बुद्ध 17
   - वर्धमान महावीर 18

	स्वामी विवेकानंद 19
	भारत के सामाजिक-आध्यात्मिक विकास में स्वामी विवेकानंद का योगदान 19
	राजा राममोहन राय 20
	मोहनदास करमचंद गांधी 21
	गांधीजी का व्यावहारिक आदर्शवाद 21
	डॉ. सर्वपल्ली राधाकृष्णन 22
4.	**सरकारी संस्थाओं में नैतिकता से जुड़ी चिंताएं और भ्रांतियां 23-36**
	नैतिकता की परिभाषा और महत्व 23
	लोक-प्रशासन में नैतिकता 24
	नैतिक असमंजस 26
	लोक-प्रशासन में नैतिक असमंजस से निपटना 26
	नैतिकता के नए आयाम 27
	जवाबदेही 27
	जवाबदेही या उत्तरदेयता के प्रकार 28
	राजनीतिक जवाबदेही 28
	नैतिक जवाबदेही 29
	प्रशासनिक जवाबदेही 29
	संगठनों में व्यक्तिगत जवाबदेही 29
	चुनाव आधारित जवाबदेही 30
	पब्लिक/प्राइवेट में टकराव 30
	समकालीन विकास-विस्तार 30
	शिक्षा में जवाबदेही 31
	सरकारी व्यवस्था में नैतिकता 32
	पेशेवर या व्यावसायिक आचार-संहिता 32
	सिविल सेवा में नैतिकता 33
	नैतिक संहिता और आचार-संहिता में अंतर 34
	नैतिक संहिता 34
	आचार-संहिता 34
	समानताएं 35
	असमानताएं 35
	दोनों प्रकार की संहिताओं का समन्वित रूप 35
	सरकार और नैतिकता 36
5.	**केस स्टडीज 37-91**
	केस स्टडी को समझना 37
	केस स्टडी प्रश्नों के उत्तर देने की युक्ति 37
	चार चरणों की प्रक्रिया 38
	नमूना केस स्टडी-1 38
	नमूना केस स्टडी-2 39
	नमूना केस स्टडी-3 40

आर.ए.एस. मुख्य परीक्षा: प्रश्न-पत्र-III इकाई-III
(भाग-A) प्रशासकीय नीतिशास्त्र 92-101

परिशिष्ट 103-166

परिशिष्ट-1
भारत में लोक सेवा विधायन का अधिकार 105-106
- ढांचा 105
- लागू करने वाले राज्य 106

परिशिष्ट-2
नागरिकों को चीजों और सेवाओं को समयबद्ध ढंग से प्रदान करने और उनकी शिकायतों को दूर करने के अधिकार का विधेयक-2011 107-114
- विधेयक के उद्देश्य 107
- प्रमुख बातें 107
- भाग ए : विधेयक की विशिष्टताएं 108
- संदर्भ 108
- मुख्य विशेषताएं 109
- सार्वजनिक या सरकारी प्राधिकरण 109
- जन शिकायत निवारण आयोग 109
- शिकायत प्रणाली 109
- जुर्माना 111
- भाग बी : मुख्य मुद्दे एवं विश्लेषण 111
- सरकारी प्राधिकरण के अर्थ पर स्पष्टता का अभाव 112
- शिकायत निवारण मंचों की बहुलता 112
- गैर-नागरिकों का वर्जन 113
- अपील प्रक्रिया में असंगतियां 113
- केंद्रीय एवं प्रांतीय शिकायत आयोगों के सदस्यों को हटाया जाना 114
- डी.ए. एवं आयोगों की शक्तियों के बीच असंगति 114

परिशिष्ट-3
भारत का नागरिक घोषणा-पत्र एवं शिकायत निवारण विधेयक, 2011 115-163
- जन लोकपाल विधेयक 115
- लोकपाल विधेयक 116
- समय रेखा एवं लागत 116
- वर्तमान भ्रष्टाचार-रोधी कानून एवं संगठन 116
- केंद्रीय सतर्कता आयोग (सी.वी.सी) 116
- केंद्रीय जांच ब्यूरो (सी.बी.आई) 117
- प्रेरणा 117
- प्रस्तावित विधेयक की प्रमुख खासियतें 117
- जन लोकपाल विधेयक के सरकार के एवं कार्यकर्ताओं के मसौदे में अंतर 118
- केस उजागर करने वाले (व्हिसल ब्लोअर) की रक्षा एवं नागरिक 119

घोषणा-पत्र के बारे में सरकार का नजरिया 119
जन लोकपाल विधेयक के लिए अभियान 119
अनशन एवं आंदोलन प्रथम चरण 120
अनशन एवं आंदोलन द्वितीय चरण 120
लोकपाल और लोकायुक्त विधेयक, 2011 की कठिन परिस्थिति...........122
प्रस्तावित विधान पर संसदीय कार्रवाइयां 123
लोकपाल विधेयक, 2011 123
केंद्रीय मंत्रिमंडल ने विधेयक को मंजूरी दी 124
लोकसभा में यात्रा 124
राज्य सभा में यात्रा 126
बजट सत्र, 2012 127
मानसून सत्र, 2012 128
लोकायुक्त 128
प्रभावशाली बनाने के लिए संवैधानिक संशोधन 128
भारतीय राज्यों में लोकायुक्त/लोकपाल/लोकायोग अधिनियम 129
सुधार 129
संविधान के कामकाज की समीक्षा के लिए राष्ट्रीय आयोग पर जोर 129
सार्वजनिक जीवन में भ्रष्टाचार का संकट 130
लॉर्ड नोलान द्वारा दी गई रिपोर्ट में दिए गए सार्वजनिक जीवन
के सार सिद्धांत 133
(ए) बेनामी सौदा (प्रतिबंध) अधिनियम, 1988 के अनुच्छेद-5
को लागू करने की जरूरत 134
(बी) सरकारी पद में अपकरण-एक उपाय 137
(सी) लोक सेवकों की अवैध रूप से हासिल की गई संपदाओं की
जब्ती के लिए एक कानून बनाए जाने की आवश्यकता....................143
उदाहरण (दृष्टांत) 145
(डी) जन हित प्रकटीकरण कानून बनाना 146
सार्वजनिक जीवन में मानक 148
(ई) सूचना की स्वतंत्रता अधिनियम का बनना 149
(एफ) केंद्रीय सतर्कता आयोग अधिनियम के अतिरिक्त लोकपाल विधेयक
को कानून बनाने की आवश्यकता 154
लोकपाल की संस्था 154
केंद्रीय सतर्कता आयोग 161
लोक सेवा आयोग बोर्ड 161
केंद्रीय सतर्कता आयोग के सुझाव 162
संयुक्त राज्य अमेरिका के सरकारी अधिनियम में नीति शास्त्र 162
(जी) आपराधिक न्यायिक प्रणाली को मजबूत करना 163

परिशिष्ट-4
भारत का सरकारी गोपनीयता कानून, 1923 164
अभियोजन और जुर्माना 164

परिशिष्ट-5
अंतर्राष्ट्रीय एन.जी.ओ. उत्तरदायित्व घोषणा-पत्र 165-166
उत्पत्ति 165

1 प्रशासनिक नैतिकता

समय के साथ-साथ सिविल सेवा की अवधारणा और उससे जुड़ी भूमिकाओं तथा दायित्वों की प्रक्रिया में सुधार किया गया है। स्वतंत्र भारत का सिविल सेवा ढांचा और स्थापित व्यवस्था, सब कुछ ब्रिटिश कालीन भारत की प्रशासनिक व्यवस्था से लिया गया है। देश की राष्ट्रीय एकता और बेहतर प्रशासन के लिए इसकी उपयोगिता को सरदार वल्लभभाई पटेल द्वारा चिह्नित और संविधान सभा द्वारा स्वीकृत किया गया था। इस संबंध में सरदार पटेल के विचार और अभिदृष्टि को उद्धृत करना प्रासंगिक प्रतीत होता है :

"मुझे कहने की आवश्यकता प्रतीत नहीं होती कि कार्य के प्रति निष्ठा और ईमानदारी के परिणाम के रूप में प्रतिफल देने वाली एक कुशल, अनुशासित सेवा किसी भी लोकतांत्रिक व्यवस्था के अंतर्गत स्वस्थ, सशक्त प्रशासन के लिए एक आवश्यक शर्त है। सेवा को पार्टी और राजनीति से ऊपर रखकर देखा जाना चाहिए और हमें यह सुनिश्चित करना चाहिए कि सेवाओं में भरती और उसके अनुशासन-नियंत्रण में दलगत विचारों को यदि पूरी तरह से दूर न रखा जा सके, तो कम से कम ही स्थान दिया जाएं।"

प्रशासनिक नैतिकता

स्वच्छ, प्रभावी प्रशासन के लिए निर्धारित सिद्धांतों, व्यवहार के नियमों और मानदंडों, नैतिक मूल्यों की व्यवस्था को प्रशासनिक नैतिकता कहा जाता है। सार्वजनिक प्रशासन के संदर्भ में ये नियम, मानदंड और सिद्धांत उन लोगों पर लागू होते हैं जो पेशेवर (प्रोफेशनल) मैनेजर के रूप में कार्य करते हैं। नीतिशास्त्र दर्शनशास्त्र की एक शाखा है, जिसमें नैतिकता का अध्ययन किया जाता है। सार्वजनिक क्षेत्र के संदर्भ में बात करें तो नैतिकता का अर्थ एक लोक-नेता के रूप में लोक-प्रशासक के कर्तव्य से लगाया जाता है। इस प्रकार, प्रशासनिक नैतिकता के अंतर्गत सरकारी और गैर-सरकारी संगठनों में नियमित सेवा के दौरान किए जाने वाले कार्यों और लिए जाने वाले निर्णयों के नैतिक औचित्य पर विचार किया जाता है।

सामान्यतया ऐसा माना जाता है कि सरकारी कर्मचारी प्रबंधकीय निर्णयों के लिए नैतिक मानदंड स्थापित करते हैं, उनका विश्लेषण करते हैं और लिए जाने वाले निर्णयों के लिए व्यक्तिगत और प्रोफेशनल तौर पर जिम्मेदारी स्वीकार करते हैं।

लोक-प्रशासन के अंतर्गत सार्वजनिक संपदा के सृजन और नैतिक मूल्यों के प्रभावी उपयोग के लिए अपने पेशेवर (प्रोफेशनल) क्रिया-कलापों को लक्ष्य करके काम करने वाले लोक-प्रशासकों के लिए आवश्यक नैतिक मूल्यों और मानदंडों की व्यवस्था को सिविल सेवा नैतिकता कहा जाता है।

सिविल सेवा नैतिकता का उद्देश्य प्रोफेशनल या सेवा-संबंधी क्रिया-कलापों के सामाजिक औचित्य को बनाए रखना; व्यवहार, कार्य और मानदंडों के माध्यम से कर्मचारी-संबंधों को विनियमित करना और सार्वजनिक प्रशासन से जुड़े कर्मचारियों में नैतिक सजगता लाना होता है।

नैतिक मानदंड सिविल सेवा नैतिकता का आधार होते हैं। नैतिक मानदंड का अभिप्राय नैतिक नियमों और रीतियों से लगाया जाता है, जो नैतिक संबंधों और नैतिक सजगता का एक आवश्यक तत्व होता है।

प्रशासनिक नैतिकता के तीन मूलभूत घटक

1. **नियम और मानदंड :** लोगों या कर्मचारियों के कार्य व व्यवहार को नियंत्रित एवं निर्देशित करने के लिए कुछ निश्चित सिद्धांत होते हैं, जिनका नियम, कानून या संहिता आदि के रूप में पालन करना होता है।
2. **मूल्य :** मूल्य से अभिप्राय न्याय, स्वतंत्रता, उत्तरदायित्व, वफादारी, निष्पक्षता, ईमानदारी आदि को लेकर व्यक्तिगत, सामूहिक और सामाजिक विचार व अभिवृत्ति से है।
3. **व्यवहार :** सामाजिक मूल्यों से संबंधित नियमों व मानदंडों द्वारा नियंत्रित कर्मचारियों के विभिन्न प्रकार के कार्यों को व्यवहार के अंतर्गत माना जाता है।

सिविल सेवा से जुड़ी नैतिक शर्तें या सिद्धांत

सिविल (सभ्य) समाज प्रशासनिक नैतिकता का स्रोत होता है। प्रशासनिक नैतिकता से जुड़ी शर्तें, सरोकार और अपेक्षाएं नैतिक नियमों व मानदंडों के आधार पर तय किए जाते हैं, जो सिविल सेवा और विभिन्न प्रकार के सरकारी संगठनों से जुड़े उद्देश्यों तथा अवधारणाओं को प्रतिबिंबित करते हैं।

प्रशासनिक नैतिकता के निम्नलिखित मूलभूत कार्य हैं :

1. सरकार और नागरिकों के बीच संबंध को विनियमित करने में अपनी भूमिका निभाना।
2. सरकारी क्रिया-कलापों में सार्वजनिक और सरकारी सरोकारों को अधिक से अधिक बढ़ावा देना।
3. नैतिकता के आधार पर व्यवहारात्मक मानदंडों से युक्त लोक-प्रशासन स्टाफ तैयार करना।

प्रशासनिक नैतिकता के लिए आवश्यक शर्तें

भारत की सिविल सेवा को स्वतंत्रता-प्राप्ति के बाद देश में सामाजिक-आर्थिक रूपांतरण का प्रमुख माध्यम माना गया था। साठ के दशक से पहले लोकप्रशासकों में विधायिका की सामाजिक-आर्थिक नीतियों-निर्णयों के प्रति रुचि और प्रतिबद्धता का अभाव देखा जा रहा था। यहां प्रशासनिक संस्कृति के संदर्भ में राजीव गांधी की यह टिप्पणी उल्लेखनीय है :

''...सरकारी व्यवस्था, प्रशासनिक सेवाओं और...इतनी सारी सरकारी संस्थाओं की फौलादी सुरक्षा का क्या है...कहते हैं न... जब रक्षक ही भक्षक बन जाए तो कुछ नहीं किया जा सकता। बिलकुल ऐसा ही हुआ है। यहां रक्षक खुद ही भक्षक बन बैठा है। हमारे यहां ऐसे सरकारी नौकर हैं, जो सेवा नहीं करते, बल्कि गरीब और असहाय लोगों पर अत्याचार करते हैं... कानून के अनुसार चलने की बजाय उन लोगों के साथ मिल जाते हैं, जो देश को धोखा दे रहे हैं... कार्य-नैतिकता से, जनता के हित से उनका कोई लेना-देना नहीं है और न ही देश के

भविष्य की चिंता है। भाड़े के सैनिकों की तरह वे बिना किसी निष्ठा या प्रतिबद्धता के काम किए जाते हैं...।''

सक्षम और उत्तरदायित्वपूर्ण प्रशासन सुनिश्चित करने के उद्देश्य से नीचे से लेकर ऊपर तक एक पारदर्शी, विकेंद्रित और जन-हितैषी प्रशासनिक व्यवस्था के लिए एक एजेंडा तैयार कने हेतु भारत सरकार ने 1996 में मुख्य सचिवों का एक सम्मेलन आयोजित किया था। उसके बाद वर्ष 1997 में मुख्यमंत्रियों का एक सम्मेलन आयोजित किया गया, जिसमें प्रभावशाली और जिम्मेदार प्रशासन की कार्य-योजना प्रस्तुत की गई, जिसमें तीन प्रमुख मुद्दों पर चर्चा की गई थी:

1. प्रशासन को जिम्मेदार और नागरिक-हितैषी बनाना।
2. पारदर्शिता लाना और सूचना के अधिकार को अमल में लाना।
3. सिविल सेवा में अभिप्रेरणा लाना।

सरकारी नैतिकता पर गठित दूसरे प्रशासनिक सुधार आयोग की चौथी रिपोर्ट में लोकसेवा के लिए विशिष्ट मूल्य विकसित करने की जरूरत पर बल दिया गया है :

''लोकसेवा मूल्यों, जिनके प्रति सभी सिविल सेवकों को निष्ठावान होना चाहिए, को सुपरिभाषित किया जाना चाहिए और सरकारी व अर्धसरकारी संगठनों में सब स्तरों पर लागू किया जाना चाहिए। इसमें किसी भी प्रकार की लापरवाही या उल्लंघन के लिए दंड का प्रावधान होना चाहिए।''

❑❑❑

2. नीतिशास्त्र और परस्पर मानव-व्यवहार

नीतिशास्त्र, दर्शनशास्त्र का वह अंग है, जिसमें सही-गलत या उचित-अनुचित आचरण की अवधारणा के विकास, मानकीकरण और अनुपालन का समावेश होता है। इसे नैतिक दर्शन के रूप में भी जाना जाता है। 'नीतिशास्त्र' शब्द अंग्रेजी भाषा के शब्द 'एथिक्स' (Ethics) का हिंदी रूपांतरण है, जो ग्रीक भाषा के शब्द 'एथास' (Ethos) से लिया गया है; इसका अभिप्राय 'चरित्र' या 'आचरण' से लगाया जाता है। एक्सियोलॉजी में इसे सौंदर्य-शास्त्र का प्रतिरूप माना जाता है, जबकि दर्शनशास्त्र में इसके अंतर्गत मनुष्य के नैतिक कार्य-व्यवहार का अध्ययन किया जाता है।

नीतिशास्त्र की शाखाएं या अध्ययन क्षेत्र

नीतिशास्त्र के अध्ययन को तीन शाखाओं में बांटा गया है :

(अ) तत्व-नीतिशास्त्र : नीतिशास्त्र की इस शाखा के अंतर्गत नैतिक शब्दावलियों और उनके अर्थों का अध्ययन किया जाता है (उदाहरण के लिए, 'अच्छाई क्या है?') तथा सामान्य व्यवहार के प्रश्नों पर बल देने की बजाय नैतिक ज्ञान अर्जित करने से संबंधित प्रश्नों के उत्तर प्राप्त करने पर बल दिया जाता है। उदाहरण के लिए, इसके अंतर्गत (किसी स्थिति विशेष में) मुझे क्या करना चाहिए' की बजाय 'मैं अच्छे और बुरे या सही और गलत में किस प्रकार भेद करूं' जैसे प्रश्नों पर बल दिया जाएगा इस प्रकार तत्व-नीतिशास्त्र में नैतिक गुण-धर्म, अभिवृत्ति या दृष्टिकोण कथन और निर्णय का अध्ययन किया जाता है, जिसके आधार पर लोगों में सही-गलत की समझ का विकास होता है।

(ब) नियमात्मक नीतिशास्त्र : इसके अंतर्गत नैतिकतापूर्ण कार्यों और व्यवहारों का विश्लेषण किया जाता है। इस प्रकार इसमें 'क्या उचित है?' 'या क्या करना चाहिए?' जैसे प्रश्न पर बल दिया जाता है और व्यवहार के आधार पर सही और गलत या उचित और अनुचित का निर्धारण किया जाता है।

(स) व्यावहारिक नीतिशास्त्र : इसके अंतर्गत विशेष स्थितियों-परिस्थितियों में लोगों द्वारा नैतिक परिणाम प्राप्त करने के लिए अपनाए जाने वाले व्यावहारिक तरीकों का अध्ययन किया जाता है। इस प्रकार व्यावहारिक नीतिशास्त्र दर्शन के आधार पर उन जटिल विषयों या मामलों का परीक्षण करता है, जिनमें नैतिक निर्णय की आवश्यकता होती है। इसके अंतर्गत जैव-नैतिकता (bioethics), व्यावसायिक नैतिकता, विकासात्मक नैतिकता और परिवेशात्मक नैतिकता जैसे विषय-क्षेत्रों का समावेश किया जाता है। आजकल नियमात्मक और व्यावहारिक नीतिशास्त्र में अंतर करना मुश्किल होता जा रहा है।

तत्व-नीतिशास्त्र

तत्व-नीतिशास्त्र को नैतिक दर्शन का सबसे अमूर्त या अव्यावहारिक क्षेत्र माना जाता है। इसके अंतर्गत अच्छाई और बुराई या नैतिकता और अनैतिकता की प्रकृति का अध्ययन किया जाता है। व्यावहारिक नीतिशास्त्र में इस बिंदु पर विचार किया जाता है कि क्या उचित है, क्या अनुचित है; जबकि तत्व-नीतिशास्त्र में यह देखा जाता है कि औचित्य या अनौचित्य अथवा अच्छाई या बुराई क्या है।

तत्व-नीतिशास्त्र को प्राय: दर्शनात्मक नीतिशास्त्र से जोड़कर देखा जाता है। इस संबंध में जी.ई. मूरे (G.E. Moore) की वर्ष 1903 में आई पुस्तक प्रिंसिपिया एथिका (Principia Ethica) उल्लेखनीय है। इस पुस्तक में जी.ई. मूरे ने सर्वप्रथम स्वभावगत दोष या गलती के बारे में वर्णन किया है। अपने तर्क के माध्यम से उन्होंने प्रकृतिवाद या प्राकृतिक सिद्धांतों को नीतिशास्त्र से अलग कर दिया है, इस कारण चिंतकों को नीतिशास्त्र के बारे में वैकल्पिक प्रश्नों पर विचार करना पड़ा। इससे पहले स्कॉटिश दार्शनिक डेविड ह्यूम तथ्यों और मूल्यों के बीच अंतर के विषय पर ऐसा ही मत प्रस्तुत किया था।

तत्व-नीतिशास्त्र में इस मतभेद को सबसे बड़ा विवाद माना जा सकता है, जो नैतिक यथार्थवादियों और यथार्थवाद-विरोधियों को दो अलग-अलग खेमों में बांटता है।

नैतिक यथार्थवादियों का मानना है कि नैतिक तथ्य वस्तुनिष्ठ तथ्य हैं, जो दुनिया में पहले से मौजूद हैं। चीजों को अच्छा या बुरा कहना हमारे अर्थ-निरूपण पर निर्भर नहीं करता है और नैतिकता खोज या अन्वेषण की वस्तु है।

दूसरी ओर, यथार्थवाद, विरोधियों का मत है कि नैतिक तथ्यों के अर्थ-निरूपण में हमारी सक्रियता या भूमिका के बिना दुनिया में उन तथ्यों का अस्तित्व नहीं रह जाता; साथ ही, उनका मानना है कि हमसे जुड़े तथ्य नैतिकता का निर्धारण करते हैं। इस दृष्टिकोण से देखा जाए तो नैतिकता खोज या अन्वेषण की वस्तु न होकर आविष्कार की वस्तु है।

संज्ञानवाद (Cognition) और असंज्ञानवाद (Non-cognition) के बीच भी वैसा ही अंतर है, जैसा यथार्थवादी और यथार्थवाद-विरोधी विचारधारा के बीच में मौजूद है।

संज्ञानवाद (Cognitivism) इस धारणा पर आधारित है कि नैतिक कथन (या तथ्य) दुनिया (के स्वरूप) को व्यक्त करते हैं। अगर कोई व्यक्ति झूठ बोलने को गलत या अनुचित बताता है तो इसका मतलब है कि वह व्यक्ति दुनिया के बारे में कुछ बता रहा है और झूठ बोलने के काम को 'गलती' या 'पाप' के रूप में एक गुण-धर्म से जोड़ रहा है। झूठ बोलने के काम में यह गुण-धर्म है या नहीं, यह एक वस्तुगत मामला है, इसलिए उस व्यक्ति का कथन वस्तुगत रूप से सत्य या असत्य हो सकता है।

असंज्ञानवाद (Non-cognitivism) नैतिक कथन के इस विश्लेषण को स्वीकार नहीं करता है। असंज्ञानवाद की अवधारणा के अनुसार और कोई व्यक्ति नैतिकता के विषय पर कुछ कह रहा है, तो इसका मतलब यह नहीं है कि वह दुनिया के स्वरूप के बारे में कुछ बता रहा है; बल्कि इसका मतलब है कि वह अपनी स्वयं की भावना या विचार को प्रकट कर रहा है या लोगों

को यह बतारहा है कि क्या करना है। इस विचारधारा के अनुसार, नैतिक कथन अवर्णनात्मक होते हैं; वे न सत्य होते हैं और न असत्य। इस प्रकार, इसमें यह मानकर चला जाता है कि किसी चीज को सही दर्शाने के लिए उसे उसी रूप में वर्णित किया जाता है, जिस रूप में वह है; और गलत दर्शाने के लिए जरूरी है कि जिस रूप में वह है, उससे अलग, दूसरे रूप में उसे वर्णित किया जाए।

नियमात्मक नीतिशास्त्र

नियमात्मक नीतिशास्त्र दर्शनात्मक नीतिशास्त्र की वह शाखा है, जिसमें नैतिक कार्यों का विश्लेषण प्रस्तुत किया जाता है। इसमें इस बिंदु पर विचार किया जाता है कि किसी व्यक्ति को किस प्रकार कार्य करना चाहिए। यह तत्व-नीतिशास्त्र से भिन्न है, क्योंकि इसमें किसी कार्य के औचित्य या अनौचित्य से संबंधित मानदंडों का विश्लेषण किया जाता है; जबकि तत्व-नीतिशास्त्र में नैतिक भाषा के अर्थ और नैतिक तथ्यों के तत्व-विज्ञान का विश्लेषण किया जाता है। नियमात्मक नीतिशास्त्र, वर्णनात्मक नीतिशास्त्र से भी भिन्न है, क्योंकि वर्णनात्मक नीतिशास्त्र में लोगों के नैतिक विश्वासों का विश्लेषण प्रयोग-सिद्ध अध्ययन के आधार पर किया जाता है। दूसरे शब्दों में, वर्णनात्मक नीतिशास्त्र इस बिंदु पर विचार करता है कि ऐसे कितने लोग हैं जो जीव-हत्या को सर्वथा पाप समझते हैं; जबकि नियमात्मक नीतिशास्त्र इस बिंदु पर विचार करता है कि इस प्रकार का विश्वास सही है (या नहीं)। अत: नियमात्मक नीतिशास्त्र का स्वरूप वर्णनात्मक न होकर रीति-आधारित है। परंतु नैतिक यथार्थवाद के कुछ निश्चित विषयों पर नैतिक तथ्यों की प्रकृति वर्णनात्मक और रीति-आधारित, दोनों हो सकती हैं।

व्यावहारिक नीतिशास्त्र

व्यावहारिक नीतिशास्त्र दर्शनशास्त्र की वह शाखा है, जिसके अंतर्गत यथार्थ जीवन की स्थितियों में नैतिक सिद्धांतों के अनुप्रयोग का अध्ययन किया जाता है। इसे विभिन्न अध्ययन-क्षेत्रों में विभाजित किया गया है अभियांत्रिक नीतिशास्त्र, जैव-नीतिशास्त्र, भू-नीतिशास्त्र, लोकसेवा-आधारित नीतिशास्त्र और व्यावसायिक नीतिशास्त्र।

व्यावहारिक नीतिशास्त्र का उपयोग सार्वजनिक स्तर पर लोकनीति के निर्धारण में और 'व्यक्तिगत स्तर पर' मुश्किल विषयों या मामलों पर निर्णय लेने में किया जाता है। इसके अंतर्गत कुछ इस प्रकार के प्रश्नों पर विचार किया जाता है : मानवाधिकार क्या हैं और इनका निर्धारण हम किस प्रकार करते हैं? कोई स्वीकारात्मक कार्य उचित है या अनुचित? क्या गर्भपात कराना अनैतिक है? क्या इच्छा-मृत्यु अनैतिक है? क्या जानवरों के भी (कुछ) अधिकार होते हैं? क्या व्यक्तियों के पास आत्म-निर्धारण का अधिकार होता है? इसमें उपरोक्त प्रश्नों के अतिरिक्त एक और अपेक्षाकृत अधिक व्यापक प्रश्न का समावेश किया जा सकता है। अगर कोई व्यक्ति अपने जीवन में (देश-समाज के लिए) मेरी अपेक्षा ज्यादा उपयोगी साबित हो सकता है, तो ऐसी स्थिति में जरूरत पड़ने पर मेरे द्वारा उस व्यक्ति के लिए स्वयं का आत्मोत्सर्ग करना क्या नैतिक

रूप से उचित या न्यायसंगत होगा ? कानून और न्याय-व्यवस्था तथा राजनीति में संतुलन स्थापित करने के लिए इस प्रकार के प्रश्नों पर विचार करना आवश्यक हो जाता है। वस्तुत: ऐसी कोई आम धारणा नहीं बनाई जा सकती, जो सब व्यक्तियों या सब तरह के मामलों पर समान रूप से लागू हो। अत: अधिकारों में संतुलन स्थापित करने से पहले इस प्रकार के प्रश्नों पर विचार करना जरूरी हो जाता है। परंतु यह आवश्यक नहीं है कि व्यावहारिक नीतिशास्त्र में जिन प्रश्नों का अध्ययन किया जाता है, वे सब लोक-नीति से ही संबंधित हों, उदाहरण के लिए, 'क्या झूठ बोलना सर्वथा गलत है ?' और 'यदि नहीं, तो किन परिस्थितियों में इसे सही या स्वीकार्य माना जा सकता है ?'—इस प्रकार के प्रश्नों पर विचार करते समय लोग प्राय: दो विरोधाभाषी तर्क प्रस्तुत करते हैं। नैतिक विषयों या मामलों से संबंधित प्रश्नों के उत्तर प्राय: स्पष्ट रूप से 'हां या न' 'सही या गलत, 'उचित या अनुचित' के रूप में नहीं होते हैं। इनमें एक साथ कई बिंदुओं को दृष्टिगत रखा जाता है, ताकि किसी एक पक्ष की ओर संतुलन न बिगड़े।

3 भारत व विश्व के चिंतकों तथा दार्शनिकों का योगदान

पाश्चात्य दर्शन प्राय: सुकरात, प्लेटो और अरस्तू के विचारों तथा शिक्षाओं पर आधरित रहा है, जो ऐतिहासिक रूप से प्रसिद्ध तीन यूनानी दार्शनिक थे।

सुकरात, प्लेटो, अरस्तू, एपिक्यूरियंस और स्टॉयक्स का आचार-दर्शन स्वयं में बिलकुल, आत्म-शुद्धि पर बल देने वाला था।

सद्गुण-आधारित नैतिकता व्यक्ति के चारित्रिक दोषों को दूर करके उसे एक चरित्रवान परिष्कृत व्यक्ति बनाने पर बल देती है। इससे व्यक्ति में यह समझ आती है कि नीतिपूर्ण होने का क्या मतलब होता है, नैतिकता की प्रेरणा कैसे ली जाए और कैसे पूरी तरह से नीतिपूर्ण होकर कार्य किया जाए।

भारतीय दर्शन की नैतिक और मूल्यात्मक शैली गांधी, विवेकानंद, अरविंद घोष, रवींद्रनाथ टैगोर और डॉ. राधाकृष्णन के दर्शनों में देखी जा सकती है। जिनका आधार प्राय: वेद, उपनिषद् और भगवद्गीता रहे हैं।

विश्व के प्रमुख नैतिक चिंतक (विचारक)

सुकरात

सुकरात का जन्म एथेंस में 469 ई. पू. में हुआ था। अपने दर्शन की शिक्षा व प्रचार-प्रसार के लिए उन्होंने कोई औपचारिक स्कूल नहीं खोला था, बल्कि स्वयं घूम-घूम कर जहां कुछ लोग इकटठा दिखाई देते, वहां रुककर अपनी शिक्षा देने लगते थे। वह जीवन के सुख व आनंद में विश्वास करते थे, और साधु-संन्यासियों के साथ उनकी सहानुभूति नहीं थी। वाद-विवाद में वह प्राय: सोफिस्ट उपदेशकों के तर्कों का खंडन किया करते थे। सत्य, सौंदर्य और समानता या न्याय सुकरात के दर्शन का मूल तत्व रहे हैं और उनका मानना था कि मनुष्य को जन्म से ही इनका अंतर्ज्ञान होता है। वह अपने शिष्यों को अपने अंतर्निहित गुणों और कौशलों की खोज करने के लिए विवेक का प्रयोग करने की शिक्षा देते थे। उनका मानना था कि नैतिकता व्यक्ति के जीवन में प्रसन्नता लाती है और उसे शिक्षा के द्वारा अर्जित किया जा सकता है। वह स्वयं को अज्ञानी बताते थे और यह कहते थे कि उनके पास कोई ज्ञान नहीं है। उनका मानना था कि जीवन का उद्देश्य आत्म-विकास और सच्चाई, अच्छाई, नैतिकता और मित्रता होनी चाहिए।

सुकरात का सद्गुण-संबंधी विचार यह था कि सब सद्गुणों का मूल एक ही है—अच्छाई या आत्म-ज्ञान। इस प्रकार, उनका मानना था कि ज्ञान ही एकमात्र सद्गुण है, जबकि अन्य सद्गुण इसी के रूप हैं। इसीलिए उन्होंने आत्म-ज्ञान प्राप्त करने पर सबसे ज्यादा बल दिया। उनका मानना था कि भौतिक जगत में चीजें हमें जिस रूप में दिखाई देती हैं, वह उनका वास्तविक स्वरूप नहीं होता है। उनके वास्तविक स्वरूप यानी सत्य का ज्ञान ही दर्शन का मूल

है। सत्य का ज्ञान न होने के कारण ही व्यक्ति अनुचित कर्म करता है। सकुशल सत्य के ज्ञान को सद्‌गुण के विकास के रूप में देखते हैं और यह बताते हैं कि सत्य के ज्ञान अर्थात् सद्‌गुण के विकास से व्यक्ति अनुचित कर्म से बच सकता है। हालांकि सत्य का ज्ञान (या सद्‌गुण) कैसे प्राप्त किया जाए, इस संबंध में उन्होंने कोई स्पष्ट विचार नहीं प्रस्तुत किया है।

प्लेटो

प्लेटो के विचारों और रचनाओं का नीतिशास्त्र की नैतिक दर्शन की शाखा को समृद्ध बनाने में बड़ा योगदान रहा है। प्लेटो का मानना था कि प्रत्येक व्यक्ति किसी न किसी रूप में खुशी चाहता है, लेकिन यह जरूरी नहीं कि उसके हर कार्य से उसे खुशी या आनंद ही मिले, क्योंकि उसे स्वयं यह ज्ञान नहीं होता है कि जो कार्य वह कर रहा है, उसका उसे क्या परिणाम या फल मिलने वाला है। उनका मानना था कि खुशी या ज्ञान आत्मा का मूल उद्देश्य है, जिसे नैतिक सद्‌गुण के द्वारा प्राप्त किया जा सकता है।

प्लेटो भी सुकरात की तरह ज्ञान को सद्‌गुण मानते थे और इसे ही नैतिक आचरण का आधार मानते थे और इसे ही नैतिक आचरण का आधार मानते थे। उनके अनुसार, अगर व्यक्ति को यह ज्ञान है कि नैतिक सद्‌गुण से ही प्रसन्नता मिलती है, तो उसे इसके अनुरूप कार्य करना चाहिए, दूसरी ओर, यदि यह ज्ञान होते हुए भी वह इसके विपरीत आचरण करता है, तो उसे नैतिक रूप से गलत या अनुचित कहा जाएगा और अनुचित कर्म या आचरण आत्मा की अशुद्धता का लक्षण है।

प्लेटो के अनुसार, अच्छे लोग वे होते हैं, जिनके पास न्याय, विवेक, साहस और संयम के सद्‌गुण होते हैं। अपनी पुस्तक 'द रिपब्लिक' में उन्होंने इसका विस्तार से वर्णन किया है। वह राज्य, उसके नागरिकों और नैतिक उत्कृष्टता के बीच एक अलग प्रकार के संबंध की बात करते हैं; उनके अनुसार, एक आदर्श राज्य वह होता है, जो अपने नागरिकों को अच्छा इंसान बनने के लिए प्रेरित-प्रोत्साहित करता है; आदर्श नागरिक वे होते हैं, जो अच्छे इंसान के रूप में राज्य के लिए उपयोगी होते हैं; और नैतिक उत्कृष्टता या सद्‌गुण प्रत्येक आदर्श समाज का आधार होता है।

प्लेटो का आदर्शवाद

'द रिपब्लिक' में आदर्श राज्य की परिकल्पना में प्लेटो ने लिखा है कि हमारे आसपास जो भौतिक जगत दिखाई देता है, वह वास्तविक नहीं है; यह सतत परिवर्तनशील है, इसलिए इसके वास्तविक स्वरूप का वर्णन करना संभव नहीं है। इस भौतिक, परिवर्तनशील जगत से भिन्न एक 'विचारों की दुनिया' है जिसे वह नित्य और सत्य-स्वरूप बताते हैं। वो क्या ऐसी कोई दुनिया यथार्थ में मौजूद है ? प्लेटो का मानना था कि ऐसी दुनिया का यथार्थ में अस्तित्व है; जब भी हम अपने मन में कोई विचार लाते हैं या मन की आंखों से किसी वस्तु को देखते हैं, तो उस समय हम अपने मन का सहारा लेकर इस यथार्थ दुनिया को ही देखने, उसके स्वरूप को समझने की कोशिश करते हैं।

प्लेटो इस भौतिक जगत को एक गुफा की तरह मानते हैं, जिसमें बाहर की ओर से आनेवाली रोशनी के कारण छाया या परछाईं दिखाई देती है, इंसान यहां जो कुछ देखता है, वह परछाईं की तरह ही होता है। अत: विचार, जो मन से उत्पन्न होता है, वही यथार्थ है।

अरस्तू

अरस्तू, प्लेटो के शिष्य थे। जिस प्रकार सुकरात के विचारों और शिक्षाओं का प्लेटो के दर्शन पर गहरा प्रभाव था, उसी प्रकार, प्लेटो का अरस्तू पर भी गहरा प्रभाव था। अरस्तू का 'मध्यममार्ग का सिद्धांत' एक विशेष सिद्धांत है, जिसमें उन्होंने बताया है कि सद्गुण का उद्देश्य आत्म-संतोष है और अभ्यास से हम स्वयं को सद्गुणी बना सकते हैं।

अरस्तू ने सद्गुणों की दो श्रेणियां बताई हैं—नैतिक और बौद्धिक। सैद्धांतिक ज्ञान और व्यावहारिक ज्ञान को उन्होंने बौद्धिक सद्गुणों में सबसे महत्वपूर्ण बताया है जबकि नैतिक गुणों में विवेक (समझदारी), न्याय, साहस, संयम को सबसे ज्यादा महत्व दिया गया है।

अरस्तू प्रत्येक सद्गुण को दो अतिवादी स्थितियों के बीच की स्थिति बताते हैं। उदाहरण के लिए, साहस एक ऐसा सद्गुण है, जो दो अतिवादी स्थितियों-भीरुता या कायरता और श्रेष्ठता—के बीच की स्थिति को प्रदर्शित करता है। आदर्श नागरिक के संदर्भ में उनका विचार यह है कि आदर्श नागरिक वह होता है जो राज्य द्वारा निर्धारित नियमों-मानदंडों के अनुरूप कार्य करे और अपनी सामाजिक जिम्मेदारियों का निर्वहन करे। उनके अनुसार एक अच्छा इंसान एक अच्छा नागरिक भी हो, यह जरूरी नहीं; इसी तरह, एक अच्छा नागरिक एक अच्छा इंसान भी हो, यह भी जरूरी नहीं है।

प्लेटो और अरस्तू-एक तुलनात्मक अध्ययन

दर्शन-संबंधी अंतर

प्लेटो का मानना है कि विचारों का एक पूर्ण, व्यापक स्वरूप होता है; उनका यह विश्वास ही उनके आशावादी दर्शन का आधार है। अरस्तू का मानना है कि सार्वभौमिक संरचनाएं आवश्यक रूप से प्रत्येक वस्तु या विचार का कारण नहीं होती हैं और प्रत्येक वस्तु या विचार की उत्पत्ति की स्वत: जांच की जानी होती है। यह विचार ही अरस्तू के प्रयोग सिद्ध दर्शन का आधार है। प्लेटो का मानना है कि किसी वस्तु या विचार का स्वरूप चिंतन-प्रयोग द्वारा निर्धारित किया जा सकता है, जबकि अरस्तू इसके लिए प्रत्यक्ष अवलोकन और अनुभव को जरूरी बताते हैं।

1. प्लेटो ने अपने दर्शन में आगमनात्मक तर्क का सहारा लिया है, जबकि अरस्तू अपने दर्शन की व्याख्या में निगमनात्मक तर्क का सहारा लेते हैं (यदि 'अ=ब और ब=स, तो अ=स) अरस्तू द्वारा ही प्रतिपादित किया गया था। (निगमयात्मक विचार के अंतर्गत उपलब्ध जानकारियों के सामान्य स्वीकृत मानदंडों के आधार पर निष्कर्ष प्रस्तुत किया जाता है। दूसरी ओर, आगमनात्मक विचार के अंतर्गत आचरण या व्यवहार के आधार पर निष्कर्ष प्रस्तुत किया जाता है।)

2. अरस्तू और प्लेटो, दोनों का मानना था कि विचार, बुद्धि की अपेक्षा ज्यादा श्रेष्ठ होते हैं। हालांकि प्लेटो का यह भी मानना था कि बुद्धि (कभी-कभी) मनुष्य को धोखा दे सकती है, जबकि अरस्तू का मानना था कि वास्तविकता का निर्धारण करने के लिए बुद्धि जरूरी होती है।

3. जैसा पीछे उल्लेख किया जा चुका है प्लेटो इस भौतिक जगत को एक गुफा के रूप में देखते हैं, जिसमें बाहर से आने वाली रोशनी से हमें अलग-अलग तरह की छाया

या परछाईं दिखाई देती है; यही परछाई हम देख पाते हैं; रोशनी कहां से आ रही है, कैसे आ रही है, यह हम नहीं जान पाते। इस प्रकार, हमें जो कुछ जानकारी होती है, वह यथार्थ ज्ञान पर आधारित नहीं होती, बल्कि हमारी धारणा पर आधारित होती है। तो, वास्तविक ज्ञान प्राप्त करने के लिए मनुष्य को गुफा से बाहर निकलकर उस रोशनी को देखने की जरूरत होती है, जिसके कारण उसके सामने अलग-अलग तरह की परछाईं बनती दिखाई देती है।

नीतिगत अंतर

सुकरात की तरह प्लेटो का भी यह मानना है कि ज्ञान ही सद्‌गुण है। ज्ञान ही मनुष्य को उचित-अनुचित के भेद के बारे में जानकारी देता है और उसे सद्‌कर्म में प्रवृत्त करता है। इस प्रकार, जिसके पास ज्ञान है, वही सद्‌गुणी है। अरस्तू का यह मानना था कि अच्छा इंसान बनने के लिए ज्ञान के अनुरूप कर्म करना भी जरूरी होता है। इस प्रकार, अरस्तू का यह विचार प्लेटो और सुकरात के विचारों की अपेक्षा ज्यादा व्यावहारिक है।

1. सुकरात और प्लेटो दोनों का मानना था कि ज्ञान ही मूलभूत सद्‌गुण है, अन्य सद्‌गुण इसी का रूप हैं। इस संदर्भ में सुकरात ने 'सद्‌गुणों की एकता का सिद्धांत' प्रतिपादित किया है। दूसरी ओर अरस्तू ज्ञान को सद्‌गुण के रूप में तो स्वीकार करते हैं; लेकिन साथ ही, उनका यह भी मानना है कि ज्ञान के उपयोग से विभिन्न सद्‌गुणों को एकीकृत नहीं किया जा सकता है। अरस्तू का मानना था कि ज्ञान को अभ्यास से अर्जित किया जा सकता है और जब तक मनुष्य मूलभूत सद्‌गुण के रूप में ज्ञान का उपयोग नहीं करता है या उसके अनुरूप कार्य नहीं करता है, तब तक अन्य सद्‌गुणों का कोई उपयोग नहीं होता है।
2. सुकरात का मानना था कि नैतिकता के बिना भी सुख या आनंद की प्राप्ति की जा सकती है, लेकिन इस प्रकार के आनंद को उन्होंने निम्नकोटि का विषय-सुख बताया। प्लेटो ने यह विचार प्रस्तुत किया कि सद्‌गुण से ही आत्म-संतोष मिलता है; जबकि अरस्तू का मानना था कि सुख या आनंद की प्राप्ति के लिए सद्‌गुण जरुरी तो है, लेकिन खुशी या आत्म-संतोष प्राप्त करने के लिए इसके साथ-साथ सामाजिक प्रत्ययों की भी जरूरत होती है।

राजनीतिक दर्शन-संबंधी अंतर

1. प्लेटो का मानना था कि व्यक्ति को अपने स्वयं के हित को समाज के हित के साथ जोड़कर देखना चाहिए और एक आदर्श राज्य की स्थापना में अपना योगदान देना चाहिए। अपनी पुस्तक 'द रिपब्लिक' में उन्होंने एक आदर्शवादी संस्कृति की परिकल्पना प्रस्तुत की है, जिसमें समाज के तीनों वर्गों (विचारकों या दार्शनिकों, योद्धाओं और श्रमिकों) की अपनी-अपनी भूमिका होती है और प्रशासन की जिम्मेदारी ऐसे व्यक्तियों के हाथ में रखी जाती है, जिन्हें इसके लिए सबसे योग्य माना जाता है।

2. अरस्तू ने नगर को मूलभूत राजनीतिक इकाई माना है, जिसे व्यक्ति और परिवार से ऊपर रखा गया है। उनका मानना था कि मनुष्य स्वभाव से एक राजनीतिक प्राणी है, इसलिए वह सरकारी या राजकीय मामलों से स्वयं को दूर नहीं रख सकता है। राजनीति को वह एक प्राणयुक्त माध्यम के रूप में देखते हैं, किसी मशीन या तंत्र के रूप में नहीं। उनके अनुसार राज्य का यह दायित्व होता है कि वह अपने नागरिकों को उत्कृष्ट और खुशहाल जीवन उपलब्ध कराए।

इमैनुअल कांट

इमैनुअल कांट एक महान जर्मन दार्शनिक था। तत्व-भौतिकी, ज्ञान-मीमांसा, नीति-विज्ञान और सौंदर्य-शास्त्र के क्षेत्र को समृद्ध बनाने में उनका विशेष योगदान रहा है।

कांट का नैतिक दर्शन इस प्रश्न पर आधारित है कि 'हम क्या कर सकते हैं?' हमारी अंतर्दृष्टि अंकगणित और प्राकृतिक प्रायोगिक दुनिया के द्वारा सीमित है, इसे चिंतनशील तत्व-भौतिक जगत की सीमा तक ले जाने की बात अव्यावहारिक है। इसका कारण उन्होंने यह बताया है कि स्थिति (स्थान) और काल की सीमा तक हमारे मन की पहुंच सुनिश्चित करने और अनुभव के स्वरूप को निरूपित करने में हमारी आत्मा की सबसे ज्यादा भूमिका होती है।

कांट ने अनुभववादियों के तर्क का खंडन करते हुए यह तर्क प्रस्तुत किया कि मस्तिष्क अनुभव-जन्य जगत का कोई कोरा स्लेट नहीं है (जिस पर कुछ भी अंकित किया जा सके)। साथ ही, उन्होंने तर्कवादियों के इस मत का भी खंडन किया है कि मन से रहित जगत के विशुद्ध ज्ञान की परिकल्पना व्यावहारिक है।

कांट का मानना है कि हम अपनी तर्क-बुद्धि द्वारा संकल्प की स्वतंत्रता और ईश्वर की सत्ता का ज्ञान प्राप्त नहीं कर सकते हैं, इसलिए हम इन्हें अपनी आस्था के अनुरूप स्वीकार कर सकते हैं। उनका मानना था कि तर्क स्वयं ऐसे अनुभवों और श्रेणियों या वर्गों से संगठित होता है, जो प्रयोग-जन्य अनुभव को एक सुंदर, बुद्धि-युक्त संरचना देते हैं। मन से रहित जगत की कल्पना के लिए इन वर्गों और अनुभवों से दूर नहीं जाया जा सकता, क्योंकि लौकिक वस्तुओं के हेतु और गुण-धर्म के अनुभव के लिए ये बहुत महत्वपूर्ण है।

जॉन रॉल्स

जॉन बार्डली रॉल्स एक जाने-माने अमेरिकी दर्शनशास्त्री थे। वर्ष 1971 में प्रकाशित उनकी पुस्तक 'ए थ्योरी ऑफ जस्टिस' को राजनीतिक दर्शन के क्षेत्र में विशेष रूप से उल्लेखनीय माना जाता हैं।

रॉल्स के विचार उपयोगितावादी सिद्धांतों के विरुद्ध तर्क प्रस्तुत करते हैं, इसलिए राजनीतिक दर्शनशास्त्रियों, खासकर उपयोगितावादी दृष्टिकोण को मानने वाले दार्शनिकों की ओर से उन्हें कड़ी चुनौती का सामना करना पड़ा है।

रॉल्सवाद

रॉल्स के राजनीतिक दर्शन के सिद्धांत को रॉल्सवाद के नाम से जाना जाता है। अपनी पुस्तक 'ए थ्योरी ऑफ जस्टिस' में उन्होंने अपने न्याय के सिद्धांत का प्रतिपादन किया है। इसमें उन्होंने उस आरंभिक स्थिति की परिकल्पना प्रस्तुत की है, जिसमें अलग-अलग (काल्पनिक) पात्रों को अपनी सामाजिक व्यवस्था के लिए आर्थिक व राजनीतिक ढांचे का निर्माण करने का काम सौंपा जाता है। पात्रों की बुद्धि पर अज्ञान का परदा रहता है, जिससे उन्हें न तो अपनी जाति, लिंग, धर्म आदि का ज्ञान रहता है और न ही अपनी सामाजिक स्थिति, वेतन और धन-संपत्ति आदि के बारे में कोई ज्ञान रहता है, जिससे वे स्वयं को या अपने निकट संबंधियों-उत्तराधिकारियों के लिए कुछ कर सकें। रॉल्स उन्हें सामाजिक संबंधों और मानवीय मनोविज्ञान के बारे में कुछ मूलभूत जानकारियां, जैसे—अवसर, अधिकार, स्वतंत्रता, धन-संपत्ति और आत्म-विश्वास, तथा सामाजिक अच्छाइयों का ज्ञान देते हैं। रॉल्स का मानना है कि उनके ये काल्पनिक पात्र न्याय के दो सिद्धांतों पर आधारित हैं : 1. राजनीतिक स्वतंत्रता जैसे—भाषण की स्वतंत्रता, मत देने की स्वतंत्रता और सभा या बैठक आदि आयोजित करने की स्वतंत्रता (समानता का सिद्धांत) 2. सबके लिए अवसर की समानता (भेद का सिद्धांत)।

जेरेमी बेंथम

जेरेमी बेंथम का जन्म 15 फरवरी, 1748 को लंदन में हुआ था। अपनी विलक्षण प्रतिभा की झलक उन्होंने बचपन में ही दिखा दी थी, जब मात्र तीन वर्ष की उम्र में उन्होंने इंग्लैंड के इतिहास पर बड़ी-बड़ी पुस्तकें पढ़नी शुरू कर दी थीं और लैटिन का अध्ययन करना शुरू कर दिया था। बारह वर्ष की उम्र में वह ऑक्सफोर्ड के क्वींस कॉलेज में पढ़ने लगे थे।

जेरेमी बेंथम को उपयोगितावाद के सिद्धांत का जनक माना जाता है। उपयोगितावाद इस दर्शन पर आधारित है कि नैतिकतापूर्ण कार्य वह होता है, जिससे ज्यादा से ज्यादा लोगों का हित होने वाला हो। इसका उल्लेख उन्होंने 'इंट्रोडक्शन टू द प्रिंसिपल्स ऑफ मॉरल्स एंड रेग्युलेशन' शीर्षक से अपने शोध-पत्र में किया है। बेंथम का शोध-पत्र से इस मूलभूत सिद्धांत पर आधारित है कि लोग प्राय: दो मूलभूत इच्छाओं द्वारा प्रेरित होकर कोई कार्य करते हैं—1. खुशी प्राप्त करना और 2. दुख से बचना।

1. बेंथम का नैतिक शोध इस परिकल्पना पर आधारित था कि मानवीय कार्यों की नैतिकता का मूल्यांकन उनके परिणाम के आधार पर होता है और खुशी या आनंद की प्राप्ति तथा दुखों से बचपन, यही मानवीय कार्यों का उद्देश्य होता है।
2. बेंथम का उपयोगितावाद मूलत: सुख-मूलक सिद्धांत पर आधारित है। इस प्रकार, उनका मानना है कि हमारे सभी क्रिया-कलाप अधिकतम सुख की प्राप्ति के लिए होते हैं। बेंथम के अनुसार, किसी कार्य या नियम की उपयोगिता का वास्तविक मापदंड उसके परिणामस्वरूप प्राप्त होने वाला सुख है।

इस प्रकार बेंथम का उपयोगितावाद का सिद्धांत,
1. सुख और दुख को मनुष्य के जीवन का मूलभूत पहलू मानता है।
2. किसी कार्य के परिणामस्वरूप प्राप्त होने वाली खुशी या पीड़ा के आधार पर उसका मूल्यांकन करता है।
3. खुशी को अच्छाई से और पीड़ा को बुराई से जोड़कर देखता है।
4. खुशी और पीड़ा या सुख और दुख की माप पर बल देता है।

जॉन स्टुअर्ट मिल

जॉन स्टुअर्ट मिल का जन्म 1806 ई. में लंदन में हुआ था। उनके पिता जेम्स मिल ब्रिटिश भारत में एक सरकारी अधिकारी थे, और इतिहासकार थे। मिल का परिवार कुछ समय के लिए जेरेमी बेंथम के लंदन स्थित मकान में किराए पर रहा था। तीन वर्ष की उम्र में मिल को उनके पिता ने प्राचीन ग्रीक भाषा सिखाना शुरू कर दिया था। उसके बाद लैटिन और फिर, इतिहास और राजनीति विज्ञान भी पढ़ाया। किशोरावस्था में वह परिवर्तनवादी राजनीति में संलग्न रहे और युवावस्था में पहुंचते-पहुंचते ईस्ट इंडिया कंपनी में एक वरिष्ठ पद पर काम करना शुरू कर दिया। मिल ने राजनीतिक अर्थशास्त्र और तर्कशास्त्र पर कई महत्वपूर्ण पुस्तकें लिखी हैं; हालांकि सबसे ज्यादा लोकप्रियता उन्हें 'यूटिलिटेरियनिज्म' और 'ऑन लिबर्टी' नामक पुस्तकों से मिली, जो उन्होंने अपने जीवन के अंतिम वर्षों में लिखी थीं।

बेंथम की तरह मिल भी अधिकतम लोगों के अधिकतम हित या सुख को मनुष्य के नैतिक कर्तव्यों का मूल आधार मानते हैं, उपयोगितावाद हमारे नैतिक और राजनीतिक कर्तव्यों के लिए प्राकृतिक नियम का एक वैकल्पिक आधार उपलब्ध कराता है। मिल व्यक्तिगत खुशी को मनोवैज्ञानिक सुख की अनुभूति और दुख या पीड़ा के अभाव के रूप में देखते हैं, इसलिए उन्हें प्राय: एक मनोवैज्ञानिक सुखवादी के रूप में जाना जाता है। उपयोगितावाद के सिद्धांत के आधार पर यह निष्कर्ष निकाला जा सकता है कि अगर किसी स्वतंत्रता (उदाहरण के लिए, भाषण की स्वतंत्रता) को सीमित करने से लोगों को ज्यादा सुख मिलता है, तो इसे नैतिक रूप से उचित माना जाना चाहिए। परंतु मिल स्वयं असीमित व्यक्तिगत स्वतंत्रता के समर्थक हैं। अपने लेख 'ऑन लिबर्टी' में उन्होंने भाषण की स्वतंत्रता के पक्ष में तर्क प्रस्तुत किया है। मिल के विचार और तर्क बहुसंस्कृतिवाद तथा राज्य के धार्मिक व नैतिक कर्तव्यों से जुड़ी चर्चाओं में आज भी उतने ही प्रासंगिक हैं।

वह कौन-सी बात है, जो व्यक्ति को उचित कर्म करने के लिए प्रेरित करती है। मिल का मानना है कि मनुष्य राज्य, समाज, ईश्वर के द्वंद्व जैसे बाह्य दबावों के अतिरिक्त एक आंतरिक दबाव के प्रभाव में आकर भी दूसरों के हित या सुख के लिए कार्य करता है। यह आंतरिक दबाव किसी बाह्य तत्व पर आधारित नहीं होता बल्कि मनुष्य की स्वयं की स्वाभाविक-सामाजिक भावना पर आधारित होता है। दूसरे शब्दों में, व्यक्ति कभी-कभी दंड या लोकनिंदा (कि लोग मेरे बारे में क्या कहेंगे) के डर से दूसरों के हित में कार्य करता है, तो कभी-कभी अपना सामाजिक कर्तव्य समझकर स्वयं वह दूसरों के हित के कार्य करता है।

''एक संतुष्ट सुअर बनने की अपेक्षा एक असंतुष्ट मनुष्य बनना ज्यादा अच्छा है; (दूसरे शब्दों में) एक संतुष्ट मूर्ख बनने की बजाय असंतुष्ट सुकरात बनना ज्यादा अच्छा है; अगर सुअर

या मूर्ख की राय इससे हटकर होती है तो इसका एकमात्र कारण यही हो सकता है कि ये दोनों (मूर्ख और सुअर) विषय के सिर्फ एक ही पहलू के बारे में जानते हैं; जबकि दूसरे लोग दोनों पहलुओं के बारे में जानते हैं।''

(मिल के उपयोगितावाद से)

ऑन लिबर्टी

1. 'ऑन लिबर्टी' में मिल ने स्पष्ट रूप से उल्लेख किया है कि व्यक्तिगत स्वतंत्रता के हनन को किसी भी तरह से उचित नहीं ठहराया जा सकता है। एक सभ्य समाज या राज्य का यह कर्तव्य होता है कि वह अपने सदस्यों या नागरिकों की नागरिक स्वतंत्रता को बनाए रखे और उन्हें दमनकारी गतिविधियों से बचाएं।

2. मिल का मानना है कि समाज में बहुसंख्यक वर्ग द्वारा अल्पसंख्यक वर्ग के विचारों या मतों का दमन व्यक्तिगत स्वतंत्रता के लिए घातक होता है, क्योंकि इसमें सच्चाई के दमन की संभावना बनी रहती है। इस प्रकार के वैचारिक अंतर की स्थिति में प्राय: यही होता है कि या तो अल्पसंख्यक वर्ग दूसरे बहुसंख्यक वर्ग को अपने मत या विचार में बदलाव लाने के लिए किसी तरह तैयार करे या फिर स्वयं को सामाजिक रूप से स्वीकृत मानदंडों के अनुसार ढालने का कोई तरीका निकाले।

3. व्यक्तिगत स्वतंत्रता और संवैधानिक अधिकार के संदर्भ में मिल का कहना है कि 'सभ्य समाज में किसी व्यक्ति पर अधिकार का प्रयोग तभी तक उचित कहा जा सकता है, जब तक उससे दूसरों को किसी तरह का नुकसान न पहुंचे।'

4. समाज के सदस्यों को एक-दूसरे से सुरक्षित रखना समाज का कर्तव्य होता है, लेकिन इसका मतलब यह नहीं कि वह लोगों के उन क्रिया-कलापों में भी हस्तक्षेप करे, जिनका समाज के लोगों पर व्यक्तिगत रूप से प्रभाव पड़ता है। वास्तविक रूप से स्वतंत्र समाज वही होता है, जिसमें जनता को अपने व्यक्तिगत निर्णय स्वयं लेने की स्वतंत्रता होती है।

'द सब्जेक्शन ऑफ वूमन'

1. मिल महिलाओं के लिए समान कानूनी अधिकारों के समर्थक थे, जिसके लिए उन्होंने ब्रिटिश पार्लियामेंट में व्यक्तिगत रूप से महत्वपूर्ण प्रयास भी किए। अपनी पुस्तक 'द सब्जेक्शन ऑफ वूमन' में उन्होंने पुरुष-प्रधान समाज में महिलाओं के लिए असमानता और भेदभावपूर्ण सामाजिक और कानूनी व्यवस्था के खिलाफ तर्क और विचार प्रस्तुत किए हैं।

2. मिल महिलाओं पर पुरुषों के आधिपत्य को महिलाओं पर थोपी जाने वाली दासता के रूप में देखते हैं और इसे (पुरुषों की) भौतिक या शारीरिक शक्ति का असहायतापूर्ण उपयोग बताते हैं। उनका मानना है कि शारीरिक शक्ति के इस प्रकार के दुरुपयोग और असहायता को बरदाश्त नहीं किया जाना चाहिए।

3. मिल का मानना है कि पुरुष-प्रधान समाज में महिलाओं के प्रति दमनपूर्ण बर्ताव को प्राय: एक सामान्य, स्वाभाविक व्यवस्था या जरूरत इसलिए मान लिया जाता है कि लोगों ने कभी अन्य किसी विकल्प पर विचार करने की कोशिश ही नहीं की।

रूसो

जीन जैक्स रूसो का जन्म 28 जून, 1712 ई. को जेनेवा में एक गरीब घड़ीसाज परिवार में हुआ था और निधन 2 जुलाई, 1778 ई. को एरमेननविल, फ्रांस में हुआ था। उन्हें औपचारिक शिक्षा ज्यादा नहीं मिल पाई; घर पर पिता द्वारा ही थोड़ी-बहुत शिक्षा और प्रशिक्षण मिला। तेरल साल की उम्र में वह धातु के पत्रों पर खुदाई करने का काम सीखने लगे। परंतु इस काम में उनका मन नहीं लगा और 16 साल की उम्र में वह जेनेवा छोड़कर जगह-जगह घूमने लगे और अंत में 1742 ई. में पेरिस पहुंचे। इस दौरान अपना गुजारा करने के लिए उन्हें कई छोटे-मोटे काम करने पड़े।

रूसो एक महान फ्रांसीसी विद्वान, दार्शनिक और जागरण काल के एक लेखक थे। उनका सामाजिक सिद्धांत इस मूलभूत धारणा पर आधारित है कि मनुष्य सामान्य, स्वाभाविक स्थिति में तो स्वतंत्र है, लेकिन समाज के अंदर वह समाज के अधीन हो जाता है। अपनी पुस्तक 'सोशल कांट्रैक्ट' में उन्होंने लिखा है, ''मनुष्य स्वतंत्र उत्पन्न हुआ है, फिर भी हर कहीं वह जंजीरों से जकड़ा हुआ है।'' उनका मानना है कि अगर समाज में कहीं छल-कपट और धोखा है, तो उसका कारण स्वतंत्रता पर लगने वाली पाबंदी और शोषण है।

रूसो का मानना था कि मनुष्य को समाज के प्रति अपने नैतिक कर्तव्यों का निर्वहन करना चाहिए। वह महिलाओं और पुरुषों, दोनों को समाज के प्रति समान रूप से उत्तरदायी मानते हैं।

रूसो के अनुसार, प्रकृति में मनुष्य ने एक ऐसे स्थान से चलना शुरू किया, 'जहां वह अपनी इच्छा से कुछ भी कर सकता था; और ऐसे स्थान पर पहुंचा, जहां उस पर दूसरों की पाबंदियां थीं। प्रकृति में वह अपनी इच्छानुसार जहां चाहता, वहां अपने लिए घर बना सकता था, संपत्ति अर्जित कर सकता था, लेकिन उस घर और संपत्ति को उसे लोगों की नजर में सुरक्षित रखने की जरूरत थी, क्योंकि कोई और उस पर अपना अधिकार जता सकता था। रूसो आर्थिक विषमता के विरोधी थे। उनका मानना था कि धन का समान रूप से विभाजन होना चाहिए; ऐसा नहीं होना चाहिए कि किसी के पास कुछ भी न हो और किसी के पास जरूरत से भी ज्यादा हो।

रूसो प्रकृति को मनुष्य के लिए एक उपहार के रूप में देखते हैं। उनका मानना था कि व्यक्ति का ज्ञान प्रकृति, मनुष्य और अन्य प्राकृतिक वस्तुओं के माध्यम से मिलता है। बच्चा जिस समय जन्म लेता है, उस समय वह सब प्रकार की बुराइयों से मुक्त होता है। धीरे-धीरे समाज के संपर्क में आकर वह बुराइयां सीखता है। रूसों का मानना था कि बच्चों में नैतिक मूल्यों का विकास बचपन से ही होना चाहिए ताकि सही समय पर उनके चरित्र का निर्माण हो सके।

रूसो के अनुसार, ''मानव जीवन की विभिन्न अवस्थाओं में बचपन का अपना एक अलग महत्व है, आदमी को आदमी के रूप में और बच्चे को बच्चे के रूप में देखा जाना चाहिए।'' उनका मानना था कि बच्चों में सीखने की असीमित संभाव्यता होती है और उसके चरित्र का विकास जीवनभर लगातार होता रहता है। एक बच्चे के रूप में जो कुछ वह समाज से सीखता है, बड़ा होकर वही समाज को प्रत्यर्पित करता है; इसलिए रूसो का मानना था कि बच्चों को सीखने और चरित्र-निर्माण का पर्याप्त अवसर दिया जाना चाहिए। वह इस बात पर जोर देते थे कि बच्चों को उनकी रुचि के अनुसार शिक्षा दी जानी चाहिए।

दलाई लामा

चौदहवें दलाई लामा तेनजिन ग्यात्सो तिब्बत के बौद्ध धर्मगुरु हैं। उनका जन्म 6 जुलाई, 1935 को एक किसान परिवार में हुआ था।

तिब्बती बौद्ध गुरु के रूप में दलाई लामा ने बौद्ध धर्म, शिक्षा, विज्ञान, धर्म-निरपेक्ष नैतिकता, दया, सार्वभौमिक उत्तरदायित्व, नेतृत्व के साथ-साथ पर्यावरणीय सुरक्षा और ग्लोबल वार्मिंग जैसे ज्वलंत विषयों पर भी अपने संदेश प्रसारित किए हैं। अपने संदेशों में उन्होंने सब धर्मों को बराबर महत्व दिया है और मानव-मात्र के कल्याण को सब धर्मों का मूल बताया है। उनका विश्वास है कि हर व्यक्ति की अपनी एक गरिमा होती है, जिसका सम्मान किया जाना चाहिए। दुनिया को विश्व-शांति का संदेश देनेवाले दलाईलामा को बीसवीं और इक्कीसवीं सदी के सबसे प्रभावशाली व्यक्तियों में से एक माना जाता है।

दलाई लामा धर्म-निरपेक्ष नैतिकता पर बल देते हैं। उनका मानना है कि नैतिकता को किसी धर्म या धार्मिक विश्वास के साथ जोड़कर देखने की बजाय एक मूलभूत मानवीय दर्शन से जोड़कर देखा जाना चाहिए।

दलाई लामा दूसरों को जो शिक्षा देते हैं, उसे स्वयं अपने व्यवहार में भी प्रदर्शित करते हैं। सार्वभौमिक जिम्मेदारी, नैतिकता, आत्म-ज्ञान पर उनके संदेश और उपदेश बड़ी संख्या में लोगों को प्रेरित-प्रोत्साहित कर रहे हैं। वह मानव-मात्र की एकता पर बल देते हैं। उनका विश्वास है कि हम सब एकजुट होकर अपना नैतिक कर्तव्य मानते हुए प्रयास करें तो धरती को रहने लायक सुंदर जगह बना सकते हैं।

दलाई लामा निम्न आदर्शों पर विशेष बल देते हैं :

1. वैश्विक मसलों को निपटाने के लिए सार्वभौमिक या वैश्विक प्रेम और सहानुभूति जरूरी है।
2. दया या सहानुभूति विश्व-शांति का मूल है।
3. सब धर्मों का मूल उद्देश्य विश्व-शांति और विश्व-कल्याण होना चाहिए।
4. मनुष्य की सेवा में सहयोग देना प्रत्येक व्यक्ति का नैतिक और सार्वभौमिक कर्तव्य है।

भारतीय नैतिक विचारक

गौतम बुद्ध

बौद्ध धर्म के संस्थापक गौतम बुद्ध का जन्म छठी शताब्दी ई.पू. में दक्षिणी नेपाल के एक राज-परिवार में हुआ था। पैंतीस वर्ष की आयु में उन्हें ज्ञान (बोध) की प्राप्ति हुई और इस प्रकार वह बुद्ध कहलाए। उनके विचारों, उपदेशों और सिद्धांतों को बौद्ध धर्म के रूप में जाना गया।

'बुद्ध' का शाब्दिक अर्थ होता है, 'ज्ञान-प्राप्त' या 'बोध-प्राप्त', अर्थात् जिसे जीवन का बोध या ज्ञान हो गया हो।

बौद्ध धर्म में मोक्ष अर्थात् जन्म और मृत्यु के बंधन से मुक्ति को जीवन का परम उद्देश्य माना गया है। बौद्ध धर्म के चार सत्य इस प्रकार हैं :

1. जीवन अस्थायी है।
2. जीवन में दुखों का कारण तृष्णा, मोह और अविद्या या अज्ञान हैं।

3. इच्छाएं दुख का कारण हैं, इसलिए मोक्ष-प्राप्ति के लिए इच्छाओं का त्याग जरूरी है।
4. इच्छाओं का त्याग सुख और मुक्ति प्राप्त करने का सबसे अच्छा मार्ग है।

तृष्णा के कारण ही मनुष्य जन्म और मृत्यु के चक्कर में फंसा रहता है और एक योनि से दूसरी योनि में भटकता हुआ दुख भोगता है। जीवन के दौरान या मृत्यु के समय मनुष्य की जो इच्छाएं अधूरी रह जाती हैं, उन्हें पूरा करने के लिए वह दुबारा जन्म लेता है और इस प्रकार, जीवन-मृत्यु का एक चक्र चलता रहता है, जिसमें फंसकर मनुष्य दुख भोगता है।

बुद्ध ने मोक्ष की प्राप्ति के लिए अष्टांग मार्ग का उपदेश दिया है—सम्यक् दृष्टि, सम्यक् विचार, सम्यक् वाणी, सम्यक् आचरण, सम्यक् जीविका, सम्यक् उद्देश्य, सम्यक् ध्यान और संयम। यह अष्टांग मार्ग मनुष्य को स्वार्थ और अहंकार से हटाकर परोपकार और कर्म की ओर प्रवृत्त करता है।

इसके अतिरिक्त, कुछ कर्मों का निषेध बताया गया है, जैसे—

1. प्राणियों को दुख न पहुंचाएं।
2. छीनकर या जबरदस्ती किसी से कुछ न लें।
3. काम से दूर रहें।
4. मन, कर्म या वाणी से मिथ्या आचरण न करें और मद्यपान से दूर रहें।

एक बुद्ध को ब्रह्मविहार की स्थिति में पहुंचने के लिए प्रयत्न करना चाहिए, जहां उसका शरीर दैवीय प्रभाव से परिपूर्ण हो जाता है। इसके लिए उसे चार आदर्शों का पालन करना चाहिए—

1. **प्रेम (मेल)** : उसे सब प्राणियों से प्रेम करना चाहिए।
2. **दया (कर्म)** : प्राणियों पर दया करनी चाहिए और उनके दुखों को दूर करने का प्रयत्न करना चाहिए।
3. **आनंद (मुदित)** : अपने साथ-साथ दूसरों के लिए भी सुख और आनंद की कामना करनी चाहिए अर्थात् 'सर्वे भवंतु सुखिन, के सिद्धांत का पालन करना चाहिए।
4. **मन और शरीर पर नियंत्रण व संयम (उपेक्षा)** : मन और शरीर की शुद्धता बनाए रखनी चाहिए, उग्र व्यवहार से बचना चाहिए। (सत्य का) ज्ञान हो जाने के बाद मनुष्य को मृत्यु या किसी अन्य स्थिति का भय नहीं रह जाता है।

वर्धमान महावीर

वर्धमान महावीर जैन धर्म के संस्थापक थे। उनका जन्म वैशाली में लुंबिनी नामक स्थान पर हुआ था। बयालीस साल की उम्र में उन्हें ज्ञान की प्राप्ति हुई। 497 ई.पू. और 467 ई.पू. के बीच का समय उनके धार्मिक जीवन का सबसे महत्वपूर्ण समय रहा। वैसे, जैनियों का विश्वास है कि जैन धर्म इससे पहले से प्रचलित था। उनका मानना है कि जैन धर्म में महावीर से पहले 23 तीर्थंकर हो चुके हैं; महावीर को अंतिम तीर्थंकर माना जाता है।

जैन धर्म में बौद्ध धर्म के कई सिद्धांतों और मूल तत्वों का समावेश देखा जाता है। उदाहरण के लिए, बौद्ध धर्म किसी सर्वोच्च ईश्वर के अस्तित्व को स्वीकार नहीं करता है, न ही ऐसे किसी देवता को मानता है, जिसकी पूजा की जाए। इसमें नैतिक सिद्धांतों के पालन को मोक्ष अर्थात् जन्म और मृत्यु के बंधन से मुक्ति का सर्वोत्तम मार्ग बताया गया है। यह हिंदू सामाजिक व्यवस्था की वर्ण और जाति व्यवस्था को भी स्वीकार नहीं करता है और पशुबलि का विरोध

करता है। जैन धर्म भी बहुत हद तक इन्हीं सिद्धांतों पर आधारित है। इसमें अहिंसा पर सबसे ज्यादा बल दिया गया है।

स्वामी विवेकानंद

स्वामी विवेकानंद भारतीय पुनर्जागरण के सबसे महत्वपूर्ण व्यक्तित्वों में से एक हैं। वह देशवासियों की दुर्दशा को देखकर बहुत दुखी थे। उन्होंने देशवासियों, खासकर युवाओं को देश में एक नव-प्रवर्तन का सूत्रपात करने के लिए प्रेरित-प्रोत्साहित किया और उनमें एक नए जोश का संचार किया।

स्वामी विवेकानंद का मानना था कि देशवासियों के आध्यात्मिक विकास के लिए देश में सामाजिक, आर्थिक और राजनीतिक पुनर्निर्माण जरूरी है। उनका मानना था कि गरीबों की सेवा ही सबसे बड़ा धर्म है। इसके लिए उन्होंने दरिद्र नारायण की अवधारणा प्रस्तुत की, जिसमें दरिद्र में नारायण अर्थात् ईश्वर को देखने और उसके कल्याण को ही ईश्वर की सच्ची सेवा मानने पर बल दिया गया है। किसी भूख से पीड़ित किसी इंसान को धर्म का आदेश देना उसके अस्तित्व को चोट पहुंचाने जैसा है। उन्होंने समाज में व्याप्त धार्मिक अंधविश्वास, अस्पृश्यता, जाति-प्रथा और लिंग, जाति या धर्म के आधार पर भेदभाव का पुरजोर विरोध किया और एक समरसतापूर्ण सामाजिक व्यवस्था के निर्माण पर बल दिया। उन्होंने आंख मूंदकर, अंधविश्वासों को मानने की बजाय विवेक और तर्क का प्रयोग करने पर अधिक बल दिया है।

स्वामी विवेकानंद बाल विवाह और महिलाओं की परतंत्रता के विरोधी थे। उन्होंने दलितों और महिलाओं के उत्थान पर बल दिया। उन्होंने मानव जाति की सेवा को सबसे बड़ा धर्म बताया और अपने धर्म को व्यावहारिक वेदांत का नाम दिया। वह भारतीय धर्म पर आधारित एक 'यूरोपीय समाज' का निर्माण करना चाहते थे, एक ऐसे धार्मिक समाज का निर्माण, जिसमें सब व्यक्तियों की सब जरूरतें पूरी हैं। दूसरे शब्दों में, स्वामी विवेकानंद समाज के आध्यात्मिक विकास के साथ-साथ भौतिक विकास को भी उतना ही जरूरी मानते थे।

भारत के सामाजिक-आध्यात्मिक विकास में स्वामी विवेकानंद का योगदान

स्वामी विवेकानंद ने अपने जीवन और कार्यों से आध्यात्मिक तथा सामाजिक-राजनीतिक क्षेत्र में आधुनिक भारत को एक नई दिशा प्रदान की, जिसने एक प्रकार से देश में एक नव-प्रवर्तन के युग का सूत्रपात किया।

भारत और समग्र विश्व के संदर्भ में आध्यात्मिक तथा राजनीतिक क्षेत्र में उनके योगदानों को इस प्रकार वर्णित किया जा सकता है :

1. आज के भारत में दैनिक जीवन और क्रिया-कलापों में आध्यात्मिकता के समावेश पर सबसे ज्यादा बल देने वाले स्वामी विवेकानंद ही थे। उन्होंने भारत के साथ-साथ पूरी दुनिया को आध्यात्मिकता का संदेश दिया। उनका मानना था कि आध्यात्मिक ज्ञान से ही हम अपनी संभाव्यताओं को पूरी तरह से पहचानकर उन्हें यथार्थ रूप दे सकते हैं। उन्नीसवीं सदी के औपनिवेशिक भारतीय समाज में स्त्रियों और पुरुषों में अपने ओजस्वी विचारों से एक नए श्रेय स्वामी स्वामी विवेकानंद को ही जाता है।

2. स्वामी विवेकानंद ने पाश्चात्य विचारों से प्रेरित धार्मिक और सामाजिक सुधारों को अस्वीकार किया और शिक्षा के माध्यम से जनमानस के सशक्तिकरण और समस्त मानव जाति की समानता पर बल दिया। संन्यास को उन्होंने दुनिया से विरक्ति से अलग एक नया अर्थ और स्वरूप दिया।

उन्होंने अपने गुरु रामकृष्ण परमहंस के नाम पर रामकृष्ण मठ और मिशन की स्थापना की।

1. स्वामी जी ने सामाजिक रूप से पिछड़े और दलित लोगों के उत्थान पर विशेष बल दिया। वह गरीबों (दरिद्रों) में नारायण को देखने (दरिद्र नारायण) की बात करते थे। उन्हें गरीब और अमीर सबके साथ समान रूप से देखा जा सकता था—कभी किसी अमीर के यहां राजसी सम्मान को स्वीकार करते हुए, कभी किसी गरीब के यहां सूखी रोटी का आनंद लेते हुए तो कभी किसी मोची के साथ बैठकर हुक्का पीते हुए। स्वामी विवेकानंद भारत को उसके पुराने आध्यात्मिक गौरव की स्थिति में ले जाना चाहते थे और दुनिया के देशों में उसकी एक अलग आध्यात्मिक पहचान बनाना चाहते थे। सन 1893 में अमेरिका के शिकागो शहर में आयोजित सर्वधर्म सम्मेलन में अपने ओजस्वी भाषण से उन्होंने पूरी दुनिया को यह स्मरण भी करा दिया कि भारत पहले भी दुनिया का गुरु था और आज भी है।

   अपने गुरु श्री रामकृष्ण की तरह स्वामी विवेकानंद का भी विश्व बंधुत्व और विश्व-प्रेम में पूरा विश्वास था। वह मनुष्य मात्र के प्रति प्रेम, सहानुभूति और दया की भावना को ईश्वर की भक्ति से बढ़कर मानते थे। उन्होंने आत्मोन्नति को धर्म का उद्देश्य बताया और मन व इच्छा-शक्ति के विकास पर सबसे ज्यादा बल देते हुए इसे आत्म-विकास का रास्ता बताया।

   स्वामी जी प्रकृति-प्रेमी और एकांतप्रिय थे, इसलिए वह प्रायः एकांत, प्राकृतिक वातावरण में अपना आसन ग्रहण करते थे।

राजा राममोहन राय

उन्नीसवीं शताब्दी का भारतीय पुनर्जागरण वस्तुतः भारत का आध्यात्मिक पुनर्जागरण था, जिसने धर्म, समाज और संस्कृति को एक साथ प्रभावित किया। इसने पुराने धार्मिक विश्वासों की जगह पर धर्म की एक परिभाषा सुनिश्चित की, जो नई सामाजिक-सांस्कृतिक, आर्थिक और राजनीतिक, स्थितियों-परिस्थितियों के अनुरूप थी। इस प्रकार उन्नीसवीं सदी में समाज सुधारकों द्वारा जो भारतीय पुन जागरण शुरू किया गया था वह सच्चे अर्थों में भारत का राष्ट्रीय जागरण था, जो सामाजिक-सांस्कृतिक और राजनीतिक क्षेत्रों को स्वयं में समेटे हुए था।

मैकनिकॉल के शब्दों में, "राजा राममोहन राय इस पुनर्जागरण के आध्यात्मिक जनक और एक नए युग के अग्रदूत थे।"

राजा राममोहन राय सामाजिक कुरीतियों जैसे—सती प्रथा और बाल विवाह और धार्मिक अंधविश्वासों, जैसे—मूर्ति पूजा, पशुबलि तथा अन्य विभिन्न प्रकार के आडंबरों के सख्त खिलाफ थे। सती प्रथा को देश से समाप्त करने में उनका विशेष योगदान रहा है।

वह देश के समुचित सामाजिक और आर्थिक विकास के लिए महिलाओं और पुरुषों की समानता पर बल देते थे तथा महिलाओं को संपत्ति में पुरुषों के समान अधिकार दिए जाने के पक्ष

में थे। उन्होंने विधवा पुनर्विवाह को बढ़ावा देने और बाल विवाह की प्रथा को रोकने में भी महत्वपूर्ण योगदान दिया। वह शिक्षा के माध्यम से महिलाओं के सशक्तिकरण पर विशेष बल देते थे। उन्होंने देश की समस्याओं को दूर करने के लिए देश की परंपरागत व्यवस्था में पाश्चात्य वैज्ञानिक प्रगति का समावेश करने पर भी बल दिया। उनका मानना था कि वैज्ञानिक प्रगति का लाभ उठाकर ही सामाजिक और आर्थिक विकास के लक्ष्य को प्राप्त किया जा सकता है।

राजा राममोहन का मानवतावाद सार्वभौमिक मानवतावाद था, जो दुनिया के देशों के बीच सकारात्मक संबंध पर बल देता था। हिंदूवाद या हिंदू धर्म की वह एक बिलकुल अलग दृष्टिकोण से देखते थे जिसमें अंधविश्वासों और आडंबरों के लिए कोई स्थान नहीं था।

मोहनदास करमचंद गांधी

मोहनदास करमचंद गांधी उन्नीसवीं-बीसवीं शताब्दी के महानतम नेताओं और विचारकों में से एक थे। उन्होंने अहिंसा के सिद्धांत को अपनाया। उनका मानना था कि हमें अपने अधिकारों के लिए लड़ना चाहिए, लेकिन हमारी लड़ाई का तरीका हमेशा अहिंसात्मक होना चाहिए।

गांधीजी सब धर्मों का समान रूप से आदर करते थे। उन्होंने सब धर्मों का एक ही लक्ष्य, एक ही सार बताया। वह ईसा मसीह के इस सिद्धांत से बहुत प्रभावित थे कि हमें सबसे, यहां तक कि अपने शत्रुओं से भी, प्रेम करना चाहिए। वह भगवद्गीता के निष्काम कर्मयोग में विश्वास करते थे, जिसके अनुसार, 'मनुष्य को फल या परिणाम की चिंता किए बिना निष्काम भाव से अपना कर्म करते रहना चाहिए।''

गांधीजी को सत्य और अहिंसा का पुजारी माना जाता है। सत्य से संबंधित उनका सिद्धांत किसी दर्शन से नहीं, बल्कि धर्म से प्रेरित था। उनका कहना था कि 'हिंदू धर्म से लेकर ईसाई और इस्लाम आदि सब धर्मों में अहिंसा की बात की गई है। वस्तुत: अहिंसा के बिना हिंदू धर्म का अस्तित्व ही नहीं रह जाएगा।' भारतीय संस्कृति और परंपरा के संदर्भ में भगवद्गीता की शिक्षाओं को महत्वपूर्ण बताते हुए उन्होंने निष्कर्ष प्रस्तुत किया कि सत्य और अहिंसा का पालन ही भगवद्गीता की शिक्षाओं का सार है।

गांधीजी ने लोगों और देशों के वास्तविक विकास के लिए जीवन के हर क्षेत्र में सत्य, शांति और अहिंसा के पालन पर बल दिया। उन्होंने शांति को स्वर्ग के राज्य की तरह बताया था। उनका मानना था कि शांति से ही समरसता, सहयोग संवेदनशीलता और सहानुभूति आती है, जिससे मानवीय जीवन से जुड़ी विभिन्न समस्याओं का हल निकाला जा सकता है।

गांधीजी का व्यावहारिक आदर्शवाद

गांधीजी को कोई अभिद्रष्टा नहीं, बल्कि एक व्यावहारिक स्वरूपद्रष्टा माना जाना चाहिए। वह एक क्रियाशील, आशावादी व्यक्ति और सकारात्मक चिंतक थे। उनका आदर्शवाद इस विश्वास पर आधारित था कि आत्म-सुधार की प्रक्रिया का व्यक्ति के जीवन पर असीमित प्रभाव होता है। वह पूर्णता में विश्वास करते थे और सत्य व विश्वास में तारतम्यता बनाए रखने पर बल देते थे।

गांधीजी का दर्शन मूल रूप से मानवीय संबंधों पर आधारित था। वह सभी के कल्याण की अवधारणा को आदर्श मानते थे। उनका मानना था कि आत्म-सुधार या आत्म-शुद्धि व्यक्ति को गलतियों से दूर, आत्मिक उन्नति की ओर ले जाती है। गांधीजी का स्पष्ट मानना था कि, ''शिक्षा या साक्षरता से व्यक्ति पूर्ण नहीं बनता, बल्कि यथार्थ, व्यावहारिक जीवन की शिक्षा से ही उसमें पूर्णता आ सकती है।

डॉ. सर्वपल्ली राधाकृष्णन

डॉ. सर्वपल्ली राधाकृष्णन आज के भारत के एक महान विद्वान और विचारक थे, जिन्होंने कई पूर्वी और पश्चिमी कॉलेजों में प्रोफेसर और वाइस चांसलर के रूप में कार्य किया। भारतीय धर्म और दर्शन के साथ-साथ वह पाश्चात्य दर्शन के भी अच्छे ज्ञाता थे। इस प्रकार, दोनों दर्शनों की तुलना और समीक्षा के आधार पर उन्होंने अपने दर्शन व विचारों को अपनी पुस्तकों, 'एन आइडियालिस्ट वे ऑफ लाइफ', 'द फिलॉसफी ऑफ रवींद्रनाथ टैगोर', 'द ब्रह्मसूत्र', 'द भगवद्गीता', 'द हिंदू व्यू ऑफ लाइफ', 'ईस्टर्न रिलीजन एंड वेस्टर्न यॉट' के माध्यम से प्रस्तुत किया है।

राधाकृष्णन प्राचीन भारतीय वेदांत दर्शन से प्रभावित थे। उन्होंने वेदांत की एक नई व्याख्या प्रस्तुत की है। वह दर्शन को चिंतन और अंतवृत्ति का मिश्रण मानते थे। उनके दर्शन का उद्देश्य उस तत्व का अन्वेषण करना था जिसमें सृजन या सृष्टि के प्रत्येक पहलू का समावेश होता है। उनके अनुसार, दर्शन ''सृष्टि-जगत की समस्याओं और परम सत्य को जानने का एक मानवीय प्रयास है।''

राधाकृष्णन ने शिक्षा में तर्क या विवेक और आत्मविश्वास तथा अवधारणात्मक व सैद्धांतिक ज्ञान या अंत:प्रज्ञा के महत्व पर विशेष बल दिया। वह अंतर्ज्ञान को ज्ञान का सर्वोत्तम रूप मानते थे। आध्यात्मिक ज्ञान या अनुभव को वह अंत: प्रज्ञात्मक ज्ञान या अनुभव के रूप में देखते थे। उनका मानना था कि मन की स्वतंत्रता ही वास्तविक स्वतंत्रता है। उनका स्पष्ट विचार था कि आर्थिक स्थिति के आधार पर मनुष्य के अस्तित्व की पहचान नहीं हो सकती।

डॉ. राधाकृष्णन कर्म के सिद्धांत को मानते थे। उनका मानना था कि हमारा वर्तमान हमारे अतीत पर आधारित होता है और हमारा भविष्य हमारे वर्तमान पर आधारित होता है। उनके शब्दों में, ''कर्म या अतीत के साथ मनुष्य के संबंध का यह अर्थ नहीं है कि मनुष्य स्वतंत्र रूप से कुछ नहीं कर सकता है; इसके अतिरिक्त अंतर्गत स्वतंत्र कर्म का समावेश भी होता है।''

कर्म के सिद्धांत के अनुसार, ''मनुष्य अपनी ऊर्जा या योग्यता के उपयोग अर्थात् कर्म के अनुसार फल प्राप्त करता है। प्रकृति (या परम शक्ति) जीवात्मा की मेहनत के अनुसार उसकी जरूरतों को पूरा करती है।''

कार्ल मार्क्स की तरह राधाकृष्णन का भी मानना था कि मनुष्य दनिया को बदल सकता है और अपनी संकल्पशक्ति के बल पर अपने भाग्य का निर्माण कर सकता है। प्रकृति का नियम एक नित्य, शाश्वत नियम है, जो बिना किसी अंतराल के, बिना किसी पक्षपात के निरंतर प्रभावी रहता है। इस प्रकार, कर्म का नियम मानव-जीवन का बाध्य नहीं, बल्कि एक आंतरिक घटक है। मनुष्य को सृष्टि की अन्य वस्तुओं या प्राणियों से अलग करने वाली शक्ति है—आत्म-चेतना, जो पेड़-पौधों या अन्य प्राणियों में नहीं पाई जाती है। मन की गति को भौतिक परिवर्तनों के साथ जोड़कर नहीं देखा जा सकता और न ही भौतिक विकास को आध्यात्मिक उन्नति के साथ जोड़कर देखा जा सकता है।

❑❑❑

4 सरकारी संस्थाओं में नैतिकता से जुड़ी चिंताएं और भ्रांतियां

नैतिकता की परिभाषा और महत्व

नीतिशास्त्र को 'नैतिकता का शास्त्र आता है, जिसमें मानवीय कर्तव्यों के विज्ञान के रूप में आचरण और व्यवहार के नियमों का अध्ययन किया जाता है। इस प्रकार, नीतिशास्त्र को उन सिद्धांतों के रूप में परिभाषित किया जा सकता है, जो अच्छाई के विज्ञान और सच्चाई की प्रकृति के अनुसार किसी व्यक्ति या समूह के व्यवहार को प्रभावित करते हैं। प्राचीन भारतीय धर्मग्रंथों और अन्य ऐतिहासिक विवरणों, जैसे—रामायण, महाभारत, भगवद्गीता, बुद्ध चरित, अर्थशास्त्र, पंचतंत्र, मनुस्मृति, कुरान, शुक्रनीति, कादंबरी, राजतरंगिणी और हितोपदेश आदि में भी शासन या प्रशासन के नैतिक सरोकारों का व्यापक रूप से उल्लेख मिलता है। लाओत्से, कंफ्यूसियस और मेंसिपस आदि चीनी दार्शनिकों ने भी नैतिकतापूर्ण शासन के विषय पर अपने विचार व्यक्त किए हैं। पाश्चात्य दर्शन में नीतिशास्त्र से जुड़ी तीन विचारधाराएं हैं। पहली विचारधारा अरस्तू द्वारा प्रतिपादित की गई है, जिसके अनुसार, न्याय, दया और उदारता जैसे गुण वे स्वाभाविक सद्‌गुण हैं, जो धारक के लिए भी हितकर होते हैं और उसके द्वारा जिस व्यक्ति या व्यक्तियों के समूह अथवा समाज के प्रति इन सद्‌गुणों को प्रदर्शित किया जाता है, उसके लिए भी हितकर होते हैं। दूसरी विचारधारा इमैनुअल कांट की है, जिसके अनुसार नैतिकता के लिए कर्तव्य की अवधारणा या विचार बहुत महत्वपूर्ण होता है; मनुष्य को अपने कर्तव्य से संबंधित नियमों का पालन करते हुए दूसरे लोगों—जिनके साथ वह कार्य-व्यवहार करता है—का सम्मान करना चाहिए। तीसरी विचारधारा उपयोगितावाद पर आधारित है, जिसके अनुसार, आचरण का सिद्धांत ऐसा होना चाहिए, जिससे ज्यादा से ज्यादा लोगों को संतोष या खुशी मिले। इसी तरह, पाश्चात्य दर्शन में विभिन्न प्रकार के शासन-तंत्रों जैसे—लोकतंत्र और राजतंत्र में शासक के लिए आवश्यक नैतिक दिशा-निर्देश भी मिलते हैं, जिन्हें प्लेटो, अरस्तू, थॉमस जेफरसन, एलेक्जेंडर हैमिल्टन, थॉमस पेन, जॉन स्टुअर्ट मिल और एडमंड बुरके की पुस्तकों में देखा जा सकता है।

रॉल्स द्वारा प्रतिपादित न्याय का सिद्धांत न्याय के दो मूलभूत सिद्धांतों के अंगीकार से संबंधित है, जो एक न्यायपूर्ण, नैतिकतापूर्ण समाज का निर्माण सुनिश्चित करता है।

1. न्याय के पहले मूलभूत सिद्धांत के अनुसार, प्रत्येक व्यक्ति के पास अन्य व्यक्तियों की मौलिक स्वतंत्रता के अनुरूप स्वतंत्रता का अधिकार होना चाहिए।
2. दूसरे सिद्धांत के अनुसार, सामाजिक और आर्थिक लाभ में प्रत्येक व्यक्ति की समान रूप से हिस्सेदारी होनी चाहिए।

यहां रॉल्स का उद्देश्य यह सुनिश्चित करना है कि कैसे इस प्रकार के सिद्धांतों को वैश्विक या सार्वभौतिक रूप से मान्य बनाया जाए। उन्होंने 'अज्ञान का परदा' की परिकल्पना प्रस्तुत की है, जिसमें एक 'सोशल गेम' (सामाजिक खेल) होता है; इस स्पेशल गेम में सब

खिलाड़ियों को 'मूल स्थिति' में रखा जाता है। 'जीवन और समाज' के बारे में उनके पास सिर्फ सामान्य जानकारी होती है; साथ ही स्वयं के बारे में भी उन्हें ज्यादा जानकारी नहीं दी जाती है। इसी सामान्य जानकारी के आधार पर प्रत्येक खिलाड़ी को यह तय करना होता है कि उन्हें किस प्रकार की सामाजिक संस्था के साथ काम करना है। चूंकि खिलाड़ियों को अपने स्वयं के बारे में भी कोई खास जानकारी नहीं होती है, इसलिए वे एक आम दृष्टिकोण लेकर चलने को बाध्य होते हैं, जो बहुत हद तक नैतिक दृष्टिकोण ही होता है। इस प्रकार, यह दृष्टिकोण नैतिक निष्कर्ष पर आधारित होता है, जिसे व्यक्ति अपने स्वयं के विवेक और नैतिक अभिदृष्टि से निर्मित करता है।

प्रशासनिक आचार-शास्त्र यह कहता है कि लोक-प्रशासक प्रशासनिक राज्य के संरक्षक (guardians) होते हैं। उनसे जनता के विश्वास का सम्मान करने की अपेक्षा की जाती है। यहां दो महत्वपूर्ण प्रश्न उठते हैं : पहला, 'संरक्षकों की निगरानी क्यों की जानी चाहिए?' और दूसरा, 'संरक्षक की निगरानी कौन करता है?' प्रशासक को व्यक्ति स्वार्थ और भ्रष्टाचार की प्रवृत्ति से बचने और राष्ट्रीय हित को अपना कर्तव्य समझकर कार्य करने की जरूरत होती है। उसकी निगरानी और संरक्षण के लिए न्यायपालिका, विधानपरिषद् , राजनीतिक कार्यपालिका, मीडिया और सामाजिक संगठन आदि बाह्य संस्थाओं की जरूरत होती है, जो प्रशासन में उत्तरदायित्व की भावना को बढ़ावा देती हैं।

लोक-प्रशासन में नैतिकता

सार्वजनिक क्षेत्र में आचार-शास्त्र जनता के नेता के रूप में लोक-प्रशासक के नैतिक कर्तव्य से जुड़े मूलभूत सिद्धांतों का ब्योरा प्रस्तुत करता है। साथ ही, यह उन कार्यों और निर्णयों के लिए नैतिक विचार का आधार प्रस्तुत करता है, जो दैनिक जीवन से जुड़ी सरकारी और सामाजिक सेवाओं के दौरान संपादित किए जाते हैं। इस प्रकार, आचार-शास्त्र एक व्यावसायिक-व्यावहारिक मानदंड तैयार करता है, जिसके पालन की अपेक्षा एक सहकर्मी दूसरे सहकर्मी से करता है। निर्णय नैतिक सिद्धांतों के आधार पर लिए जाते हैं और ये सिद्धांत जनता की राय और विश्वास पर आधारित होते हैं। इस प्रकार, जनता की अलग-अलग राय यह सुनिश्चित करती है कि लोक-प्रशासक अपने कार्यों को नैतिकता के सिद्धांत के आधार पर संपादित करे। साथ ही यह लोक-प्रशासक के व्यक्तिगत जीवन को भी प्रभावित करती है।

सार्वजनिक क्षेत्र में आचार-शास्त्र का उद्देश्य सरकारी कार्य-व्यवस्था में एक खुला परिवेश तैयार करना होता है।

आचार-शास्त्र का क्षेत्र इतना व्यापक है कि मानवीय क्रिया-कलाप के लगभग सभी प्रमुख क्षेत्रों में इसकी भूमिका स्वीकार की जाती है। यहां लोक-प्रशासन में आचार-नीति या नैतिकता के कुछ प्रमुख तत्वों का वर्णन किया जा रहा है :

1. **वैधानिकता और नियमबद्धता :** प्रशासक को विभिन्न नीतियों और निर्णयों के लिए निर्धारित कानूनों और नियमों का पालन करना चाहिए।
2. **दायित्व और जवाबदेही :** प्रशासक को अपने स्वयं के कार्य और निर्णय की जिम्मेदारी और जवाबदेही स्वीकार करने के लिए सदैव तैयार रहना चाहिए। साथ ही, उसे सरकार के उच्च अधिकारियों और लाभार्थियों के प्रति भी अपनी जवाबदेही स्वीकार करने के लिए तैयार रहना चाहिए।

3. **कार्य के प्रति निष्ठा :** प्रशासक को अपने कार्य के प्रति निष्ठावान होना चाहिए और पूरे समर्पण भाव से अपने कार्य को कुशलतापूर्वक संपादित करना चाहिए। जैसा स्वामी विवेकानंद ने एक बार कहा था : ''प्रत्येक कर्तव्य पवित्र होता है और कर्तव्य के प्रति समर्पण ही सबसे बड़ी पूजा है।'' समय का पालन, नियमितता और समयबद्धता तथा वचन का पालन भी इसके अंतर्गत आता है। काम को बोझ नहीं समझा जाना चाहिए, बल्कि उसे समाज के लिए कुछ करने के लिए एक अवसर के रूप में देखा जाना चाहिए।

4. **उत्कृष्टता :** प्रशासक को अपने कार्यों और निर्णयों की गुणवत्ता के साथ किसी तरह का समझौता नहीं करना चाहिए। वैश्विक प्रतिस्पर्धा के आजकल के परिवेश में उसे पूरी ईमानदारी से गुणवत्ता मानदंडों का पालन करना चाहिए।

5. **संयोजकता :** व्यक्तिगत, संगठनात्मक और सामाजिक लक्ष्यों को प्राप्त करने के लिए प्रशासक को एक संयोजक की भूमिका निभानी चाहिए और सबको साथ लेकर चलने का प्रयास करना चाहिए। लक्ष्यों में टकराव की स्थिति सामने आने पर नैतिकता के सिद्धांत का सहारा लिया जाना चाहिए।

6. **दृढ़ता और प्रतिक्रियात्मकता :** आंतरिक और बाह्य चुनौतियों के सामने प्रशासक को त्वरित और कुशलतापूर्वक प्रतिक्रिया प्रदर्शित करने में सक्षम होना चाहिए। उसे परिवेशात्मक बदलावों को स्वीकार करना चाहिए, लेकिन साथ ही, अपने कार्य और आचरण के नैतिक मानदंडों को भी लेकर चलना चाहिए।

7. **सर्वहितकारी :** प्रशासक की यह जिम्मेदारी होती है कि नीतियों और निर्णयों के क्रियान्वयन से ज्यादा-से-ज्यादा लोगों को ज्यादा-से-ज्यादा फायदा हो।

8. **सहानुभूति और सहृदयता :** प्रशासक को निर्धारित नियमों और कानूनों की सीमा में रहते हुए निर्बल और वंचित वर्ग के लोगों के प्रति सहृदयता और सहानुभूति प्रदर्शित करनी चाहिए और उसके अनुरूप निर्णय लेना चाहिए। समाज के सबल वर्ग के लोगों की शक्ति और प्रभाव के सामने झुककर उसे किसी तरह का पक्षपात नहीं करना चाहिए।

9. **राष्ट्रीय हित :** एक प्रशासक की सोच उदार और सार्वभौमिक होनी चाहिए और उसका कार्य ऐसा होना चाहिए, जिससे देश का हित हो और उसकी शक्ति और प्रतिष्ठा में वृद्धि हो। अपनी अधिकारिक भूमिका निभाने के साथ-साथ ही उसे देश की राष्ट्रीय चिंताओं को भी ध्यान में रखना चाहिए।

10. **न्याय :** सरकारी नीतियों और निर्णयों के क्रियान्वयन में प्रशासक को समानता और निष्पक्षता के सिद्धांत का पालन करना चाहिए और जाति, वर्ग, लिंग या सामाजिक स्थिति के आधार पर उसे किसी एक का भेदभाव नहीं करना चाहिए।

11. **पारदर्शिता :** प्रशासक के कार्य-संपादन और उसकी नीतियों-निर्णयों में और उनके क्रियान्वयन में पारदर्शिता होनी चाहिए, ताकि उनका खुला मूल्यांकन और विश्लेषण किया जा सके और किसी प्रकार की शंका की स्थिति में स्पष्टीकरण किया जा सके।

12. **ईमानदारी :** प्रशासक को अपने कार्य में पूरी ईमानदारी बरतनी चाहिए और अपने व्यक्तिगत स्वार्थ के लिए अपने पद या प्रतिष्ठा का दुरुपयोग नहीं करना चाहिए।

नैतिक असमंजस

इस नई सदी की शुरुआत नैतिक और दार्शनिक भ्रांतियों के कारण उत्पन्न दबाव से हुई है, जिसने लोक-प्रशासन के विशेषज्ञों और विद्वानों को असमंजस में डाल दिया है। बीसवीं सदी की शुरुआत में जो सवाल और धारणाएं उभरी थीं, उनकी जगह पर इक्कीसवीं सदी में नए-नए प्रश्न, शंकाएं और अनिश्चितताएं उभरी हैं, जिन्हें अर्थव्यवस्थाओं के वैश्वीकरण और राजनीतिक संघर्ष व संस्कृति के स्थानीयकरण का परिणाम माना जा सकता है। इस संदर्भ में 'संदेह के संस्थानीकरण की प्रक्रिया कुछ ज्यादा ही महत्वपूर्ण हो जाती है।

लोक-प्रशासन में नैतिक असमंजस से निपटना

असमंजस और समस्या को कभी-कभी एक ही अर्थ में प्रयुक्त किया जाता है, लेकिन दोनों में मूलभूत अंतर हैं। असमंजस का संबंध अनिश्चितता से होता है, जिसमें व्यक्ति यह नहीं समझ पाता कि अमुक स्थिति में क्या किया जाए, कैसे किया जाए। इस प्रकार की अनिश्चितता का कोई संभावित हल नहीं होता है। दूसरी ओर समस्या कितनी भी जटिल क्यों न हो उसका कोई न कोई हल जरूर होता है। आज हमारे सामने ऐसी ही नैतिक अनिश्चितता या असमंजस की स्थिति पैदा हो गई है, जिसमें हम यह नहीं समझ पा रहे हैं कि क्या किया जाए, कैसे किया जाए। असमंजस की स्थिति में निर्णय लेने के लिए व्यक्ति को दो परस्पर विरोधी स्थितियों या विकल्पों में से एक का चुनाव करना होता है, जिसमें स्वाभाविक रूप से एक पक्ष को संतुष्ट और दूसरे पक्ष को असंतुष्ट करना पड़ता है। इस प्रकार, असमंजस की स्थिति से बाहर निकलने के लिए किसी एक पक्ष का त्याग करना हमारी विवशता होती है।

असमंजस की स्थिति से निपटने का एक अच्छा और प्रभावी तरीका यह है कि सबसे पहले पूरी स्थिति को एक अलग रूप और संदर्भ देकर सामने रखा जाए; और फिर, उसका व्यवस्थित रूप से विश्लेषण किया जाए। इस प्रकार, स्थिति के अलग-अलग पहलू स्पष्ट होने लगेंगे और उनसे निपटने का रास्ता भी साफ दिखाई देने लगेगा।

इस प्रकार की असमंजस की स्थिति प्राय: जटिल व्यवस्था वाले प्रतिष्ठानों से देखने को मिलती है, जहां इससे निपटने के लिए आवश्यक कौशल और विशेषज्ञता का अभाव होता है। यही कारण है कि सरकारी अधिकारी और सिविल सेवक जिनके सामने गंभीर असमंजस की स्थिति होती है, उन्हें इससे बाहर निकलने का रास्ता नहीं मिल पाता और परिणामस्वरूप वे दुविधा अनिश्चितता और असमंजस की स्थिति में फंस जाते हैं। इसका सीधा असर हमारे लोक प्रशासन की व्यवस्था पर पड़ता है और हमारा लोक प्रशासन भी दिशा-भ्रम और नैतिक अनिश्चितता की स्थिति में आ जाता है। इस तरह की ठहराव की स्थिति में, जहां सब कुछ ठहरा सा दिखाई देता है, वहां नैतिकता, मूल्यों, अधिकारों और जिम्मेदारियों के पालन की अपेक्षा न तो सिविल सेवकों से की जा सकती है और न ही नागरिकों से की जा सकती है।

संगठनात्मक स्तर पर लोकप्रशासन में इस प्रकार की स्थिति को समझने और उससे निपटने के कुछ मूलभूत नियम निर्धारित किए गए हैं, जो सबसे पहले प्रशासनिक असमंजस की मूलभूत स्थिति को परिभाषित करते हैं और फिर उससे निपटने के तरीके सुझाते हैं। इसी तरह, कुछ मार्गदर्शक नैतिक सिद्धांत और मूल्य-मान भी निर्धारित किए गए हैं, जो लोक-प्रशासन में नैतिक असमंजस या अनिश्चितता की स्थिति से निपटने में मदद करते हैं। इस प्रकार के मूलभूत

सिद्धांतों में निम्न सिद्धांतों को शामिल किया जाता है : 1. प्रशासन की लोकतांत्रिक उत्तरदेयता 2. नियम कानून और विधान 3. पेशेवर (प्रोफेशनल) विश्वसनीयता 4. सिविल सोसायटी के प्रति खुलापन या पारदर्शिता।

नैतिकता के नए आयाम

पारदर्शिता और खुलापन भ्रष्टाचार का सबसे बड़ा शत्रु है इसके लिए दुनिया के कई देशों ने सूचना का अधिकार कानून बनाया है। अमेरिका में संघीय स्तर पर सूचना का अधिकार और खुली सुनवाई प्रशासनिक प्रक्रिया अधिनियम का एक महत्वपूर्ण प्रावधान है। भारत में सूचना की स्वतंत्रता अधिनियम में सुधार करके उसे सूचना का अधिकार अधिनियम, 2005 के रूप में लागू किया गया है। इसके साथ-साथ गोवा, राजस्थान, तमिलनाडु, महाराष्ट जैसे राज्यों की सरकारों ने सरकारी अधिकारियों की जवाबदेही सुनिश्चित करने के लिए कानून पारित किए हैं। इस प्रकार के कानूनों की सफलता सरकार और प्रशासनिक अधिकारियों की इच्छा-शक्ति के साथ-साथ नागरिकों के सहयोग और सकारात्मक प्रयास पर निर्भर करता है। जो सिविल सेवक सूचना का अधिकार कानून के क्रियान्वयन में रुकावट डालते हैं, उन्हें उपयुक्त कार्रवाई के अंतर्गत दंडित किया जाना चाहिए। सूचना को 'राज' की बात मानने वाले पुराने विश्वास की जगह पर अब इसे पारदर्शिता का हिस्सा गाने जाने की जरूरत है। इसके लिए प्रशासनिक अधिकारियों को अपनी सोच बदलनी होगी और साथ ही, नागरिकों को भी जागरूक बनना होगा, ताकि वे सूचना के अधिकार का उपयोग अपने हित में कर सकें। इसके लिए बड़े स्तर पर जन-जागरण और सामूहिक प्रयास की जरूरत है; इस संदर्भ में अरुणा रॉय के प्रयास को एक आदर्श उदाहरण माना जा सकता है। इसमें शिक्षा प्रणाली और मीडिया का भी अपनी-अपनी भूमिकाएं निभानी होंगी। अमेरिका की फेडरल सरकार में धोखाधड़ी और सरकारी संपत्ति के दुरुपयोग को रोकने के लिए 'फ्रॉड नेट' (Fraud Net) के नाम से एक हॉटलाइन चलाई जा रही है, जिसका प्रयोग करके कर्मचारी और अन्य लोग किसी भी प्रकार के भ्रष्टाचार की सूचना गुप्त रूप से जनरल एकाउंटिंग ऑफिस को दे सकते हैं। इसके अलावा, अमेरिका में ऐसे कानून भी हैं, जो सरकारी अधिकारियों के स्तर पर किसी प्रकार की धोखाधड़ी या भ्रष्टाचार के खिलाफ आवाज उठाने वाले कर्मचारियों या अधिकारियों को कानूनी सुरक्षा और संरक्षण उपलब्ध कराते हैं। ब्रिटेन में सिविल सेवकों के लिए एक नई अपील प्रक्रिया शुरू की गई है, जिसके अंतर्गत कोई सिविल सेवक इस प्रकार के मामलों को अपने विभाग से बाहर के किसी अन्य अधिकारी के सामने उठा सकता है। यदि उसे संतोषजनक समाधान नहीं मिलता है, तो वह संबंधित मामले को सिविल सेवा आयुक्त के संज्ञान में डाल सकता है। भारत में संविधान समीक्षा समिति ने इस प्रकार के 'सचेतक' (Whistle blowing) कानून की संभावना का विचार प्रस्तुत किया था, लेकिन उसे स्वीकार नहीं किया गया। ऐसे में भारत को इस संदर्भ में एक नई और स्पष्ट सोच विकसित करने की जरूरत है।

जवाबदेही

आज अधिकांश देशों में वैधानिकता का गंभीर संकट देखने को मिल रहा है, ऐसे में नैतिकता और जवाबदेही आधुनिक शासन व्यवस्था के महत्वपूर्ण घटक बन गए हैं। शासन और नैतिकता के

संदर्भ में बात करें तो जवाबदेही का मतलब अपने द्वारा लिए गए निर्णय या किए गए कार्य के औचित्य या अनौचित्य की जिम्मेदारी स्वीकार करने से है। पब्लिक सेक्टर नॉन-प्रॉफिट और प्राइवेट/कॉरपोरेट सेक्टरों में प्रशासनिक व्यवस्था का यह एक महत्वपूर्ण घटक है, जिसे लेकर बराबर चर्चा होती रहती है। संगठनात्मक नेतृत्व के संदर्भ में बात करें, तो जवाबदेही का मतलब संगठन के क्रिया-कलापों, प्रशासन, प्रबंधन और क्रियान्वयन से जुड़े निर्णयों तथा उनके संभावित परिणामों को लेकर नैतिक जिम्मेदारी स्वीकार करना है।

शासन-प्रशासन व्यवस्था में इसे व्यक्तियों या कार्यकर्ताओं के बीच उत्तरदेयता पर आधारित संबंध के रूप में वर्जित किया जा सकता है। उदाहरण के लिए, मान लीजिए कोई व्यक्ति 'अ' किसी अन्य व्यक्ति 'ब' के प्रति उत्तरदायी है, तो व्यक्ति 'अ' की यह जिम्मेदारी बनती है कि वह व्यक्ति 'ब' को अपने सब कार्यों के बारे में जानकारी दे और किसी प्रकार की गलती होने की स्थिति में दंड को स्वीकार करने के लिए तैयार रहे। इस प्रकार, यह संबंध मूलरूप से नैतिक उत्तरदेयता पर आधारित होता है, नैतिक उत्तरदेयता के बिना जवाबदेही का वास्तव में कोई मतलब नहीं रह जाता।

वस्तुत: 'जवाबदेही' या 'उत्तरदायित्व' की अवधारणा पुरानी लेखा-बही की व्यवस्था से ली गई है, जिसके अंतर्गत सरकारी काम-काज या साहूकारी लेन-देन का हिसाब रखा जाता था और जरुरत पड़ने पर या मांगे जाने पर दूसरे व्यक्ति को हिसाब दिया जाता था।

जवाबदेही या उत्तरदेयता के प्रकार

जवाबदेही आठ प्रकार की होती है : नैतिक, प्रशासनिक, राजनीतिक, प्रबंधकीय, बाजार या विपणन-संबंधी, वैधानिक/न्यायिक, संवैधानिक और पेशागत या व्यावसायिक। इन्हें ब्रूस स्टोन (Bruce Stone), ओ.पी. द्विवेदी (O.P. Dwivedi), और जोसेफ जी. जब्ब्रा द्वारा सूचीबद्ध किया गया है।

राजनीतिक जवाबदेही

सरकार, सिविल सेवकों और राजनेताओं की जनता और सर्वधार्मिक संस्थाओं के प्रति जवाबदेही राजनीतिक जवाबदेही के अंतर्गत आती है। जनता द्वारा सरकार की संसद पर विधायिका के लिए चुना गया प्रतिनिधि जनता के प्रति जवाबदेह होता है। उसकी ओर से होने वाली लापरवाही या गलत निर्णय को लेकर जनता उसे जिम्मेदार ठहरा सकती है और कुछ मामलों में रिकॉल इलेक्शन भी व्यवस्था है, जिसके अंतर्गत जनता अपने चुने हुए प्रतिनिधि के प्रतिनिधित्व को चुनौती दे सकती है। इसके अलावा अगर किसी प्रतिनिधि पर भ्रष्टाचार या गलत आचरण का आरोप है, तो उसकी स्वतंत्र और निष्पक्ष जांच के लिए सक्षम अधिकारियों और विधायिका के सदस्यों को नियुक्त किया जा सकता है और उन्हें संविधान की ओर से इसके लिए बाकायदा अधिकार दिया जा सकता है, ताकि वे दोषी पाए जाने पर संबंधित व्यक्ति/प्रतिनिधि पर मुकदमा चला सकें, आवश्यक होने पर उसे पद से हटा सकें या एक निश्चित समय के लिए निलंबित कर सकें। दोषी व्यक्ति को मुकदमे की कार्रवाई से पहले इस्तीफा देने का अधिकार होता है। संसदीय शासन-प्रणाली के अंतर्गत सरकार अपने कार्यों और निर्णयों के लिए संसद के प्रति उत्तरदायी होती।

ओवरसीज डेवलपमेंट इंस्टीट्यूट (Overseas Development Institute) में शोधकर्ताओं ने शोध में पाया कि विकासशील देशों में नागरिकों को अपनी सरकार की जवाबदेही सुनिश्चित करने की शक्ति देना व्यावहारिक रूप से आसान नहीं है।

नैतिक जवाबदेही

शैक्षिक क्षेत्र जैसे—प्रयोगात्मक क्रिया-कलाप और फील्ड रिसर्च में नैतिक जवाबदेही की भूमिका महत्वपूर्ण होती है। किसी संगठन के अंदर नैतिक जवाबदेही की व्यवस्था का उद्देश्य आंतरिक स्तर पर व्यक्तिगत और सामूहिक आचरण तथा बाह्य कारकों जैसे—सतत आर्थिक और पारिस्थितिकी विकास का मानदंड विकसित करना होता है। अपनी पुस्तक 'न्यू रेसिज्म : रीविजिटिंग रिसर्च एकाउंटेबिलिटीज' (Racism : Revisiting Researcher Accountabilities) और 'एकाउंटेबिलिटी इन सोशल रिसर्च' (Accountability in Social Research) में नोरमा आर.ए. रॉम (Norma R.A. Romm) ने सामाजिक, व्यावसायिक और अन्य क्षेत्रों में नैतिक जवाबदेही की व्यवस्था पर शोध प्रस्तुत किया है। शोधकर्ता-संबंधी जवाबदेही का अर्थ यह है कि शोधकर्ता को इस बात की जानकारी होनी चाहिए कि सामाजिक क्षेत्र पर जो शोध वह कर रहा है या उसके लिए जो तरीका अपना रहा है, उसका किस तरह का प्रभाव पड़ सकता है; साथ ही इसके लिए उसे अपनी जवाबदेही भी सुनिश्चित करनी चाहिए।

प्रशासनिक जवाबदेही

सरकारी प्रशासन में सिविल सेवकों के कार्य-व्यवहार को नियंत्रित करने के लिए आंतरिक या विभागीय नियम और मानदंड होते हैं और साथ ही कुछ स्वतंत्र आयोग होते हैं मंत्रालयों में संबंधित मंत्री के कार्य-व्यवहार को नियंत्रित करने के लिए नियम और प्रोटोकॉल होते हैं : नौकरशाही व्यवस्था में सिविल सेवक अपने वरिष्ठों के प्रति जवाबदेह होते हैं। इसके अलावा, विभिन्न विभागों की जवाबदेही सुनिश्चित करने के लिए कुछ स्वतंत्र निगरानी संस्थाएं या 'वॉचडॉग' इकाइयां और आयोग होते हैं।

संगठनों में व्यक्तिगत जवाबदेही

बड़े-बड़े संगठनों में निर्णय-निर्धारण प्रक्रिया और नीतियों के क्रियान्वयन में एक साथ कई लोगों की भूमिका होती है; ऐसे में उनके परिणाम के लिए किसी एक व्यक्ति को जिम्मेदार नहीं ठहराया जा सकता। इस कारण जवाबदेही की समस्या पैदा होती है। अगर व्यक्तियों को जिम्मेदार ठहराया जाता है, तो इसमें उन व्यक्तियों को भी दंड भुगतना पड़ता है, जो व्यक्तिगत स्तर पर संबंधित कार्य या निर्णय को रोकने के लिए कुछ नहीं कर सकते थे; इस प्रकार, एक तरह से यह अन्यायपूर्ण होगा। दूसरी ओर, अगर संगठन को जिम्मेदार ठहराया जाता है, तो स्वाभाविक रूप से उसमें काम करने वाले सब लोग जिम्मेदार होंगे या फिर सबके सब जिम्मेदारी से मुक्त होंगे। इस प्रकार की समस्या के समाधान के लिए कई तरह के सुझाव प्रस्तावित किए गए हैं। संगठन में व्यक्तिगत जवाबदेही सुनिश्चित करने के लिए एक व्यापक व्यवस्था होनी चाहिए, ताकि

व्यक्तिगत स्तर पर लोगों को असफलता के लिए स्वयं को तैयार न रखने के लिए जिम्मेदार ठहराया जा सके। थॉम्पसन (Thompson) द्वारा हाल में सुझाया गया एक अन्य तरीका है, जिसमें व्यक्तियों को संगठन के डिजाइन के लिए जिम्मेदार माना जाता है।

चुनाव आधारित जवाबदेही

इसके अंतर्गत किसी क्षेत्र विशेष में नागरिकों के हितों का प्रतिनिधित्व करने वाली संस्थाओं या एजेंसियों की ओर से आवाज उठती है, तो उसके लिए निर्धारित एजेंसी विशेष या सरकार को जिम्मेदार ठहराया जाता है। ऐसे में प्रशासक की जिम्मेदारी बनती है कि वह यह सुनिश्चित करे कि नीति-निर्माण प्रक्रिया में सभी चुनाव-क्षेत्रों की आवाज सुनी जाए।

पब्लिक/प्राइवेट में टकराव

पिछले कई दशकों में, खासकर ब्रिटेन और अमेरिका में, प्राइवेट यानी निजी संस्थाओं के कारण पब्लिक यानी सार्वजनिक सेवा के प्रावधान बढ़ जाने से यह मांग उठ रही है कि गैर-राजनीतिक निकायों में भी राजनीतिक जवाबदेही के तरीके अपनाए जाएं। विधि विशेषज्ञा एन्नी डेवीज (Anne Daries) के अनुसार यूनाइटेड किंगडम में सार्वजनिक संस्थाओं ओर निजी निकायों, जैसे—कॉरपोरेशन, के बीच की विभाजक रेखा अस्पष्ट होती जा रही है, जिससे इन क्षेत्रों में राजनीतिक जवाबदेही पर नकारात्मक प्रभाव पड़ सकता है। उनका मानना है कि इस उत्तरदेयता-अंतराल को कम करने के लिए प्रशासनिक कानूनों में कुछ सुधार की जरूरत है।

अमेरिका में पब्लिक/प्राइवेट टकराव के संदर्भ में इराक में ब्लैकवाटर सिक्योरिटी फर्म से जुड़ी शूटिंग की घटना के बाद सरकार और सेना सहित सेवाओं तथा उनके परिणामस्वरूप उत्पन्न होने वाले उत्तरदेयता-अंतराल पर सार्वजनिक दिलचस्पी पर बल दिया गया है।

समकालीन विकास-विस्तार

जवाबदेही का संबंध हिसाब, लेखा-जोखा या जवाब देने से है। एक समाजशास्त्रीय क्रिया-व्यवहार के रूप में इसके अध्ययन को वर्ष 1968 में मार्विन स्कॉट (Marvin Scott), स्टैनफोर्ड लाईमैन (Stanford Lyman) और स्टीफेन सोरोका (Stephen Soroka) ने अपने लेख 'एकाउंट्स' (Accounts) में प्रारूप दिया था। हालांकि जे.एल. ऑस्टिन (J.L. Austin) के 1956 के लेख 'ए प्ली फॉर एक्सक्यूजेज' (A plea for excuses) में भी इसका उल्लेख देखा जा सकता है, जिसमें बहानेबाजी को जवाबी कार्य (speech acts) का एक उदाहरण बताया गया है।

संप्रेषण के जानकारों द्वारा व्यक्तियों या कॉरपोरेशनों की ओर से प्रदर्शित किए जाने वाले सफाई, स्पष्टीकरण, माफी, बहाना आदि पर आधारित व्यवहार के परीक्षण के माध्यम से इसे विस्तार दिया गया है। जवाबदेही की जरूरत वाली विभिन्न स्थितियों-परिस्थितियों में लोग किस प्रकार का व्यवहार प्रदर्शित करते हैं, इसके अध्ययन में भी फिलिप टेटलॉक (Philip Tetlock) और उनके सहकर्मियों ने एक्सपेरीमेंटल डिजाइन टेक्नीक का प्रयोग किया है।

अंतरराष्ट्रीय संस्थाओं के कार्य-औचित्य से जुड़ी चर्चाओं में जवाबदेही को एक महत्वपूर्ण विषय बताया गया है। चूंकि अंतरराष्ट्रीय स्तर ऐसी कोई अधिकारिक रूप से वैध संस्था नहीं है,

जो इन संस्थाओं की जवाबदेही सुनिश्चित कर सके, इसलिए उत्तरदेयता-अंतराल को लेकर लगभग सभी सेक्टरों के वैश्विक संगठनों की आलोचना होती रही है। 'वन वर्ल्ड ट्रस्ट' (One World Trust) के नेतृत्व में तैयार चार्टर 99 फॉर ग्लोबल डेमोक्रेसी (Charter 99 for Global Democracy) ने पहली बार यह सुझाव दिया था कि जवाबदेही के क्रॉस-सेक्टर सिद्धांतों का अनुसंधान और नियंत्रण-संचालक उन संस्थाओं द्वारा किया जाना चाहिए, जो लोगों को उनके वैधानिक स्तर के निरपेक्ष किसी न किसी तरह प्रभावित करती हैं, आज के वैश्विक परिदृश्य में एक महत्वपूर्ण प्रश्न यह उठता है कि विश्व बैंक और अंतरराष्ट्रीय संस्थाएं—जो दुनिया के अमीर देशों द्वारा स्थापित की गई हैं और विकासशील देशों को ऋण और अनुदान के रूप में आर्थिक सहायता उपलब्ध करा रही हैं—अपने संस्थापकों और निवेशकों के प्रति जवाबदेह हों, या फिर उन व्यक्तियों और देशों के प्रति, जिनका वे सहयोग करती हैं।

वैश्विक न्याय और उसके वितरण संबंधी परिणामों के विषय पर विश्व बंधुत्व को मानने वाले लोग उन विकासशील देशों और समुदायों के हितों के प्रति जवाबदेही का समर्थन करते हैं, जिन्हें परंपरागत से रूप हाशिए पर रखा गया है। दूसरी ओर; राष्ट्रवाद और सोसायटी ऑफ स्टेट्स की व्यवस्था को मानने वाले लोग नैतिक विश्ववाद के सिद्धांतों को स्वीकार नहीं करते और यह तर्क प्रस्तुत करते हैं कि वैश्विक विकास योजनाओं के लाभार्थियों को अंतरराष्ट्रीय संस्थाओं से जवाबदेही मांगने का कोई अधिकार नहीं होता। वैश्विक संगठनों की अपने हितधारकों के प्रति जवाबदेही का आकलन करने के लिए वर्ष 2006-2008 मेंवन वर्ल्ड ट्रस्ट ग्लोबल एकाउंटेबिलिटी रिपोर्ट (One World Trust Global Accountability Repost) प्रकाशित की गई है।

गैर-व्यावसायिक (या गैर-मुनाफा) जगत में जवाबदेही चर्चा का एक महत्वपूर्ण विषय बन गई है। वर्ष 2005 में कई गैर-सरकारी संगठनों ने 'एकाउंटेबिलटी चार्टर' पर हस्ताक्षर किए थे। मानवतावादी क्षेत्र में भी कुछ नई पहल की गई है, उदाहरण के लिए, 'ह्यूमनीटेरियन एकाउंटेबिलिटी पार्टनरशिप इंटरनेशनल' (Humanitarian Accountability Partnership InternationaltḤAPI) । इसके अलावा, कई निजी गैर-सरकारी संगठनों—उदाहरण के लिए, ए.एल.पी.एस., एकाउंटेबिलिटी, लर्निंग एंड प्लानिंग सिस्टम ऑफ एक्शन एड—ने अपनी स्वयं की जवाबदेही व्यवस्था तैयार की है।

शिक्षा में जवाबदेही

छात्रों की जवाबदेही मूल रूप से स्कूल और कक्षा के नियमों को मानने और (गलती के लिए) जुर्माना या दंड भुगतने के लिए तैयार रहने पर आधारित है।

परंतु कुछ शैक्षिक निकाय, जैसे—सडबरी स्कूल्स (Sudbury Schools), मानते हैं कि छात्र-छात्राएं अपने क्रिया-कलापों के लिए स्वयं जिम्मेदार होते हैं और परंपरागत स्कूल छात्र-छात्राओं को अपनी मर्जी से पाठ्यक्रम का चुनाव करने की पूरी स्वतंत्रता नहीं देते। पाठ्यक्रम का चुनाव हो जाने के बाद वे छात्र-छात्राओं को उसे बदलने की अनुमति नहीं देते हैं और न ही परिणाम के लिए उन्हें किसी तरह का दंड भुगतने देते हैं। व्यक्तिगत जिम्मेदारी की तीन घटक स्वतंत्रताएं हैं : चुनाव की स्वतंत्रता, कार्य की स्वतंत्रता और कार्य के परिणाम को अपने ऊपर लेने की स्वतंत्रता। सडबरी स्कूल्स का मानना है कि नैतिकता एक ऐसा पाठ है, जो जीवन के अनुभवों

से सीखा जाता है।' व्यक्तिगत जिम्मेदारी नैतिक मूल्यों और नैतिक कार्यों का एक आवश्यक तत्व है। छात्र-छात्राओं और वयस्कों को यथार्थ जीवन के अनुभवों का सबक पढ़ाकर ही स्कूल नैतिक मूल्यों का सार्थक स्रोत बन सकते हैं। स्कूलों को लोगों के समुदाय के रूप में काम करते हुए उन्हें मूल्यों की शिक्षा देनी चाहिए। स्कूल का संचालन एक प्रत्यक्ष लोकतांत्रिक व्यवस्था द्वारा होता है, जिसमें छात्र-छात्राओं और स्टाफ को एक समान समझा जाता है और छात्र-छात्राओं को अपनी पढ़ाई के लिए पूरी जिम्मेदारी दी जाती है।

सरकारी व्यवस्था में नैतिकता

नैतिकता सिर्फ लोक-रुचि का हिस्सा नहीं है, बल्कि राजनीति और सरकारी व्यवस्था के अध्ययन का भी एक महत्वपूर्ण हिस्सा है। मीडिया में राजनेताओं तथा राजनीति के जानकारों द्वारा 'सरकारी नैतिकता' या 'सरकारी आचार-नीति' शब्द का प्रयोग अकसर किया जाता है, लेकिन इसका वास्तविक अभिप्राय अभी तक स्पष्ट नहीं हो पाया है। इसे समझने के लिए सबसे पहले 'नैतिकता' या 'आचार-नीति' शब्द का विश्लेषण करना होगा। नीतिशास्त्र सामान्यतया उचित और अनुचित व्यवहार का अध्ययन है। अपने दैनिक जीवन में हमें कुछ महत्वपूर्ण सवालों का सामना करना पड़ता है, उदाहरण के लिए—

1. मुझे अपना वादा पूरा करना चाहिए या नहीं?
2. किसी का खोया हुआ बटुआ मिलने पर उसके बारे में लोगों को बताऊं या उसमें से पैसे निकालकर चुपचाप अपने पास रख लूं।
3. दुकानदार द्वारा गलती से ज्यादा पैसे लौटा देने पर उसे वापस दूं या चुपचाप अपने पास रख लूं?

एक विषय के रूप में नीतिशास्त्र इस तरह के प्रश्नों पर विचार करने और उनका समाधान निकालने के लिए सिद्धांतों और नियमों की तलाश करता है।

पेशेवर या व्यावसायिक आचार-संहिता

पेशेवर या व्यावसायिक आचार-संहिता नीतिशास्त्र के अध्ययन का एक महत्वपूर्ण क्षेत्र है। औषधि, कानून व शिक्षा, जैसे व्यावसायिक क्षेत्रों में इस तरह के नियमों और दिशा-निर्देशों की एक व्यवस्था तैयार की गई है, जो इन क्षेत्रों में काम करने वाले लोगों के आचरण को नियंत्रित करते हैं। इनमें स्पष्ट रूप से उल्लेख होता है कि संबंधित पेशे में किस तरह का व्यवहार नैतिक है और किस तरह का व्यवहार अनैतिक। इस प्रकार की पेशेवर आचार-संहिता का एक प्रसिद्ध उदाहरण डॉक्टरों की वह शपथ है, जिसमें स्नातक का पाठ्यक्रम पूरा करने के बाद मेडिकल के छात्र-छात्राओं से यह वादा लिया जाता है कि वे बीमारों की निस्स्वार्थ भाव से सेवा करेंगे।

ऐसा अक्सर देखा जा सकता है कि सरकारी काम में जब कहीं कोई गड़बड़ी होती है, जैसे—निर्वाचित अधिकारियों की ओर से काम के प्रति लापरवाही, बेईमानी या धोखाधड़ी, तो ऐसी स्थिति में प्रत्याशी अपने प्रतिद्वंद्वियों पर आरोप लगाने के लगते हैं और उच्च पदाधिकारी आनन-फानन में गुप्त बैठकें बुलाकर महत्वपूर्ण सार्वजनिक निर्णय ले लेते हैं। कभी-कभी स्थिति ऐसी होती है कि उचित बात स्पष्ट नहीं होती है, उदाहरण के लिए, क्या किसी गवर्नर के लिए

सरकारी संस्थाओं में नैतिकता से जुड़ी चिंताएं और भ्रांतियां 33

यह उचित है कि अगर उसके परिवार का कोई सदस्य कैबिनेट में किसी पद के लिए योग्य है, तो वह उसे कैबिनेट में नियुक्त कर ले? लोकसेवा अधिकारी अगर विभिन्न प्रकार के निर्णयों और उनके परिणामों या प्रभावों को लेकर पहले से सजग और विचारशील रहें तो इस तरह के नैतिक मसलों को सुलझाना आसान हो जाता है, भले वे कितने भी जटिल क्यों न हों। सरकारी व्यवस्था संबंधी नैतिकता का उद्देश्य निर्वाचित अधिकारियों, सरकारी कार्यकर्ताओं और आम नागरिकों को उन मूलभूत प्रश्नों से परिचित कराना है जो लोक-व्यवसाय के प्रबंधन के अंतर्गत शामिल किए जाते हैं।

सिविल सेवा में नैतिकता

सिविल सेवकों की समाज के प्रति विशेष जिम्मेदारी होती है, इसलिए सिविल सेवाओं के लिए एक सुविचारित, सुव्यवस्थित आचार-नीति और नैतिक मूल्यों की जरूरत होती है। सिविल सेवा के सुचारु और प्रभावी संचालन के लिए निम्न क्षेत्रों में आचार नीति और मूल्यों मानों का समन्वयन जरूरी होता है :

1. सरकार, विधायिका और राजनीतिक व्यवस्था के साथ
2. समुदाय के साथ
3. सिविल सेवकों के कार्य के तौर-तरीकों में
4. कार्य-स्थल में

द्वितीय प्रशासनिक सुधार आयोग, 2007 में अमेरिकी सीनेटर फुलब्राइट (Fullbright) ने उन सरकारी कर्मचारियों के विषय में लिखा है, जो ऐसी नैतिक गलतियां करते हैं, जिन्हें अपराध की श्रेणी में नहीं रखा जाता है : 'उन लोगों के लिए क्या किया जाए, जो पैसों के लिए अपने अधिकारों को नहीं बेचते और इस प्रकार कानून के दंड के भागी बनते हैं?

उन लोगों से हम कैसे निपटे, जो मित्रता की आड़ में (दूसरों से) काम करा लेते हैं, जिससे कानून का सीधे-सीधे उल्लंघन भले नहीं होता, लेकिन उसकी आत्मा को निश्चित रूप से ठेस पहुंचती है?

यह बात किसी से छिपी नहीं है कि हर नए घोटाले से किसी-न-किसी रूप में उन सिविल सेवकों का नाम जुड़ा रहता है, जो केंद्र और राज्य सरकार में जिम्मेदारी वाले पदों पर बैठे होते हैं। साथ ही, यह बात भी उतनी ही सच है कि उनमें से अधिकांश सिविल सेवक कानून की खामियों का फायदा उठाकर कानूनी प्रक्रिया से बच निकलते हैं। अपराध करने वाला अपराधी स्वयं भी अच्छी तरह से जानता है कि जो कुछ वह कर रहा है, वह नैतिक रूप से गलत है, लेकिन वैधानिक रूप से उसकी पहचान कर पाना संभव नहीं होता है।

आचरण के मिश्रण वैधानिकता पर आधारित हैं; ये नियम शुरू-शुरू में उस समय तैयार किए गए थे, जब सरकार की भूमिका एक नियामक की थी और निजी क्षेत्र की भूमिका अपेक्षाकृत सीमित थी। परंतु उदारीकरण के बाद एक नियामक या समन्वयक के रूप में सरकार की भूमिका ने सरकारी कार्यों में अनैतिकता की गुंजाइश को बढ़ा दिया है। गुटबाजी करना, महंगे उपहार लेना और पैसा लेकर नौकरी दिलाना आदि नैतिकता से जुड़े मामले इसके अंतर्गत आते हैं। ये नियम कई बार हितों के टकराव के मामले में लागू नहीं होते हैं, क्योंकि कानून की अदालत में इन्हें साबित करना मुश्किल होता है।

वस्तुत: सिविल सेवा के क्षेत्र में हमें एक ऐसी आचार-नीति की जरूरत है, जो इस प्रकार के नैतिक मसलों का हल प्रस्तुत कर सके। इसके साथ ही ऐसी व्यवस्था भी होनी चाहिए, जिसमें उच्च अधिकारी सिविल सेवकों के पुराने रिकॉर्ड के आधार पर उनका मूल्यांकन कर सकें, अगर इस प्रकार की मूल्यांकन की व्यवस्था मौजूद होती तो ऐसे सिविल सेवक-जिनका नाम किसी-न-किसी रूप में आपराधिक गतिविधियों से जुड़ा रहा है—उच्च अधिकारिक पदों तक नहीं पहुंच पाते। भारत के राष्ट्रपति के पास यह अधिकार है कि वह विधायी पदों पर नियुक्त सिविल सेवकों को निलंबित या सेवा से हटा सकता है। अगर पहले से ही ऐसी व्यवस्था हो, जिसमें ऐसे पदों पर पहुंचने से पहले ही अधिकारियों के आचरण और कार्य-कुशलता की परीक्षा हो सके, तो ऐसी नौबत ही नहीं आएगी।

सेवा-निवृत्त सिविल सेवकों पर भी आचरण संहिता लागू होती है। वर्तमान में उनके लिए जरूरी कर दिया गया है कि वे पेंशन विभाग को अपना जीवन प्रमाण-पत्र दें। इसी तरह, एक निर्धारित ग्रेड से ऊपर के सेवानिवृत्त वारिस सिविल सेवकों के लिए यह जरूरी कर दिया गया है कि वे अपने पेशागत कार्य का ब्योरा देते हुए वार्षिक रिटर्न फाइल करें। इस प्रकार के ब्योरों की विधिवत् जांच होनी चाहिए। इससे एक फायदा यह होगा कि सिविल सेवक सरकारी कामकाज की व्यवस्था में अपने पुराने संपर्कों का लाभ उठाकर किसी प्रकार की अनैतिक, राजनीतिक गतिविधियों में संलग्न नहीं हो पाएंगे।

नैतिक संहिता और आचार-संहिता में अंतर

नैतिक संहिता

नैतिक संहिता प्रोफेशनलों (पेशेवरों) को ईमानदारी व निष्ठा के साथ अपना कार्य-व्यवसाय चलाने में मदद करती है। नैतिक संहिता प्राय: बोर्ड ऑफ डायरेक्टर्स (निदेशक मंडल) द्वारा निर्धारित और जारी किए गए सिद्धांतों की एक व्यवस्था होती है, जिसके आधार पर विभिन्न निर्णय लिए जाते हैं। नैतिक संहिता यह बताती है कि क्या सही है और क्या गलत। इसे कभी-कभी 'मूल्य वर्णन' 'वैल्यू स्टेटमेंट' भी कहा जाता है। यह लिखित रूप में भी हो सकती है और अलिखित रूप में भी। नैतिक संहिता को एक उदाहरण द्वारा समझा जा सकता है : नैतिक संहिता यह घोषणा प्रस्तुत करती है कि अमुक संगठन पर्यावरण सुरक्षा और हरियाली के कार्यों के लिए प्रतिबद्ध है। तो, नैतिक संहिता में यह अपेक्षा की जाती है कि संगठन के कर्मचारी पर्यावरण सुरक्षा और हरियाली के लिए बेहतर से बेहतर विकल्पों का चुनाव करेंगे; नैतिक दुविधा की स्थिति में नैतिक संहिता उपयुक्त निर्णय लेने में उनकी मदद करेगी।

आचार-संहिता

आचार-संहिता बोर्ड ऑफ डायरेक्टर्स द्वारा जारी एक दस्तावेज होती है, जिसमें उन कार्यों-व्यवहारों का वर्णन होता है, जो कर्मचारियों के लिए निषिद्ध होते हैं, उदाहरण के लिए आचार-संहिता में यौन-शोषण, जातीय भेदभाव और कंपनी के कंप्यूटर पर अनुचित या अनधिकारिक सामग्री देखना जैसे कार्य-व्यवहार को निषिद्ध किया जा सकता है। इससे संगठन के अंदर

अनैतिक कार्यों पर रोक लगती है और एक स्वच्छ कार्य-परिवेश तैयार करने में मदद मिलती है। कई स्थितियों में नैतिक संहिता पर भी आचार-संहिता के नियम लागू होते हैं। नैतिक संहिता का कोई नियम विशेष यह कहता है कि कर्मचारी अमुक नियम या कानून का पालन करेंगे, जबकि आचार-संहिता ऐसे कई नियमों की सूची प्रस्तुत कर सकती है, जो संगठनात्मक कार्य के विभिन्न क्षेत्रों में कर्मचारियों पर लागू होते हैं और जिनका पालन करना कर्मचारियों के लिए जरूरी होता है।

समानताएं

नैतिक संहिता और आचार-संहिता, दोनों का उद्देश्य कर्मचारियों में विशेष प्रकार के व्यवहार व आचरण को बढ़ावा देना होता है। जिस प्रकार नैतिक संहिता में उल्लिखित दिशा-निद्रेश निर्णय-निर्धारण से संबंधित मार्गदर्शन उपलब्ध कराते हैं; उसी प्रकार, आचार-संहिता इस बात पर बल देती है कि फलां-फलां तरह के कार्य-व्यवहार उचित या अनुचित हैं। दोनों ही मामलों में कंपनी अपने कर्मचारियों से स्वीकृत, निर्धारित व्यवहार प्रदर्शित करने की अपेक्षा करती है।

असमानताएं

व्यावहारिक रूप से देखा जाए तो नैतिक संहिता और आचार-संहिता में कोई विशेष अंतर नहीं है, लेकिन सैद्धांतिक रूप से दोनों अलग-अलग हैं। आचार-संहिता कानून द्वारा स्वीकृत होती है, जबकि नैतिक संहिता समाज द्वारा स्वीकृत होती है। नैतिक संहिता का संबंध निर्णय-निर्धारण से है, जबकि आचार संहिता का संबंध कार्यों से है। दोनों ही संहिताएं कर्मचारियों को दिशा-निर्देश देने का काम करती हैं और नैतिक व्यवहार में संगठन की एक सार्वजनिक छवि बनाती हैं, जिसका संगठन को व्यावसायिक लाभ मिलता है। आचार-संहिता के नियमों और विनियमों का कंपनी के कर्मचारियों को पालन करना होता है; उल्लंघन की स्थिति में उन्हें सेवा से हटाया जा सकता है। दूसरी ओर नैतिक संहिता में इस तरह के दंड का विधान नहीं होता है, लेकिन कर्मचारियों से यह अपेक्षा की जाती है कि वे नैतिक संहिता के नियमों का पालन करें।

दोनों प्रकार की संहिताओं का समन्वित रूप

बड़ी-बड़ी कंपनियों में दोनों प्रकार की संहिताओं को मिलाकर एक सामान्य आचार-संहिता दस्तावेज तैयार किया जाता है, जिसमें उचित कार्य से संबंधित नियम व सिद्धांत होते हैं और साथ ही, वांछित या निषिद्ध कार्यों की एक सूची भी होती है। कभी-कभी बड़ी-बड़ी कंपनियों—उदाहरण के लिए, हॉस्पिटल—के सामने उस समय दुविधा की स्थिति पैदा हो जाती है, जब कॉरपोरेट नेतृत्व अपनी ओर से नैतिक संहिता जारी करता है, जो आचार-संहिता के रूप में होता है और दूसरी व्यावसायिक इकाई-उदाहरण के लिए, मेडिकल स्टाफ-वास्तविक नैतिक संहिता जारी करती है। हालांकि छोटे संगठनों या कंपनियों को इसमें ज्यादा दिक्कत नहीं होती क्योंकि कर्मचारियों की संख्या कम होने के कारण सब कर्मचारियों के लिए एक जैसी मूलभूत अपेक्षाएं लेकर चलना आसान होता है।

सरकार और नैतिकता

सरकारी नैतिकता या आचार-नीति के अंतर्गत उन लोगों के लिए एक विशेष प्रोफेशनल (पेशेवर) आचार-संहिता होती है, जो सरकार के लिए काम करते हैं, सरकारी आचार-नीति में प्रधानमंत्री, कैबिनेट मंत्री, संसद प्रतिनिधि, राजनीतिक स्टाफ और लोकसेवकों आदि के उचित और अनुचित व्यवहार से संबंधित नियमों और संस्तुतियों का विवरण होता है, जिसके अंतर्गत विभिन्न प्रकार के नैतिक विषयों या प्रश्नों का समावेश होता है; जैसे—

1. क्या कोई लोक सेवा अधिकारी अपनी स्वयं की कंपनी को सरकारी कार्य के लिए नियुक्त कर सकता है?
2. क्या निर्वाचित प्रतिनिधियों को लॉबी ग्रुप से महंगे उपहार लेने चाहिए?
3. किस प्रकार की स्थिति में कोई लोकसेवा अधिकारी नागरिकों के बारे में निजी जानकारी का खुलासा कर सकता है?
4. लोकसेवकों को अपने सहकर्मियों और अधीनस्थों के साथ कैसा व्यवहार करना चाहिए? सरकारी आचार-नीति यह बताती है कि इस प्रकार की स्थितियों में कैसा व्यवहार उचित है और उसके आधार पर लोकसेवा अधिकारियों के लिए आचरण व व्यवहार के नियम तैयार करती है।

❏❏❏

5. केस स्टडीज

केस स्टडी को समझना

केस स्टडी एक प्रशासकीय परिस्थिति या एक ठेठ जीवन स्थिति की व्याख्या होती है, जिसमें निर्णय लेना या समस्या का समाधान करना शामिल होता है। यह एक वाकई घटी घटना हो सकती है जैसा कि उल्लेख किया गया है या एक काल्पनिक परिदृश्य हो सकता है। अधिकतर केस स्टडी इस तरह बनाई जाती हैं कि पाठक एक प्रशासक की भांति काम करता है, जिसका दायित्व समस्या को हल करने में मदद करना है। हाल में केस स्टडी ड्राफ्ट का एक शिक्षण पद्धति के रूप में इस्तेमाल वैश्विक स्तर पर बढ़ा है। केस स्टडी पद्धति को विकसित करने का श्रेय हॉर्वर्ड बिजनेस स्कूल को दिया जाता है। माना जाता है कि इससे विद्यार्थियों को अवधारणाएँ बेहतर तरीके से समझाई जा सकती हैं। यह मुख्यत: प्रशासकों और कारोबार प्रबंधकों से संबंधित है। केस स्टडी प्रारूप काफी मददगार साबित होता है, क्योंकि प्रशासक/मैनेजर दैनिक प्रबंधकीय मसलों से निपटते समय अक्सर खुद को दुविधापूर्ण स्थितियों में पाते हैं। केस स्टडी एक व्यक्ति को परिस्थिति को बेहतर ढंग से समझ पाने और खुद को उस शख्स की जगह रखने का मौका देती है, जिसे फैसला लेना होता है।

इसलिए यह प्रत्याशी को कैरियर में विविध परिस्थितियों में निर्णय लेने के लिए तैयार करना है। वास्तव में, केस स्टडी परीक्षा प्रत्याशियों को निम्न दो कौशल हासिल करने में मदद करती है :

- सिद्धांतों को वास्तविक स्थितियों में लागू करना।
- असली समस्याओं के हल निकालना।

यू.पी.एस.सी. ने भी लोक सेवा अभ्यर्थियों को परखने में अपने पाठ्यक्रम में केस स्टडी को हाल में शामिल किया है।

केस स्टडी प्रश्नों के उत्तर देने की युक्ति

यू.पी.एस.सी. ने मुख्य परीक्षा 2013 में केस स्टडी के तीन रूप दिए थे। इन अध्ययनों का विश्लेषण निम्न रूप में किया गया :

- वास्तविक जीवन की परिस्थितियां
- प्रशासनिक परिस्थितियां
- सिद्धांतत:, यू.पी.एस.सी. अभ्यर्थियों में निम्न गुणों को परखना चाहता है :
- वास्तविक जीवन की परिस्थितियों में नैतिक दुविधाओं से निपटने की योग्यता।
- प्रशासनिक परिस्थितियों में नैतिक दुविधाओं से निपटने की योग्यता।
- जटिल प्रबंधकीय मसलों से निपटने का प्रशासकीय दृष्टिकोण।

ये समस्याएँ विषयगत होती हैं, और इनका कोई 'सबसे-सही-उत्तर' नहीं होता है। खास तौर पर मुख्य परीक्षा में, निर्णय लेने के चरण को हम किस तरह से लेते हैं, यह ज्यादा महत्वपूर्ण होता है। इन केस स्टडी समस्याओं को निम्न चार चरणों में हल किया जा सकता है। अवधारणाओं या सिद्धांत या उद्धरणों का इस्तेमाल करना ठीक है, लेकिन सतर्क रहें कि इस पहलू पर अत्यधिक जोर नहीं देना है।

चार चरणों की प्रक्रिया

- समस्या/मसले को पहचानना
- समस्या/दुविधाओं का विश्लेषण करना
- उपलब्ध निर्णय विकल्पों को पहचानना
- तर्क के साथ निर्णय करना

यू.पी.एस.सी. ने मुख्य परीक्षा 2013 से, प्रश्न-सह-उत्तर पुस्तिका देना प्रारंभ किया है। उत्तरों के लिए स्थान तय कर दिए गए हैं और अभ्यर्थियों को उसी जगह के अंदर उत्तर देना होता है। इसलिए सभी के लिए यह तय करना अनिवार्य हो जाता है कि क्या लिखना है और कहां तक लिखना है। चार चरणों की प्रक्रिया विश्लेषण करने और फैसला लेने में मदद करती है। परीक्षा में निश्चित हल के लिए पूरा विश्लेषण करने की जरूरत नहीं है, बस फैसला और उसके कारणों का उल्लेख करना पर्याप्त हो सकता है।

नमूना केस स्टडी-1

आप अपनी टीम के साथ तकरीबन एक साल से काम कर रहे हैं। आपके अधीनस्थों में से एक श्रीमान ए बहुत ही प्रभावी और कड़ी मेहनत करने वाले हैं, वह जिम्मेदारी लेते हैं और काम को पूरा करते हैं। बहरहाल, आपने सुना है कि मिस्टर ए महिलाओं के बारे में घटिया टिप्पणी करते हैं। श्रीमती एक्स, जो श्री ए के तहत काम करती हैं, आपके पास आती हैं, जाहिर तौर पर वह विचलित हैं। वह आपसे कहती हैं कि श्री ए उनकी ओर अनुचित कदम बढ़ाते रहे हैं और यहां तक कि उन्हें बाहर डिनर पर भी जाने के लिए कहा है। वह श्री ए के खिलाफ लिखित शिकायत देना चाहती हैं। आप क्या करेंगे और क्यों करेंगे?

चरण-1 : मसला—दफ्तर में यौन उत्पीड़न

चरण-2 : दुविधा—यौन उत्पीड़न की शिकायत एक 'बहुत प्रभावी और कड़ी मेहनत करने वाले' अधीनस्थ के खिलाफ है। आपको कड़ी कार्रवाई करनी चाहिए अथवा नरम रवैया अपनाना चाहिए? इस अधीनस्थ के ऐसे आचरण के खिलाफ आपने पहले ही सुन रखा है। इसलिए श्रीमती एक्स द्वारा लगाए जा रहे आरोपों की कुछ पृष्ठभूमि जरूर होनी चाहिए।

चरण-3 : श्री ए के खिलाफ कड़ी कार्रवाई का अर्थ अनुशासनिक कार्रवाई के कारण श्री ए की कार्य करने की इच्छा कम होगी, जिससे दफ्तर में प्रोजेक्टों के कार्यान्वयन में समस्याएँ खड़ी होंगी।

- कार्रवाई नहीं करने से ऐसे मामले और होंगे, अनुशासनहीनता और अन्य गंभीर प्रशासकीय मसले खड़े होंगे।
- ज्यादा महत्वपूर्ण क्या है—नैतिक रवैया या प्रशासकीय सुविधा?

चरण-4 : कार्यालय में यौन उत्पीड़न करना एक अस्वीकार्य आचरण है और इसके लिए आरोपी व्यक्ति को दंडित किया जाना चाहिए। श्रीमती एक्स लिखित में शिकायत देना चाहती हैं। ऐसे मामलों में प्रक्रियाओं का पालन करना होगा। उच्चतम न्यायालय ने विशाखा केस (1997) में कार्य स्थलों में यौन उत्पीड़न के मामले में कार्रवाई के लिए दिशा-निर्देश दिए हैं।

- श्रीमती एक्स की लिखित शिकायत को शिकायत समिति के पास भेजा जाएगा। (यौन उत्पीड़न की ऐसी शिकायतों को देखने के लिए माना जाता है कि प्रत्येक दफ्तर में एक समिति होगी)।
- शिकायत समिति की जांच रिपोर्ट के आधार पर, भारतीय दंड संहिता के किसी प्रावधान का उल्लंघन किए जाने की सूरत में आपराधिक कार्यवाही शुरू की जाएगी।

उत्तर का चरण प्रक्रिया में होना जरूरी नहीं है। उपर्युक्त चार चरणों का इस्तेमाल निर्णय लेने में किया जाता है। समाधान में बस यह स्पष्ट करना चाहिए कि 'आप क्या करेंगे और क्यों ? निर्णय/कार्रवाई की रूपरेखा और कारण। चूंकि प्रश्न है 'आप क्या करेंगे...', इसलिए उत्तर प्रथम चरण में लिखें। 'मैं शिकायत को शिकायत समिति को भेजूंगा...'

नमूना केस स्टडी-2

आप एक्स के साथ बड़े हुए हैं, वह बचपन से आपके सबसे अच्छे मित्र रहे हैं। आपने अपनी खुशियां और दुख उनके साथ बांटे हैं और एक-दूसरे के विश्वासपात्र रहे हैं। आप दोनों स्नातक के अंतिम वर्ष में हैं और अपनी अंतिम परीक्षाएँ दे रहे हैं। परीक्षा में, आप देखते हैं कि आपका मित्र काफी नकल और धोखाधड़ी कर रहा है। आप क्या करेंगे और क्यों ?

चरण-1: मसला-परीक्षा में धोखाधड़ी।

चरण-2: दुविधा—धोखाधड़ी करने वाला आपका सबसे अच्छा दोस्त है। परीक्षा में धोखाधड़ी करना अनैतिक है। लेकिन परीक्षक से शिकायत करने पर आपके मित्र का कैरियर चौपट हो जाएगा।

चरण-3 : आपके समक्ष विकल्प

- चुप रहें—जो आपके लिए अनैतिक है।
- परीक्षक से शिकायत करें—आपका मित्र परीक्षा से प्रतिबंधित किया जा सकता है, जिससे उसका पूरा कैरियर दांव पर लग जाएगा। शिकायत करने के बाद, आप खुद विचलित हो सकते हैं और इसलिए परीक्षा में आपका प्रदर्शन बिगड़ सकता है।
- मित्र से कहें कि नकल न करे।

चरण-4 : निम्न कदम उठाएंगे :

- मित्र को संकेत देंगे कि नकल न करे अन्यथा आप परीक्षक से शिकायत कर देंगे।
- अगर वह अभी भी नकल करता हैं, तो आप परीक्षक से चिल्ला कर कहेंगे कि कमरे में कोई नकल कर रहा है, लेकिन आप उसका नाम नहीं बता सकते। (इससे आपका मित्र सतर्क हो जाएगा और जान जाएगा कि आप इस बारे में गंभीर हैं)।

- फिर भी मित्र नकल करना जारी रखता है, तो परीक्षक से शिकायत कर दें।
- इस कदम से आपकी अंतरात्मा साफ रहेगी कि आपने बगैर अपूरणीय क्षति के अपने मित्र को सुधरने का मौका दिया। बहरहाल, अगर परिस्थिति बाध्य करे, तो आप आवश्यक कड़ी कार्रवाई करेंगे।
- (ऐसे सवालों में कोई भी सही जवाब नहीं है। आप ऊपर दिए गए जवाब से सहमत हो भी सकते हैं या नहीं भी हो सकते हैं)।

नमूना केस स्टडी-3

आप एक जिला-स्तरीय सरकारी अस्पताल में चिकित्सा अधीक्षक के पद पर नियुक्त हैं। यह अस्पताल जिला शहर के स्थानीय लोगों के साथ-साथ आसपास के ग्रामीण क्षेत्रों के गरीब मरीजों की जरूरतों को पूरा करता है। इसलिए अस्पताल के पास इस जरूरत को पूरा करने के लिए बहुत अच्छी आधारभूत संरचना और पर्याप्त साजोसामान हैं। इसके बावजूद, खास तौर पर मरीज निम्न शिकायतें करते रहते हैं—

- अस्पताल परिसर में रख-रखाव और साफ-सफाई की हालत बहुत खराब है।
- अस्पताल के कर्मचारी विभिन्न सेवाओं के लिए बार बार रिश्वत मांगते हैं।
- डॉक्टरों का लापरवाह रवैया।
- कर्मचारियों द्वारा दवाओं की काफी मात्रा निकाल लेना और बाहर बेच देना।
- अस्पताल के वरिष्ठ डॉक्टरों और स्थानीय प्राइवेट नर्सिंग होम और जांच प्रयोगशालाओं के बीच मजबूत गठजोड़। परिणामस्वरूप मरीजों को बुरी तरह गुमराह किया जाता है और उन्हें अस्पताल की सुविधाएँ लेने से मना किया जाता है, बल्कि बाजार से महंगी दवाएँ खरीदने, यहाँ तक कि प्राइवेट मेडिकल हाउस से टेस्ट कराने और ऑपरेशन कराने के लिए भी बाध्य किया जाता है।
- वहां एक कुख्यात कर्मचारी संगठन भी है, जो अनुचित दबाव डालता है और प्रशासन द्वारा किसी भी सुधारात्मक कदम का विरोध करता है।

उपर्युक्त परिस्थिति पर विचार करें और उल्लिखित समस्याओं में से प्रत्येक समस्या से निपटने के प्रभावी उपाय सुझाएं।

चरण-1: मसला—लापरवाही, काम-चोरी, भ्रष्टाचार, अनुशासनहीनता।

चरण-2: दुविधा—प्रशासकीय हालात की मांग है कि उम्दा चिकित्सा सेवा प्रदान करने के लिए तत्काल कड़ी कार्रवाई की जाए, लेकिन इससे कर्मचारियों और यूनियन के साथ टकराव हो सकता है और हड़ताल के कारण चिकित्सा सेवाएँ प्रभावित हो सकती हैं।

चरण-3: डॉक्टरों और स्टाफ के साथ सीधे टकराव मोल लिया जाए और अनुशासन लागू किया जाए।

- जटिल प्रशासकीय स्थिति से निपटने के लिए व्यावहारिक नजरिया अपनाया जाए।

चरण-4: सरकारी संस्था में यह एक वास्तविक स्थिति है। अस्पताल के मामले में, कर्मचारियों की हड़ताल से निपटना काफी मुश्किल होता है, क्योंकि चिकित्सा सेवाएँ प्रभावित हो सकती हैं। परिणामस्वरूप, अस्पताल में मौतें हो सकती हैं और काफी जन-दबाव पड़ सकता है। इसलिए, एक संतुलित दीर्घकालीन रणनीति अपनानी चाहिए।

इस मामले में प्राथमिक पक्षकार मरीज और स्थानीय नागरिक हैं। स्वास्थ्य सेवा की बेहतरी के लिए पक्षकारों को शामिल करने से सुधारों के लिए सुदृढ़ माहौल बनेगा। दूसरे, स्टाफ के खिलाफ की गई कड़ी कार्रवाई से उत्पन्न किसी भी परिस्थिति से निपटने के लिए जिले के शीर्ष अधिकारियों का समर्थन हासिल करना अनिवार्य है। इसलिए, सुधारों की शुरुआत करने के लिए प्रारंभिक बिंदु रोगी कल्याण समिति है। हरेक जिला अस्पताल में एक रोगी कल्याण समिति होती है। रणनीति यह होनी चाहिए कि कलेक्टर को विश्वास में लिया जाए, रोगी कल्याण समिति की बैठकों में समाज और शहर के नामचीन नागरिकों की भागीदारी सुनिश्चित की जाए। इसके बाद अस्पताल प्रबंधन में चर्चा के जरिए और रोगी कल्याण समिति की बैठकों में प्रस्ताव पारित कर एक-एक कर मसलों को निपटाएँ।

1. स्वच्छता और रखरखाव वाले कार्य बाहर की संस्थाओं से कराना बेहतर होता है। तमाम पारदर्शी प्रक्रियाओं का पालन करते हुए इन कार्यों को बाहर की संस्थाओं को सौंपने के लिए कदम उठाएं।

2. परिसर के तमाम महत्वपूर्ण स्थानों पर बोर्ड लगाकर मरीजों से रिश्वत न देने के लिए कहा जाए और चिकित्सा अधीक्षक/जिला कलेक्टर के मोबाइल नंबर भी उन पर लिखे जाएँ ताकि किसी भी तरह से परेशान किए जाने पर मरीज उन्हें सूचित कर सकें, फिर रिपोर्टों और शिकायतों के आधार पर, जिला कलेक्टर और पुलिस अधीक्षक की मदद से कुछ स्टाफ को रंगे हाथों पकड़ें। इसके बाद कड़ी अनुशासनिक कार्रवाई की जानी चाहिए और नियमित रूप से निगरानी सुनिश्चित की जाए। इससे स्टाफ के दिमाग में डर बैठ जाएगा।

3. चिकित्सकीय लापरवाही बर्दाश्त नहीं की जा सकती है, क्योंकि इससे बहुमूल्य जीवन का नुकसान होता है। यह बात तमाम बैठकों में बारंबार साफ कर दी जानी चाहिए। जैसे ही चिकित्सकीय लापरवाही के कारण कोई मौत हो, अनुशासनिक कार्यवाही के साथ-साथ आपराधिक उत्तरदायित्व केस की शुरुआत की जानी चाहिए। यह संदेश साफ तौर पर जाना चाहिए कि चिकित्सकीय लापरवाही कतई सहन नहीं की जाएगी।

4. अस्पताल के भंडार में प्रत्येक दवाई का लेखा-जोखा रखने के लिए अवरोध एवं संतुलन के साथ समुचित उत्तरदायित्व प्रणाली की व्यवस्था की जानी चाहिए। कंप्यूटरीकरण के साथ-साथ नियमित जांच प्रणाली सुनिश्चित की जानी चाहिए। औचक निरीक्षण के लिए रोगी कल्याण समिति के सदस्यों के साथ एक सतर्कता दल का गठन किया जा सकता है। गड़बड़ी में शामिल स्टाफ के खिलाफ कार्रवाई की शुरुआत की जानी चाहिए।

5. रोगी कल्याण समिति की बैठकों में इस मसले पर चर्चा की जानी चाहिए और ऐसे व्यवहार के खिलाफ प्रस्ताव पारित किया जाना चाहिए। सेवा नियमों की अवहेलना करने वाले डॉक्टरों के खिलाफ कड़ी कार्रवाई करने की इच्छा व्यक्त की जानी चाहिए। चूंकि वरिष्ठ डॉक्टर समिति की बैठकों में भाग लेते हैं, इसलिए उन्हें स्पष्ट संदेश मिल जाएगा। ऐसे गलत व्यवहार में शामिल मुख्य डॉक्टरों के खिलाफ सबूत इकट्ठा करने के लिए एक निगरानी टीम बनाई जानी चाहिए और दोषियों को कारण बताओ नोटिस जारी किया जाना चाहिए।

अगर फिर भी कदाचार जारी रहता है, तो पथभ्रष्ट डॉक्टरों के खिलाफ अनुशासनिक कार्रवाई शुरू की जानी चाहिए। इसके साथ-साथ जिला मुख्य चिकित्साधिकारी तथा जिला कलेक्टर की मदद से, गरीब मरीजों को परेशान करने और अनैतिक चिकित्सा कार्यों में लिप्त रहने के लिए प्राइवेट नर्सिंग होम को नोटिस भेजा जाना चाहिए। इससे डॉक्टरों और नर्सिंग गृहों में आम डर का माहौल बनेगा। इसके अलावा नियमित निगरानी की जानी चाहिए और हरेक डॉक्टर के कार्य-प्रदर्शन पर नजर रखने के लिए एक जांच प्रणाली भी बनाई जानी चाहिए, जिसके तहत यह देखा जाना चाहिए कि हरेक डॉक्टर ने कितने मरीजों को देखा और उनका ऑपरेशन किया। डॉक्टरों के प्रदर्शन की निगरानी के लिए एक एम.आई.एस. मददगार होगा।

6. निस्संदेह यूनियन बाधा खड़ी करने और किसी भी सुधारात्मक कदम का विरोध करने की कोशिश करेगी। अगर स्टाफ और डॉक्टर हड़ताल कर दें तो आपके पास एक आपातकालीन योजना होनी चाहिए। इस योजना में पड़ोसी जिलों से या निजी अस्पतालों से डॉक्टरों और स्टाफ का इंतजाम करने की बात शामिल की जानी चाहिए। रोगी कल्याण समिति और जिला प्रशासन का दबाव उपर्युक्त कदमों का कार्यान्वयन सुनिश्चित करेगा। सबसे बुरे परिदृश्य में, हड़ताल के कारण स्वास्थ्य सेवाओं को चरमराने से रोकने के लिए अनिवार्य सेवाएं अनुरक्षण अधिनियम (एस्मा) भी लगाया जा सकता है।

इसलिए, कृपया गौर करें कि परीक्षा में समय और जगह की कमी को देखते हुए, एक सवाल पर काफी वक्त लगाना असंभव है, और ऊपर की तरह लंबे उत्तर लिखना संभव नहीं है। पूर्ववर्ती पैराग्राफ में बताई गई बातें सिर्फ व्यावहारिक प्रशासकीय मसलों को समझाने के लिए हैं। एक छोटे और स्पष्ट उत्तर की हमेशा सराहना की जाती है।

केस स्टडी: 1

मिस्टर एक्स दिल्ली में एक ऑटो-रिक्शा चालक के रूप में काम करते हैं। हाल में, दिल्ली सरकार ने आदेश जारी किया था कि कोई भी ऑटो-रिक्शा किसी यात्री को कहीं ले जाने से मना नहीं करेगा और यदि कोई ऐसा करेगा तो वह अपना व्यावसायिक चालक लाइसेंस खो देगा और उसे भारी जुर्माना भी देना पड़ेगा।

एक रात, मिस्टर एक्स को अपनी पत्नी का फोन मिला कि उनका बेटा बुरी से तरह बीमार है और इसलिए उन्हें तुरंत घर पहुंचना चाहिए। जैसे ही मिस्टर एक्स घर भागने के लिए तैयार हुए,

केस स्टडीज

वैसे ही एक युवती ने उन्हें हवाई अड्डा पहुंचाने के लिए कहा। हवाई हड्डा मिस्टर एक्स के घर से एकदम विपरीत दिशा में करीब 30 किलोमीटर दूर है। अगर वह हवाई अड्डा जाने का फैसला करते हैं, तो वह अपने बेटे के पास वक्त पर नहीं पहुंच पाएंगे और यह विलंब उनके बेटे के लिए घातक हो सकता है। युवती उनसे बार-बार मदद करने का अनुरोध कर रही हैं, क्योंकि बहुत रात हो चुकी है और वह सुरक्षित नहीं महसूस कर रही हैं। वह कहती हैं कि अगर वह उन्हें हवाई अड्डा पहुंचाने से इनकार करेंगे तो वह पुलिस से शिकायत करेंगी और उनका ड्राइविंग लाइसेंस निलंबित हो सकता है।

प्रश्न

1. इस मामले में नैतिक और आचरण संबंधी दुविधा की पहचान करें।
2. मिस्टर एक्स के सामने क्या विकल्प उपलब्ध हैं?
3. उन्हें क्या विकल्प चुनना चाहिए और क्यों?
4. ऐसे मामलों में जहां निजी और पेशेवर जीवन के बीच चुनना है, वहां फैसला लेने के लिए क्या वस्तुगत आधार होना चाहिए?

केस स्टडी: 2

आप एक ऐसे शहर के जिला मजिस्ट्रेट हैं, जहां हाल में सांप्रदायिक दंगे हुए थे। हालांकि संघर्ष फिलहाल नियंत्रण में है, लेकिन स्थिति अभी भी तनावपूर्ण है। इसी बीच, हिंदुओं का पर्व 'रामनवमी' आने वाला है, जिसमें भक्तजन शहर की गलियों से होकर जोर-शोर से शोभायात्रा निकालते हैं। सामान्य वर्षों में, शोभायात्रा ऐसे रास्ते से गुजरती है, जो मुस्लिम-बहुत इलाके में पड़ता है। लेकिन इस वर्ष, आप वाकिफ हैं कि सांप्रदायिक रूप से संवेदनशील माहौल में, ऐसा रूट दोनों समुदायों के बीच तनाव और भड़का सकता है। बहरहाल, जब आप शोभायात्रा का वैकल्पिक मार्ग तय करने के लिए जिला प्रशासन की टीम के साथ बैठते हैं, तो आप महसूस करते हैं कि जो सबसे छोटा वैकल्पिक मार्ग है, वह परंपरागत रूट से कम-से-कम 15 किलोमीटर ज्यादा लंबा है। ऐसा लंबा रूट भक्तजनों के लिए व्यावहारिक नहीं होगा और हिंदू समूहों द्वारा इसका जोरदार विरोध होगा।

प्रश्न

1. आप क्या करेंगे? निम्न विकल्पों को आंके :
   (ए) लंबे रूट पर जोर दें और हिंदू समूहों को समझाने की कोशिश करें।
   (बी) परंपरागत रूट को ही जारी रखें और सुरक्षा उपाय बढ़ा दें।
   (सी) इस साल की रामनवमी के लिए शोभायात्रा के रिवाज को रद्द कर दें।
2. आप कोई अन्य विकल्प सुझा सकते हैं। आप कौन-सा विकल्प चुनेंगे और क्यों? कारण बताएं।

केस स्टडी: 3

आप एक ऐसे पिछड़े आदिवासी जिले के पुलिस अधीक्षक हैं, जो बाल मजदूरी के लिए कुख्यात है। आपने जब से पद संभाला है, तब से बच्चों को काम पर रखने वाले होटलों और रेस्तराओं के खिलाफ कड़ी कार्रवाई की है। एक दिन, पुलिस आयुक्त आपको, अपने निवास पर रात के खाने पर आमंत्रित करते हैं, और वहां, आपको यह देखकर सदमा लगता है कि आपके बॉस के घर में 12 साल की एक आदिवासी लड़की को घरेलू नौकरानी के तौर पर रखा गया है। आप कमिश्नर से इस पर आपत्ति जताते हैं, लेकिन वह इसे बड़े हल्के में लेते हैं और कहते हैं कि वह उससे अपनी बेटी की तरह व्यवहार करते हैं, घर पर ही उसकी शिक्षा व्यवस्था सुनिश्चित करते हैं और उनकी पत्नी इस लड़की को बड़े 'हल्के' काम करने को देती हैं। बहरहाल, आप जोर देते हैं कि यह कानून के खिलाफ है। इस पर कमिश्नर आपको बुरे अंजाम की धमकी देते हैं, यहां तक कि सेवा से सस्पेंड करने की भी बात करते हैं। जब आप अपने सहकर्मियों से इस घटना के बारे में पूछताछ करते हैं, तो वे आपको इस मामले से दूर ही रहने की सलाह देते हैं क्योंकि इसमें एक वरिष्ठ अधिकारी शामिल हैं। अगर इस मामले को आगे बढ़ाया गया तो इसका नतीजा कुछ नहीं निकलेगा, क्योंकि कमिश्नर आसानी से उनके खिलाफ सबूतों को तोड़-मरोड़ सकते हैं।

प्रश्न

1. आपके पास क्या विकल्प उपलब्ध हैं? हरेक विकल्प की खूबियों और खामियों की पहचान करें।
2. सबसे बढ़िया विकल्प को चुनें और अपने उत्तर का औचित्य बताएं।
3. आप क्यों सोचते हैं कि वरिष्ठ अधिकारी, जैसा कि इस केस में पुलिस कमिश्नर हैं, अक्सर बिना किसी दंड के कानून का उल्लंघन करते हैं? ऐसी स्थिति से पार पाने के लिए उपाय सुझाएं।
4. मुक्त किए गए बाल मजदूरों की समुचित पुनर्वास योजना के अभाव में, उन्हें उनकी आजीविका के स्रोत से वंचित करना कहां तक उचित है?

केस स्टडी: 4

आप एक नगर-निगम के अध्यक्ष हैं। हाल में, शहर में कुत्तों के काटने की घटना में तेजी से वृद्धि हुई है। पिछले हफ्ते कुत्ते के काटने से हुए जख्मों के कारण 5 से ज्यादा बच्चों की मौत हो चुकी है। आवास कल्याण संघों के प्रतिनिधि आपसे मिलते हैं और तत्काल कार्रवाई करने की अपील करते हैं। आपने कुत्तों का बंध्याकरण कर इस आफत को नियंत्रित करने की कोशिश की है, लेकिन इससे हालात से निपटने में मदद नहीं मिली है। इसके अलावा, नगर-निगम में स्टाफ की बेहद कमी है और फंड भी अपर्याप्त है। इस कारण आप कोई दीर्घकालीन कदम उठाने में असमर्थ हैं। जिला प्रशासन और आवास कल्याण संघों ने आपसे कुत्तों को मार डालने के विकल्प पर विचार करने का सुझाव दिया है। लेकिन पशु कल्याण समूह ऐसे किसी कदम के सख्त खिलाफ हैं, क्योंकि यह प्रकृति के नियमों के विरुद्ध है और यह पशुओं के अधिकारों

केस स्टडीज

का हनन करना है। यदि आवारा कुत्तों को मारा जाता है, तो उन्होंने शहर में हड़ताल करने की धमकी दी है। स्थानीय विधायक भी कुत्ता-प्रेमी हैं और कुत्तों के मारे जाने के एकदम खिलाफ हैं।

प्रश्न

1. क्या यह वाकई मानवाधिकार बनाम पशु अधिकार का मामला है? परखें।
2. इस स्थिति से कैसे शांतिपूर्वक और प्रभावी ढंग से निपटा जा सकता है? व्यावहारिक समाधान बनाएं।

केस स्टडी: 5

आप एक राज्य बिजली बोर्ड में एग्जीक्यूटिव इंजीनियर हैं। बिजली चोरी के कारण राज्य बिजली बोर्ड को भारी वित्तीय नुकसान हो रहा है और आपने इस मुसीबत पर लगाम लगाने का फैसला किया है। इसी बीच, आपको शहर के बाहरी इलाकों में भारी बिजली चोरी के बारे में पता चलता है। आप कानून लागू करने वाले अधिकारियों की एक टीम को लेकर उस इलाके में जाते हैं और वाकई पाते हैं कि 10-15 परिवार खुलेआम बिजली चोरी में लिप्त हैं। जब आप इन लोगों से सवाल करते हैं, तो वे कहते हैं कि उन्होंने मीटर युक्त बिजली कनेक्शन के लिए करीब 8 महीने पहले आवेदन किया था। वे आपको आवेदन की वैध पावती भी दिखाते हैं। बहरहाल, वे आरोप लगाते हैं कि बिजली विभाग में कार्यरत एक जूनियर इंजीनियर मीटर कनेक्शन आवंटित करने के लिए प्रति घर 10 हजार रुपए की रिश्वत मांग रहे हैं। चूंकि ये गरीब परिवार हैं, इसलिए वे इतनी मोटी रिश्वत नहीं दे सकते हैं। नतीजा यह है कि 8 महीने के बाद भी उन्हें अभी तक बिजली कनेक्शन नहीं मिला है—जबकि नया कनेक्शन जारी करने की सामान्य समय-सीमा 15 दिन है। फिर, इन लोगों के बच्चे स्कूल जाते हैं और बगैर बिजली के वे रात में पढ़ नहीं सकते हैं। इसलिए, उनका कहना है कि जब तक उन्हें मीटर कनेक्शन नहीं मिल जाता है, तब तक उनके पास बिजली चोरी करने के अलावा कोई विकल्प नहीं है।

प्रश्न

1. इस स्थिति में आप क्या करेंगे? नीचे दिए गए विकल्पों के गुण-दोष का मूल्यांकन करें और औचित्य के साथ सबसे अच्छा विकल्प सुझाएं—

   (ए) कानून लागू करने वाले अधिकारियों से कहें कि वे बिजली चोरी में संलिप्त लोगों पर केस करें।

   (बी) रिश्वत मांगने के आरोपी जूनियर इंजीनियर को बर्खास्त कर दें।

   (सी) गरीब परिवारों के बिजली शुल्क को माफ कर दें।

2. राज्य बिजली बोर्ड बिजली चोरी की समस्या को कैसे कम कर सकता है? एक नवाचार समाधान सुझाएं।

केस स्टडी: 6

आप मंदिरों वाले एक शहर में जिला अधिकारी के रूप में तैनात हैं। इस शहर में हर 12 साल बाद कुंभ मेला का आयोजन होता है। देश भर के तीर्थयात्री इस मेले में उमड़ते हैं, जिससे यह

एशिया के सबसे बड़े धार्मिक जनसमूहों में से एक बन जाता है। दुर्भाग्य से, अपार भीड़ के कारण हर कुंभ मेले में बड़ी या छोटी भगदड़ मच जाती है और इससे लोगों की जानें जाती हैं। बहरहाल, इस साल आपने निश्चय किया कि ऐसी कोई घटना नहीं हो और आपने पुलिस, स्वयंसेवी संगठनों और धार्मिक संगठनों से इस मामले में सक्रिय सहयोग करने के लिए कहा है। आपने इस बाबत मॉक ड्रिल्स (नकली अभ्यास) किया है, भीड़ के विभिन्न हिस्सों के लिए स्थान और क्षेत्र चिह्नित कर दिया है और यह भी तय कर दिया है कि मेले के आखिरी दिन वे किस क्रम में 'पवित्र स्नान' करेंगे।

बहरहाल, अंतिम दिन, आपके पास मुख्यमंत्री कार्यालय (सी.एम.ओ.) से फोन आता है कि मुख्यमंत्री और उनका परिवार मेले में पवित्र स्नान करना चाहते हैं। आपसे यह सुनिश्चित करने को कहा जाता है कि इस अति महत्वपूर्ण परिवार (वी.आई.पी.) को इस काम के लिए पर्याप्त जगह मिले और वे जल्द आसानी से स्नान कर सकें। आप चिंतित हो जाते हैं, क्योंकि समुचित व्यवस्था करने के लिए आपके पास बहुत देर से आग्रह आया है। पूर्व निर्धारित इंतजाम में कोई बदलाव करने से भीड़ अनियंत्रित हो जा सकती है और पवित्र स्नान के लिए लोगों में आपाधापी मच सकती है, जिससे भयावह भगदड़ भी हो सकती है। आप सी.एम.ओ. को स्थिति समझाने का प्रयास करते हैं, लेकिन वे कुछ सुनने को तैयार नहीं होते हैं।

प्रश्न

1. क्या आप सोचते हैं कि ऐसे मेलों में अति महत्वपूर्ण लोगों और उनके परिवारों को तरजीही दर्जा और व्यवहार मिलना चाहिए? क्यों और क्यों नहीं?
2. एक जिला अधिकारी के रूप में, आपके पास क्या विकल्प हैं? हरेक विकल्प के गुण-दोष को पहचानें। किस विकल्प को आप चुनेंगे और क्यों? औचित्य बताएं।

केस स्टडीः 7

आप एक ऐसे शहर में जिलाधिकारी हैं, जहां अक्सर सांप्रदायिक टकराव होते रहे हैं। हाल में, सेंसर बोर्ड से आवश्यक प्रमाणपत्र पाने के बाद, एक संवेदनशील धार्मिक मसले पर आधारित एक फिल्म देश भर में जारी की गई है। बहरहाल, फिल्म जारी होने के बाद, अल्पसंख्यकों में रोष है, जिनका दावा है कि फिल्म में अपमानजनक सामग्री है और इसलिए वे देश भर में इस फिल्म पर प्रतिबंध की मांग करते हैं। मगर, उच्चतम न्यायालय ने ऐसा अखिल भारतीय प्रतिबंध लगाने से इंकार कर दिया है। इस बीच, अल्पसंख्यक समूह आपके पास आते हैं और आग्रह करते हैं कि इस फिल्म को संवेदनशील शहर में दिखाने की इजाजत न दी जाए। इस फिल्म को खुद देखने के बाद, आपको भी लगता है कि यह अल्पसंख्यक समुदाय के लिए अपमानजनक है। सांप्रदायिक रूप से संवेदनशील जिले के प्रभारी होने के नाते, आप इस फिल्म के जारी होने के बाद कानून-व्यवस्था को लेकर भी चिंतित हैं।

प्रश्न

1. आप क्या करेंगे? इस मसले से निपटने के लिए नीचे कुछ विकल्प दिए गए हैं। इन विकल्पों को आंके और कारण बताते हुए सर्वोत्तम कार्रवाई सुझाएं।

(ए) जिले में इस फिल्म को दिखाने की इजाजत नहीं दें, क्योंकि आप महसूस करते हैं कि यह धार्मिक भावनाओं को आहत करती है।

(बी) फिल्म दिखाना सुनिश्चित करें, लेकिन किसी भी अप्रिय घटना को रोकने के लिए अतिरिक्त सुरक्षा बल की व्यवस्था करें।

2. क्या आप सोचते हैं कि अभिव्यक्ति की आजादी को धार्मिक समूहों के हाथों बंधक बना दिया जाना चाहिए? अपने उत्तर का औचित्य बताएं।

केस स्टडी: 8

श्रीमान एक्स ने एक सरकारी जासूसी संगठन में हाल में एक साइबर-सिक्युरिटी विश्लेषक के रूप में काम करना शुरू किया है। अपने काम के दौरान, उनके हाथ ऐसे दस्तावेज लगते हैं, जिससे पता चलता है कि सरकार कथित माओवादी संपर्कों वाले विपक्षी दलों के नेताओं पर खुफिया नजर रख रही है। आप इस मामले पर अपने वरिष्ठ अधिकारी से चर्चा करते हैं। वह उनसे कहते हैं कि हालांकि जासूसी करना गैरकानूनी है, लेकिन राष्ट्रीय सुरक्षा के लिए यह अनिवार्य है। वह एक्स से यह भी कहते हैं कि जासूसी के लिए सरकार के सर्वोच्च निकायों से अनुमति मिली है। वह उन्हें चेतावनी भी देते हैं कि इस बारे में संगठन के किसी व्यक्ति को न बताएं और खास तौर पर बाहर के किसी शख्स को तो हरगिज नहीं बताएं, क्योंकि इससे उन्हें संगठन से बर्खास्त किया जा सकता है या देशद्रोह के आरोप में उन्हें गिरफ्तार भी किया जा सकता है। बहरहाल, एक ईमानदार व्यक्ति होने के नाते एक्स अपने आप को गहरे द्वंद्व में पाते हैं। उन्हें लगता है कि जासूसी गैरकानूनी तो है ही, इसके अलावा सरकार द्वारा अपने विरोधियों से राजनीतिक बदला लेने के लिए इस सामग्री का दुरुपयोग भी किया जा सकता है।

प्रश्न

1. एक्स के सामने निम्न विकल्प हैं। हरेक विकल्प के गुण-दोष की समीक्षा करें :

(ए) कुछ भी न करें, क्योंकि वह नौकरी खोने अथवा देशद्रोह के लिए जेल जाने का खतरा मोल नहीं लेना चाहते हैं।

(बी) संगठन के मुखिया से इस मामले पर राय लें और फिर जैसा वह कहें, वैसा करें।

(सी) मामले का ब्योरा लीक करते हुए प्रेस को एक अज्ञात पत्र भेज दें।

(डी) इस मामले का ब्योरा पेश करने के लिए सीधे प्रेस के सामने आएं।

2. (अनिवार्य रूप से उपर्युक्त विकल्पों तक सीमित हुए बिना) आप क्या सुझाव देना चाहेंगे? समुचित कारण भी बताएं।

केस स्टडी: 9

आप हाल में अपने मुहल्ले में आवास कल्याण संघ (आर.डब्ल्यू.ए.) के अध्यक्ष चुने गए हैं। शहर में इस इलाके में कोचिंग संस्थाओं की भरमार है। देश भर के विद्यार्थी इस क्षेत्र के कोचिंग संस्थानों में दाखिला लेने के लिए आते हैं और आसपास के इलाकों में किराएदार के रूप में रहते हैं। कॉलोनी के निवासियों के साथ साप्ताहिक बैठकों के दौरान, आपने गौर किया है कि उनमें

जबरदस्त अल्पसंख्यक-विरोधी भावना है। वास्तव में उन्होंने उन्हें एक लिखित ज्ञापन देकर यह सुनिश्चित करने को कहा है कि उनकी कॉलोनी में किसी अल्पसंख्यक किराएदार को रहने की इजाजत नहीं दी जाए। हालांकि आपने उन्हें समझाया है कि ऐसा करना सामाजिक और कानूनी दोनों आधारों पर अनुचित होगा, लेकिन वे अड़े हुए हैं। इसी बीच, आपको पड़ोस के कई मामलों के बारे में पता चलता है कि मुस्लिम विद्यार्थियों को किराये पर रखने से मना किया जा रहा है।

प्रश्न

उपर्युक्त संदर्भ में, निम्न का जवाब दें :

1. क्या कारण हो सकते हैं कि सुशिक्षित लोग भी अक्सर ऐसा पक्षपातपूर्ण सांप्रदायिक रवैया अपनाते हैं ? क्या उनके परिवारों में सांप्रदायिक हिंसा के इतिहास के मद्देनजर ऐसे रवैये को सही ठहराया जा सकता है ?
2. ऐसे लोगों में करुणा और समानुभूति के मूल्य कैसे पैदा किए जा सकते हैं ? एक प्रगतिशील समाधान बताएं।
3. उपर्युक्त स्थिति से आप कैसे प्रभावी रूप से निपट सकते हैं ?

केस स्टडी: 10

आपने हाल ही में एक शहर में जिला मजिस्ट्रेट (डी.एम.) के रूप में कार्यभार संभाला है। डी.एम. के रूप में यह आपकी पहली तैनाती है और आप उत्सुकता से इसे अनुभव करना चाहते हैं। बहरहाल, चंद महीने की नौकरी के बाद ही, आप स्टाफ की अक्षमता और जनसेवा के प्रति निष्ठा के अभाव के कारण निराशा महसूस करने लगते हैं। शहर के अन्य सरकारी दफ्तरों के रूटीन सर्वे में आप पाते हैं कि वहां भी इसी तरह की ढीली कार्य-संस्कृति है। अनियमितता, अनुपस्थिति, स्वच्छता का अभाव, फाइलों और रिकॉर्ड्स को सही ढंग से न रखना आदि समस्याएं वहां भी हैं। आप इससे भी वाकिफ हैं कि इस तरह की कार्य-संस्कृति के कारण लोगों को अकुशल तरह से सेवाएँ दी जाती हैं। आप जब इस मामले को अपने वरिष्ठ अधिकारी के साथ उठाते हैं, तो वह कहते हैं कि एक युवा अधिकारी के रूप में, आपके पास अपने शहर को विकसित करने और परिस्थितियों को सुधारने का बड़ा अवसर है। आप अपने शहर को ऐसे 'मॉडल शहर' के रूप में तब्दील करें, जिसका अनुसरण अन्य भी करें।

प्रश्न

निम्न प्रश्नों के उत्तर दें :

1. उपर्युक्त मामले में, अपने शहर के सरकारी कार्यालयों में कार्य-संस्कृति सुधारने के लिए आप क्या कदम उठाएंगे ?
2. मान लें कि आप जब अत्यंत उत्साह और लगन से अपने कदम लागू कर रहे हैं, तभी आपका तबादला किसी दूसरे शहर में कर दिया जाता है। आपको यह भी पता चलता है कि आपके उत्तराधिकारी आपके उपायों को आगे बढ़ाने में दिलचस्पी नहीं लेंगे और वास्तव में कार्य-संस्कृति को लेकर वह कतई चिंता नहीं करेंगे।

(ए) इस स्थिति में आप क्या करेंगे?

(बी) क्या इससे आपकी प्रेरणा खत्म हो जाएगी? आप अपने अभिप्रेरण स्तर को कैसे कायम रखेंगे?

केस स्टडी: 11

आप एक जिले के कलेक्टर हैं। एक दिन, आपको एक सदमे वाली खबर मिलती है कि एक गांव में 5 लोग मारे गए हैं और 25 लोगों को गिरफ्तार किया गया है। उस गांव में स्थिति तनावपूर्ण है। आशंका है कि जब तक समस्या का हल नहीं निकाला जाता है, प्रतिशोध भड़क सकता है और हत्याएं जारी रह सकती हैं। जब आप घटनास्थल का दौरा करते हैं, तो देखते हैं कि यह लगभग गांव की सीमा पर स्थित खेत हैं। आप यह भी देखते हैं कि एक पक्ष के पशु चारा खाने के लिए गांव की सीमा पर स्थित दूसरे पक्ष के खेतों में चले जाते हैं। खेतों के मालिकों ने इस पर आपत्ति जताई, क्योंकि उन्हें लगा कि पशुओं ने उनकी फसलों को नुकसान पहुंचाया है। गांव वासियों के पारंपरिक अधिकारों के मुताबिक वे अपने पशुओं को ले जाने के लिए खेत की बांधों का इस्तेमाल कर सकते हैं। इसलिए, जब खेत मालिकों ने पशुओं का आना-जाना बंद कर दिया, तो पशुपालक नाराज हो गए। नतीजा यह हुआ कि दंगा भड़क गया और पांच खेत मालिक मारे गए। हत्या के आरोप में 25 पशुपालकों को गिरफ्तार कर लिया गया है।

प्रश्न

1. आप इस मामले का कैसे समाधान करेंगे और आप ऐसे क्या कदम उठाएंगे कि समस्या का मूल कारण भी खत्म हो और इस मसले को लेकर और हिंसा न हो?

केस स्टडी: 12

राज्य सरकार का लघु सिंचाई विभाग जिला ग्रामीण विकास एजेंसी (डी.आर.डी.ए.) को भारी धनराशि मंजूर करता है। जिला कलेक्टर इस एजेंसी के अध्यक्ष हैं। जिला कलेक्टर अभूतपूर्व सूखे के वक्त में छोटे और मंझोले किसानों को सिंचाई के लिए ट्यूबवेल मुहैया कराते हैं।

योजना यह है कि इस कोष से ट्यूबवेल के खर्च का एक-तिहाई हिस्सा सब्सिडी के रूप में दिया जाए, दो-तिहाई हिस्सा संबंधित किसान से लिया जाए और जिला कलेक्टर की निगरानी में उस किसान की जमीन में ट्यूबवेल लगाई जाए। कलेक्टर को सुनिश्चित करना है कि अच्छी क्वॉलिटी की ट्यूबवेल हो और समय पर काम हो।

डी.आर.डी.ए. के मैनेजिंग डायरेक्टर और जिले में लघु सिंचाई विभाग के एग्जीक्यूटिव इंजीनियर के बीच संबंध अच्छे नहीं हैं और वे एक-दूसरे के खिलाफ अक्षमता और गड़बड़ियों के आरोप लगाते रहे हैं। दोनों आपके पास आकर आग्रह करते हैं कि योजना को लागू करने के लिए पूरी धनराशि सिर्फ उनके हवाले कर दी जाए। आपके नंबर दो, जो जिला विकास अधिकारी हैं और डी.आर.डी.ए. के उपाध्यक्ष भी हैं (मगर रिटायर करने की कगार पर हैं) यह बात पूरी तरह आप पर छोड़ देते हैं कि इस योजना को कैसे लागू किया जाए। भयंकर सूखे के कारण समय तेजी से निकला जा रहा है।

प्रश्न

1. इस योजना को लागू करने के लिए आप कैसे आगे बढ़ेंगे?

केस स्टडी: 13

एक राज्य के उच्च न्यायालय में कुछ लोगों और स्वयंसेवी संगठनों (एन.जी.ओ.) द्वारा दर्जन से ज्यादा जनहित याचिकाएँ (पी.आई.एल.) डाली जाती हैं। इनमें आरोप लगाया गया है कि राज्य सरकार के राजनीतिक कार्यपालकों (मंत्री) की करीबी सांठगांठ से सरकार में संगठित समूहों द्वारा बड़े पैमाने पर अनियमितताएँ, कदाचार, पद का दुरुपयोग और निजी हितों के लिए सरकारी फंड का गबन किया जा रहा है। सभी याचिकाओं में सी.बी.आई. जांच की मांग की गई है, क्योंकि राज्य पुलिस और सतर्कता विभाग राज्य सरकार के बड़े ओहदेवालों के खिलाफ सही जांच नहीं करेंगे, क्योंकि इस विशाल घोटाले में वे खुद संलिप्त हैं।

राज्य सरकार के वरिष्ठ नौकरशाह होने के नाते, आपको राज्य सरकार का निर्देश मिलता है कि विभिन्न विभागों के वरिष्ठ अधिकारियों (जिसमें आपके सहयोगी भी शामिल हैं) द्वारा तैयार किए ड्राफ्ट में इस केस के तथ्यों पर दस्तखत करें और उच्च न्यायालय में शपथ-पत्र दाखिल करें, उच्च न्यायालय को इन मामलों के तथ्यों से अवगत कराते हुए सी.बी.आई. जांच का विरोध करें, क्योंकि राज्य सरकार बगैर किसी पक्षपात या भय के दोषियों को दंडित करने में सक्षम और गंभीर है।

प्रश्न

1. ऐसी हालत में आप क्या करेंगे?

केस स्टडी: 14

आप हमारे देश की आर्थिक और सुरक्षा जरूरतों के लिए अनिवार्य अत्याधुनिक इलेक्ट्रॉनिक तकनीकों को विकसित करने में जुटे एक संगठन के अध्यक्ष हैं। आपके पास इसके लिए एक समर्पित टीम है, जो उच्च रूप से अभिप्रेरित है और इच्छित परिणाम भी देती आ रही है। आपकी गुणवत्ता नियंत्रण इकाई के प्रमुख श्री शर्मा हैं, जो काफी सक्षम व्यक्ति हैं और अपने काम के प्रति ईमानदार हैं।

एक दिन, श्री शर्मा के अधीनस्थ कार्यरत एक जूनियर महिला वैज्ञानिक आपके पास आईं और उनके खिलाफ शिकायत दर्ज करानी चाही। उन्होंने आपसे कहा कि पिछले कुछ दिनों से श्री शर्मा उनकी ओर अनुचित कदम बढ़ाते रहे हैं, और जब उन्होंने ऐसे व्यवहार का विरोध किया, तो उन्होंने उन्हें चुप रहने की सलाह देते हुए उनका कैरियर बर्बाद करने की धमकी भी दी। उन्होंने आपसे यह भी कहा कि अगर समस्या को नहीं सुलझाया जाता है, तो वह इस मामले में पुलिस में भी औपचारिक शिकायत दर्ज कराएंगी।

प्रश्न

1. आपके पास क्या विकल्प हैं?
2. किस विकल्प पर आप समाधान के रूप में विचार करेंगे और क्यों?

केस स्टडी: 15

हाल ही में आपने एक सरकारी संस्था के प्रमुख के रूप में पदभार संभाला है। अपने दफ्तर में पहले ही दिन आपने देखा कि संगठन में अनियमितताएं हैं, जैसे :

- स्टाफ समय के पाबंद नहीं हैं।
- स्टाफ गपशप में अपना वक्त जाया करते हैं।
- जन शिकायतों पर तत्परता से कार्रवाई नहीं होती है।
- कार्यालय में तमाम स्तरों पर जमकर भ्रष्टाचार हो रहा है।
- संगठन द्वारा दी जाने वाली सेवा की गुणवत्ता निम्न कोटि की है।

प्रश्न

1. उपर्युक्त समस्याओं का हल निकालने के लिए आप क्या कदम उठाएंगे?
2. अपने स्टाफ को नैतिक रूप से अभिप्रेरित करने के लिए आप क्या करेंगे?

केस स्टडी: 16

आप एक संगठन के मुखिया हैं। आपके ठीक नीचे काम करने वाले अधिकारी घमंडी, गुस्सैल और खराब प्रबंधक हैं। उनकी उपलब्धियाँ निम्नतर हैं।

आपको वित्तीय वर्ष के अंत में उनकी वार्षिक गोपनीय रिपोर्ट (ए.सी.आर.) लिखनी है। आपको पता है कि आपकी लिखित टिप्पणियों के बारे में वह जान जाएंगे। वह आपकी टीम में अनिश्चित समय तक काम करते रहेंगे, क्योंकि इस बात पर आपका कोई नियंत्रण नहीं है। एक खराब ए.सी.आर. निश्चित रूप से भविष्य में उनकी प्रोन्नति पर खराब असर डालेंगी और वह आपसे नाराज हो जाएंगे।

प्रश्न

1. आप किस तरह की ए.सी.आर. लिखेंगे?

केस स्टडी: 17

आप एक अस्पताल में रात की शिफ्ट में इमरजेंसी यूनिट की देखरेख करने वाले डॉक्टर हैं। आप जब वार्ड के प्रभारी होते हैं, तभी एक महिला मरीज इमरजेंसी वार्ड में लाई जाती हैं। आप एक सजग डॉक्टर हैं, जो इस वार्ड में जिंदगियां बचाने के लिए जाने जाते हैं और आपकी प्रतिष्ठा कई वर्षों की सेवा के आधार पर बनी है। जीवन-मरण की स्थितियों से जूझते लोगों की आपने सेवा की है। मरीज सदमेपूर्ण हादसे की शिकार हैं और उसकी जिंदगी बचाने के लिए उन्हें तुरंत खून चढ़ाने की जरूरत है। बहरहाल, वह ईसाई समुदाय की हैं और उनका धर्म उन्हें अपने शरीर में बाहर का रक्त लेने से मना करता है। उनके रिश्तेदार और पुरोहित खून चढ़ाए जाने की इजाजत नहीं देते।

प्रश्न

1. आप क्या करेंगे और क्यों?

केस स्टडी: 18

श्री पांडे एक जेल के जेलर के रूप में काम कर रहे हैं। अपनी ड्यूटी के हिस्से के रूप में, उन्हें कैदियों से बातचीत करने का मौका मिलता है। बातचीत के दौरान, वह एक कैदी से खास तौर पर प्रभावित होते हैं। उन्हें पता चलता है कि यह कैदी कोई पेशेवर मुजरिम नहीं है। एक छोटी घटना में उससे अचानक हत्या हो गई, जिस कारण वह कैदी बना है। उसे छोटे बच्चों वाले अपने परिवार की देखभाल करनी है। श्री पांडे को उस कैदी से छोटे भाई की तरह भावनात्मक लगाव हो जाता है। एक दिन, वह देखते हैं कि उस कैदी ने अन्य कैदियों के साथ हिंसक लड़ाई कर ली है। जेलर श्री पांडे सोचते हैं कि यह कैदी निर्दोष है और वह उसकी मदद करना चाहते हैं। श्री पांडे यह भी चाहते हैं कि इस केस को आगे लड़ने में वह उसकी मदद करें ताकि उसे कम-से-कम दंड मिले।

प्रश्न

1. श्री पांडे को क्या करना चाहिए और क्यों?
2. जिस जुर्म में उसे दंडित किया जा रहा है, उसे बेकसूर साबित करने के लिए क्या उन्हें उसकी मदद करनी चाहिए या नहीं और क्यों?

केस स्टडी: 19

आपके मित्र एक अखबार के संपादक हैं। वह स्वतंत्र, निष्पक्ष और न्यायपूर्ण विचार के हैं। वह किसी भी मसले पर बगैर किसी भय या पक्षपात के खुले मन से लिखते हैं। अपनी स्वतंत्र प्रकृति के कारण, वह कई बार विवादों में घिरते रहे हैं। वह कश्मीर पर एक संपादकीय लिखना चाहते हैं। अपने लेखन में, वह यह कहना चाहते हैं कि कश्मीर का भाग्य कश्मीर के लोगों के हाथों में छोड़ देना चाहिए। उनके तर्क हैं कि लोगों की किस्मत तय करने के लिए जनमत संग्रह सबसे अच्छा लोकतांत्रिक तरीका है। लोगों की जनतांत्रिक इच्छा को अब दबाया नहीं जा सकता है, जैसा कि सोवियत रूस और अन्य पूर्वी यूरोपीय देशों की घटनाओं से जाहिर है। बहरहाल, उन्हें यह भी पता है कि इस किस्म की दलील विवाद पैदा कर सकती है और उनकी जान पर भी खतरा हो सकता है। फिर भी वह स्वतंत्र विचार वाले हैं और सच बोलने के परिणामस्वरूप निजी नुकसान को लेकर वह कतई भयभीत नहीं हैं।

प्रश्न

1. अपने मित्र को संभावित कार्रवाई के लिए सलाह दें। उन्हें यह लेख लिखना चाहिए अथवा नहीं?
2. क्या अपनी बात को सामने रखना अनैतिक है? कश्मीर पर उनकी राय क्या नैतिक रूप से सही है?

केस स्टडी: 20

एड्स दुनियाभर में 3 करोड़ 80 लाख लोगों को प्रभावित कर चुका है। अकेले 2003 में तकरीबन 30 लाख लोग एड्स से मर चुके हैं, और जब से यह महामारी शुरू हुई है, तब से 2 करोड़ से ज्यादा लोगों की इससे मौत हो चुकी है। कोई ऐसा टीका, जो इस घातक बीमारी को रोक सके या इसके फैलाव की तीव्रता को कम कर सके, पूरी दुनिया के लिए वरदान साबित होगी। बहरहाल, 1981 में जब से एड्स के शुरुआती मामले सामने आए हैं, शोधकर्ता ऐसा टीका विकसित करने की अपनी कोशिशों में नाकाम रहे हैं। वैक्सजेन नामक कंपनी की कोशिशें इस काम की जटिलता को दर्शाती हैं।

वैक्सजेन कंपनी, ब्रिसबेन, कैलिफोर्निया में स्थित है। उसने एड्सवैक्स नामक एक टीका विकसित किया। इस टीके में एच.आई.वी. की सतह पर पाई जाने वाली प्रोटीन जीपी 120 की सिंथेटिक प्रोटीन निहित थी। एच.आई.वी. वायरस ही एड्स पैदा करता है। इस टीके को इस तरह बनाया गया कि यह इम्यून प्रणाली को मजबूत करे और एच.आई.वी. वायरस के संक्रमण से मरीज को बचाने के लिए एंटीबॉडीज पैदा करे। फेज एक के क्लिनिकल ट्रायल में इस टीके का सुरक्षा के मद्देनजर परीक्षण किया गया। पर दूसरे फेज के क्लिनिकल ट्रायल में बड़े पैमाने पर सुरक्षा और जीपी 120 के खिलाफ एंडीबॉडीज उत्पादन के लिए टीके का परीक्षण किया गया। इन ट्रायल के परिणामस्वरूप, एड्सवैक्स को सुरक्षित दिखाया गया और इस टीके को लेने वाले मरीजों में जीपी 120 के खिलाफ एंटीबॉडीज (प्रतिरोधक) भी विकसित हुए।

तीसरे फेज के क्लिनिकल ट्रायल और बड़े पैमाने पर किए जाने थे, जिसमें टीके की प्रभावशीलता परखने के लिए छद्म दवा नियंत्रित डबल ब्लाइंड टेस्ट किए जाने थे। पहला ट्रायल जून 1998 में शुरू हुआ और इसमें अमेरिका, प्यूर्टोरिको, कनाडा और नीदरलैंड के 5100 समलैंगिक पुरुष और 300 महिलाएं स्वेच्छा से शामिल हुए। दूसरा ट्रायल मार्च 1999 में शुरू हुआ, जिसमें बैंकॉक, थाइलैंड के 2500 आईवी ड्रग लेने वाले लोग शामिल थे। दोनों ट्रायल 2003 में पूरे किए गए। दुर्भाग्य से, इन ट्रायल से यह उजागर हुआ कि जिन लोगों को यह टीका दिया गया और जिन्हें यह टीका नहीं दिया गया, उनमें एच.आई.वी. संक्रमण की दर में कोई फर्क नहीं है। आंकड़े दर्शाते हैं कि इस टीके को लगाने से लोगों में जीपी 120 के खिलाफ प्रतिरोधक तो पैदा हुए, लेकिन ये एच.आई.वी. संक्रमण को रोकने के लिए पर्याप्त नहीं थे। (ऐसा लगा कि हिस्पैनिक लोगों को छोड़कर अन्य अल्पसंख्यक प्रजातियों में संक्रमण दर लघु लेकिन महत्वपूर्ण रूप से कमतर पाई गई, इन परिणामों की अभी भी जांच चल रही है।

प्रश्न

1. आपको क्यों लगता है कि कोई आदमी एड्स टीके के परीक्षण के लिए आगे आएगा?
2. एड्सवैक्स ट्रायल के दौरान, कुछ लोगों को टीके के बदले में छद्म दवा दी गई। टेस्ट में भाग लेने वाले तमाम लोगों को पहले ही इस संभावना के बारे में बता दिया गया था, लेकिन उन्हें यह नहीं पता था कि उन्हें क्या दवा दी जा रही है। ट्रायल में शामिल कुछ भागीदारों को सिर्फ छद्म दवा दिया जाना क्या नैतिक है?

केस स्टडीः 21

आप हाल में एक जिला-स्तरीय सरकारी कार्यालय के प्रमुख बने हैं। यह कार्यालय जिले के बेरोजगार लोगों का पंजीकरण करता है और उन्हें आवश्यक मदद और मार्गदर्शन प्रदान करता है ताकि वे उपयोगी रोजगार प्राप्त कर सकें। जब आप प्रमुख बने, तो आपने देखा कि यह दफ्तर अपने संसाधनों को बड़े खराब तरीके से रखता है। दफ्तर के कई कमरे गंदगी से भरे पड़े हैं, फाइलों और रिकॉर्डों को बेतरतीब ढंग से रखा गया है और कई फाइलों को तो ऐसे रिकॉर्ड रूम में फेंक दिया गया है, जिसकी छत भी बारिश में टपकती है। आपके अधीनस्थ अधिकारी आगंतुकों के प्रति बड़े रूखे हैं और सूचना तथा मदद लेने आए युवकों से विविध सेवाओं के लिए पैसे की मांग करते हैं। संगठन प्रमुख होने के नाते, आपका निम्न बातों के प्रति क्या रवैया होगा? अपने जवाबों के समुचित औचित्य भी बताएं।

प्रश्न

1. फाइलों और रिकॉर्डों को सही तरीके से रखने के लिए आप क्या कदम उठाएंगे?
2. एक समुचित शिकायत निवारण प्रणाली का गठन करने के लिए आप क्या खास कार्रवाई करेंगे?
3. अपने कार्यालय की कार्य-संस्कृति को सुधारने के लिए आप कैसे कोशिश करेंगे?

केस स्टडीः 22

राजीव की एक पंचायत में सचिव के रूप में नई-नई नियुक्ति हुई है। चंद दिनों के अंदर उन्हें एक सर्कुलर मिलता है, जिसमें कहा गया है कि मनरेगा (एम.जी.एन.आर.ई.जी.ए.) की कार्य योजना को अंतिम रूप देने के लिए वह शीघ्र ग्राम सभा की बैठक करें। कार्य योजना में गांवों में किए जाने वाले कामों की सूची और उन पर आने वाले अनुमानित खर्चों का ब्योरा है। इस पर फैसला ग्राम सभा की बैठक में लिया जाना चाहिए और यह फैसला अपरिवर्तनीय होगा।

ग्राम सभा हुई और अध्यक्ष, तमाम निर्वाचित सदस्यों, प्रभारी अधिकारी, इंजीनियर और गांव के लोगों ने मनरेगा योजना पर चर्चा की और अंततः महत्वपूर्ण कार्यों की सूची तैयार की और उसी बैठक में अनुमानित खर्च भी तय किया गया।

इसके बाद, इस योजना को पंचायत की बैठक में मंजूर किया गया और फंड की स्वीकृति के लिए इसे तहसील में भेजा गया। पंचायत के अध्यक्ष, जो नंबर एक ठेकेदार रहे हैं, राजीव से मिले और फंड अनुमानों में गड़बड़ी करने के लिए कहा। यहां तक कि कार्य योजना में गड़बड़ी करने के लिए कुछ सदस्यों ने भी अध्यक्ष के सुर-में-सुर मिलाया। ये ऐसे सदस्य थे, जो छोटे ठेकेदार रहे हैं और जिन्होंने कामों को पूरा करने और पैसा उठाने में मनरेगा की मशीनों का इस्तेमाल किया था।

राजीव ने इस पर आपत्ति जताई। एक दिन बैठक में, जो पंचायत कार्यालय में बंद दरवाजे के अंदर आयोजित की जा रही थी, जब उन्होंने कार्य योजना झपटने और उसमें हेर-फेर की कोशिश का विरोध किया तो कुछ सदस्यों ने उनके साथ हाथापाई की और धमकी दी कि यदि उन्होंने आदेशों के अनुसार काम नहीं किया, तो उनके साथ बार-बार मारपीट की जाएगी। बाहर

केस स्टडीज

किसी शख्स ने पुलिस बुला ली। लेकिन जब पुलिस आई, तो अध्यक्ष ने आरोप लगाया कि पंचायत सचिव ने महिला सदस्यों के साथ अभद्र व्यवहार किया और इसीलिए उनकी पिटाई की गई। महिला सदस्यों ने इस आरोप का समर्थन किया।

राजीव को पुलिस स्टेशन ले जाया गया। उन्होंने घटना के बारे में जो बताया, उसे पुलिस ने मानने से इंकार कर दिया, हालांकि उनकी बात सही थी। उस समय वह बेबस थे।

प्रश्न

1. आप राजीव के वरिष्ठ अधिकारी यानी बी.डी.ओ. हैं। राजीव आपसे संपर्क करते हैं और घटना को लेकर अपनी बात सामने रखते हैं। साथ ही, पंचायत सदस्य भी अपनी कहानी सुनाते हैं। आप इस मामले में अब आगे कैसे बढ़ेंगे?

केस स्टडी: 23

आपके करीबी मित्र असित ने प्रतिष्ठित लोक सेवा परीक्षा सफलतापूर्वक पास कर ली है और वह इस बात को लेकर रोमांचित हैं कि नागरिक सेवाओं के जरिए उन्हें देश की सेवा करने का अवसर मिलेगा। बहरहाल, नौकरी में आने के बाद, शीघ्र ही उन्हें अहसास हो गया कि चीजें उतनी आसान नहीं हैं, जितनी उन्होंने कल्पना की थी।

उन्हें जो विभाग मिला था, उसमें उन्होंने कई कदाचार पाए। उदाहरणार्थ, विविध योजनाओं के लिए मंजूर की गई धनराशि का गबन किया जा रहा था। अधिकारियों और स्टाफ द्वारा अक्सर निजी जरूरतों के लिए सरकारी सुविधाओं का इस्तेमाल किया जा रहा था। कुछ समय बाद, आपने गौर किया कि स्टाफ की नियुक्ति की प्रक्रिया भी दुरुस्त नहीं है। संभावित प्रत्याशियों को एक परीक्षा देनी होती थी, लेकिन इसमें काफी धोखाधड़ी की जा रही थी। कुछ प्रत्याशियों को परीक्षा में बाहरी मदद दी गई। असित ने इन घटनाओं का उल्लेख अपने वरिष्ठों के समक्ष किया। बहरहाल, उन्हें अपनी आंखें, अपने कान और मुंह बंद रखने की सलाह दी गई और इन तमाम बातों की अनदेखी करने को कहा गया, क्योंकि यह सब वरिष्ठों की मिलीभगत से हो रहा था। असित का भ्रम बुरी तरह दूर हो गया और उन्होंने बड़ा असहज महसूस किया। वह आपसे सलाह लेने आते हैं।

प्रश्न

1. इस स्थिति में आप जो विकल्प सोचते हैं, उनके बारे में बताएं। इन विकल्पों का मूल्यांकन करने और सबसे उचित रास्ता अपनाने में आप उनकी कैसे मदद करेंगे?

केस स्टडी: 24

आप एक ईमानदार एवं गंभीर अधिकारी हैं। आपका तबादला दूर-दराज जिले के एक ऐसे विभाग में कर दिया गया है, जो अपनी अक्षमता और बेदर्दी के लिए कुख्यात है। आप पाते हैं कि इस खराब हालात का कारण यह है कि कर्मचारियों का एक तबका अनुशासनहीन है। वे खुद काम नहीं करते हैं और दूसरों के काम में भी बाधा डालते हैं। आप दिक्कत पैदा करने वालों को पहले चेतावनी देते हैं कि वे अपना तरीका सुधार लें अन्यथा अनुशासनिक कार्रवाई

का सामना करने के लिए तैयार रहें। जब आपकी चेतावनी बेअसर रही, तो आपने इस गिरोह के नेताओं को कारण बताओ नोटिस जारी किया। बदले की कार्रवाई के रूप में, इन लोगों ने अपने बीच की एक महिला कर्मचारी को आपके खिलाफ महिला आयोग में यौन उत्पीड़न की शिकायत दर्ज करने के लिए उकसाया। आयोग ने तत्परता से आपका स्पष्टीकरण मांगा। आपको और जलील करने के लिए इस मामले को मीडिया में भी छपवाया गया। इस स्थिति से निपटने के कुछ निम्न विकल्प हो सकते हैं :

- आयोग को अपना स्पष्टीकरण दें और अनुशासनिक कार्रवाई पर नरम रवैया अपनाएं।
- आयोग की अनदेखी करें और अनुशासनिक कार्रवाई करने में दृढ़ता से आगे बढ़ें।
- अपने वरिष्ठों को पूरी जानकारी दें, उनसे दिशा-निर्देश प्राप्त करें और तदनुसार काम करें।

प्रश्न

1. अन्य विकल्प सुझाएं। तमाम विकल्पों को आंके और सर्वोत्तम कार्रवाई बताएं। इसके लिए अपने तर्क भी दें।

केस स्टडी: 25

मान लें कि आप स्पेशल इलेक्ट्रॉनिक उपकरण बनाने वाली एक कंपनी के सी.ई.ओ. हैं। यह कंपनी एक सरकारी विभाग को उपकरणों की आपूर्ति करती है। आपने इस उपकरण की आपूर्ति के लिए विभाग में अपनी निविदा भरी है। आपके प्रस्ताव की गुणवत्ता और लागत दोनों ही आपके प्रतियोगियों से बेहतर हैं। फिर भी संबंधित अधिकारी आपकी निविदा को मंजूर करने के लिए भारी रिश्वत मांग रहा है। ऑर्डर प्राप्त करना आपके और आपकी कंपनी के लिए महत्वपूर्ण हैं। ऑर्डर नहीं पाने का मतलब एक प्रोडक्शन लाइन बंद करना होगा। इससे आपका अपना कैरियर भी प्रभावित हो सकता है। बहरहाल, एक मूल्य सजग व्यक्ति के रूप में, आप रिश्वत नहीं देना चाहते हैं।

प्रश्न

1. रिश्वत देने और ऑर्डर प्राप्त करने तथा रिश्वत नहीं देने और ऑर्डर खोने का खतरा उठाने—दोनों ही स्थितियों के पक्ष में तर्क दिए जा सकते हैं। वे तर्क क्या हो सकते हैं? क्या इस दुविधा से बाहर निकलने का कोई बेहतर तरीका हो सकता है? अगर ऐसा है, तो इस तीसरे उपाय के गुणों को बताते हुए इसके मुख्य तत्वों को सामने रखें।

केस स्टडी: 26

आप केंद्र सरकार के एक विभाग में प्रमुख हैं। 'ए' नामक आई.ए.एस. अफसर आपको रिपोर्ट करते हैं। आपके विभाग में आई.आर.टी.एस. अधिकारी 'बी' डेपुटेशन पर आए हैं और वह 'ए' को रिपोर्ट करते हैं। 'बी' आपसे बार-बार शिकायत करते हैं कि 'ए' को उन्हें तंग करने की आदत हो गई है और वह उन्हें धमकी भी दे रहे हैं कि प्रतिकूल टिप्पणी कर वह उनका रिकॉर्ड बर्बाद कर देंगे। 'बी' आपसे आग्रह करते हैं कि उन्हें 'ए' के नियंत्रण से बाहर कर दिया

जाए और किसी अन्य अधिकारी के तहत उन्हें काम करने दिया जाए, अन्यथा वह डेपुटेशन की अवधि पूरी होने के पहले ही अपने स्थायी कैडर में लौट जाएंगे।

आप जानते हैं कि 'बी' एक अच्छे अधिकारी हैं। आप उन्हें अपने विभाग में रखना चाहेंगे। लेकिन 'बी' के आग्रह को मानने और उन्हें 'ए' के नियंत्रण से मुक्त कर किसी अन्य वरिष्ठ अधिकारी के तहत काम करने की अनुमति देने से 'ए' नाराज होंगे, जबकि 'ए' को आपके तहत काम करते रहना है।

प्रश्न

1. ऐसे परिदृश्य में, आप 'बी' के आग्रह पर किस तरह कार्रवाई करेंगे?

केस स्टडी: 27

एक व्यक्ति ने अतिरिक्त जिला मजिस्ट्रेट (ए.डी.एम.) के रूप में कार्यभार संभाला है। वह महसूस करते हैं कि जन वितरण प्रणाली (पी.डी.एस.) में भारी भ्रष्टाचार है। वह यह भी देखते हैं कि विकास की विविध योजनाओं, जैसे ग्रामीण सड़कें, पुल बनाने और तालाबों से गाद साफ करने में भी भ्रष्टाचार है। व्यापक भ्रष्टाचार के कारण, जिले के लोग खुद को असहाय पाते हैं और असुरक्षित महसूस करते हैं।

इस ए.डी.एम. ने उपर्युक्त गड़बड़ियों के खिलाफ दृढ़ता से कार्रवाई करने का फैसला किया। उन्होंने पी.डी.एस. दुकानों पर छापा मारा ताकि भ्रष्ट डीलरों का पर्दाफाश किया जा सके और जहां भी वह गड़बड़ी पाएं, वह कोटा ही रद्द कर सकें। उन्होंने उन भ्रष्ट ठेकेदारों के खिलाफ भी कड़े कदम उठाए हैं, जो विकास योजनाओं को सही ढंग से कार्यान्वित नहीं करने के लिए जिम्मेदार थे। उन्होंने अपनी निगरानी में जिले में कानून का शासन भी लागू किया है।

ए.डी.एम. द्वारा की गई समुचित कार्रवाई से, पी.डी.एस. सही तरीके से काम करने लगा और पी.डी.एस. दुकानों से लोगों को अपने हिस्से का राशन मिलने लगा। लोगों को अच्छी सड़कें भी मिलीं और जिले में कानून एवं व्यवस्था की स्थिति भी सुधरी। इन तमाम कार्रवाइयों से शासन की गुणवत्ता में सुधार हुआ और लोगों का प्रशासन में फिर से विश्वास पैदा हुआ।

प्रश्न

इस केस स्टडी के संदर्भ में, आप निम्न प्रश्नों के उत्तर दें :

1. उक्त प्रशासक में आप कौन-से प्रशासकीय एवं नैतिक मूल्य देखते हैं?
2. उस जिले की मूल समस्या क्या थी?
3. अगर आप उसी पद पर होते, तो आपने किस तरह की कार्रवाई की होती?

केस स्टडी: 28

आपने भारत सरकार के एक महत्वपूर्ण मंत्रालय में डायरेक्टर (निदेशक) के रूप में अभी कार्यभार संभाला है। यह मंत्रालय हजारों करोड़ रुपए की विकास योजनाएं लागू करने के लिए उत्तरदायी है। विभाग के निदेशक के रूप में कार्यभार संभालने के पहले ही दिन, आपने अपने तमाम अधीनस्थ अफसरों और स्टाफ की एक बैठक बुलाई। आपने पाया कि डिप्टी डायरेक्टर

रैंक के दो अधीनस्थ अधिकारी श्री 'ए' और श्री 'बी' अनुपस्थित हैं। आपने यह भी गौर किया कि सेक्शन अधिकारी श्री 'सी' और श्री 'डी' के आपस में अच्छे संबंध नहीं हैं। अन्य स्टाफ भी अभिप्रेरित नहीं लग रहे थे।

उसी दिन दोपहर बाद, संयुक्त सचिव स्तर के आपके वरिष्ठ अधिकारी ने आपको अपने ऑफिस में बुलाया। उन्होंने आपसे एक अत्यंत महत्वपूर्ण नए प्रोजेक्ट (हजारों करोड़ रुपए की) के बारे में चर्चा की और बताया कि इस परियोजना को आपकी निगरानी में अवश्य ही जल्द-से-जल्द लागू किया जाना चाहिए। उन्होंने आपसे इसके प्रभावी और त्वरित कार्यान्वयन को सुनिश्चित करने का आग्रह भी किया।

आपको संदेह है कि मौजूदा टीम इस प्रोजेक्ट को सही तरह से संचालित कर पाएगी।

प्रश्न

1. वर्तमान स्थिति में आप क्या करेंगे और क्यों?

केस स्टडी: 29

आपके एक करीबी दोस्त लोक सेवा में जाना चाहते हैं। वह आपके पास सार्वजनिक सेवा में नैतिक आचरण से जुड़े कुछ मसलों पर चर्चा करने के लिए आते हैं। वह निम्न बातें उठाते हैं:

- मौजूदा समय में, जबकि अनैतिक माहौल का काफी प्रचलन है, नैतिक सिद्धांतों से चिपके रहने का व्यक्तिगत प्रयास उसके कैरियर में काफी समस्याएं खड़ी कर सकता है। यह परिवार के सदस्यों के लिए भी मुश्किलें खड़ी कर सकता है और उसकी जान को भी खतरा पैदा हो सकता है। हमें व्यावहारिक क्यों नहीं होना चाहिए और कम-से-कम विरोध का रास्ता अपनाना चाहिए और हम जो भी भला कर सकें, उसी से खुश रहना चाहिए?
- जब काफी लोग गलत तरीके अपना रहे हैं और सिस्टम (प्रणाली) को बुरी तरह नुकसान पहुंचा रहे हैं, और ऐसे में यदि एक बहुत छोटा अल्पसंख्यक समूह नैतिक बनने की कोशिश करता है, तो इससे क्या फर्क पड़ेगा? तथ्य यह है कि वे निष्प्रभावी रहेंगे और दीर्घकाल में वे निराश हो जाएंगे।
- अगर हम नैतिक मसलों को लेकर बतंगड़ बनाते रहे, तो क्या इससे हमारे देश की आर्थिक प्रगति बाधित नहीं होगी? आखिरकार, उच्च प्रतियोगिता वाले आज के युग में, हम विकास की दौड़ में पीछे रहने का खतरा मोल नहीं ले सकते हैं।
- यह समझने वाली बात है कि हमें घोर अनैतिक कार्यों में लिप्त नहीं होना चाहिए। लेकिन छोटे-मोटे परितोषण का लेना-देना और छोटा पक्षपात करना हर किसी को अभिप्रेरित करता है। यह प्रणाली को भी ज्यादा सक्षम बनाता है। फिर यह मसला रह जाता है कि ऐसे तौर-तरीकों को अपनाने में गलत क्या है?

प्रश्न

1. उपर्युक्त दृष्टिकोणों की समीक्षा करें। ऐसे विश्लेषण के आधार पर, अपने दोस्त को आपकी क्या सलाह होगी?

केस स्टडी: 30

आपको भारत सरकार के रक्षा मंत्रालय में 'गुणवत्ता नियंत्रण अधिकारी' बनाया जाता है। हाल में आयोजित एक रक्षा प्रदर्शनी में आपकी मुलाकात अपने कॉलेज के दिनों के एक दोस्त से होती है। वह इस समय एक नामी कंपनी में 'मार्केटिंग एग्जीक्यूटिव' (विपणन अधिकारी) के रूप में काम कर रहे हैं। यह कंपनी महत्वपूर्ण रक्षा साजो-सामान की आपूर्ति करती है। आपके मित्र आपको रात के खाने पर आमंत्रित करते हैं, जिसे आप स्वीकार कर लेते हैं। रात के खाने के दौरान, आपके मित्र आपके सामने एक अच्छा प्रस्ताव रखते हैं। लेकिन आप विनम्रता से इस प्रस्ताव को इंकार कर देते हैं और उनसे कहते हैं कि आप अपनी नौकरी नहीं छोड़ने जा रहे हैं। थोड़ा रुककर, वह आपसे कहते हैं कि उनकी मंशा यह नहीं थी कि आपको अपनी नौकरी छोड़ देनी चाहिए। लेकिन वह सिर्फ इतना चाहते हैं कि निकट भविष्य में, जब विशाल रक्षा सौदा होने जा रहा है, तो आपको उनकी मदद करनी चाहिए ताकि उनकी कंपनी को उस सौदे का बड़ा हिस्सा मिल जाए। वह सौदे की राशि का 10 प्रतिशत आपको कमीशन के रूप में देने का भी प्रस्ताव देते हैं और वह आपसे यह भी कहते हैं कि पुराना दोस्त होने के नाते वह भविष्य में हर बात को गुप्त रखेंगे।

प्रश्न

1. नीचे दिए गए विकल्पों में से आप कौन-सा विकल्प चुनेंगे? और क्यों?
   (i) आपको पैसे बनाने की हड़बड़ी नहीं है। इसलिए इस आकर्षक कमीशन के प्रस्ताव के बारे में अपने सहयोगियों को बता देंगे।
   (ii) आप एक ईमानदार व्यक्ति हैं और आप अपने मित्र के इस प्रस्ताव से बुरी तरह आहत होते हैं। आप यह भी जानते हैं कि इस नौकरी में आपको ऐसी स्थिति का सामना बार-बार करना है। इसलिए, आप एक अच्छी नौकरी खोजने की कोशिश करते हैं और मौजूदा नौकरी को छोड़ देते हैं।
   (iii) आपके पास कोई अन्य विकल्प हो तो, सुझाएं।

केस स्टडी: 31

आपकी नियुक्ति जिला-स्तर के एक अस्पताल में चिकित्सा अधीक्षक के रूप में होती है। यह अस्पताल शहर और जिले के ग्रामीण क्षेत्रों के लोगों को चिकित्सा सहायता और स्वास्थ्य सुविधाएं मुहैया कराता है। अस्पताल के पास अच्छा आधारभूत ढांचा है और यह मेडिकल सर्जिकल ऑपरेशन प्रभावी ढंग से करने के लिए आवश्यक उपकरणों व सुविधाओं से अच्छी तरह लैस है। सामान्य और आवर्ती खर्चों के लिए इसके पास समुचित फंड भी है। बहरहाल, आप पाते हैं कि अस्पताल में मरीज नियमित रूप से निम्न बातों को लेकर शिकायत करते रहे हैं :

- अस्पताल परिसर का रखरखाव बहुत खराब और अस्वास्थ्यकर है।
- अस्पताल कर्मी अक्सर सुविधाएं प्रदान करने के लिए रिश्वत मांगते हैं।
- कई बार, डॉक्टरों की घोर लापरवाही के कारण मरीजों की मौत होती है।
- बड़ी मात्रा में अस्पताल की दवाइयां अस्पताल के स्टाफ द्वारा अवैध रूप से निजी मेडिकल स्टोरों को बेच दी जाती हैं।

- डॉक्टरों और प्राइवेट नर्सिंग होम्स और परीक्षण प्रयोगशालाओं के बीच मिलीभगत है। इसके कारण मरीजों को कीमती दवाइयां खरीदने और प्राय: अनावश्यक मेडिकल टेस्ट कराने के लिए बाध्य किया जाता है।
- यहां एक बदनाम कर्मचारी यूनियन है, जो सकारात्मक सुधारों के तमाम प्रयासों का विरोध करती है।

प्रश्न

उपर्युक्त स्थितियों का समुचित आकलन करने के बाद, आप अस्पताल की समग्र परिस्थिति सुधारने के लिए क्या कदम उठाएंगे?

केस स्टडी: 32

आप एक नगर-निगम में निर्माण खंड में कार्यकारी इंजीनियर (एग्जीक्यूटिव इंजीनियर) के रूप में काम कर रहे हैं। आप इस समय एक फ्लाईओवर के निर्माण के प्रभारी हैं। आपके अधीनस्थ दो जूनियर इंजीनियर हैं, जिनकी जिम्मेदारी दैनिक आधार पर निर्माण-स्थल की निगरानी करना और आपको रिपोर्ट करना है, जबकि आप अंतत: सेल की अध्यक्षता करने वाले चीफ इंजीनियर को रिपोर्ट करते हैं। निर्माण-कार्य जब पूरा होने की ओर बढ़ रहा है, तो जूनियर इंजीनियर आपको बताते रहते हैं कि पूरा निर्माण-कार्य एकदम दिए गए डिजाइन के अनुसार हो रहा है। बहरहाल, एक बार आप जब औचक निरीक्षण करते हैं, तो आप देखते हैं कि कुछ गंभीर विचलन और कमी है, जो आपकी राय में फ्लाईओवर की सुरक्षा को प्रभावित करने वाले हैं। इस चरण में इस कमी को दूर करने के लिए काफी तोड़फोड़ की जरूरत पड़ेगी, जिससे ठेकेदार को काफी नुकसान होगा और निर्माण कार्य पूरा होने में भी विलंब होगा। इस निर्माण को पूरा करने के लिए निगम पर भारी जनदबाव है, क्योंकि इस क्षेत्र में भारी ट्रैफिक जाम की समस्या है। जब आप इस बात को मुख्य इंजीनियर के ध्यान में लाते हैं, तो वह आपको सलाह देते हैं कि उनकी राय में यह कोई गंभीर कमी नहीं है और इसकी अनदेखी की जा सकती है। वह आपको सलाह देते हैं कि समय पर काम पूरा करने के लिए परियोजना में और तेजी लाई जाए। बहरहाल, आप आश्वस्त हैं कि यह एक गंभीर मामला है, जो जन सुरक्षा को प्रभावित कर सकता है और इसलिए इस कमी को दूर किए बिना नहीं छोड़ देना चाहिए।

प्रश्न

ऐसी स्थिति में आप क्या करेंगे? कुछ विकल्प नीचे दिए गए हैं। इन विकल्पों में से हरेक के गुण-दोष को आंके और अंतत: सुझाव दें कि आप कौन-सी कार्रवाई करना पसंद करेंगे? कारण बताएं।

1. चीफ इंजीनियर की सलाह को मानते हुए आगे बढ़े।
2. आप स्थिति की विस्तृत रिपोर्ट तैयार करें, जिसमें तमाम तथ्य हों और स्पष्ट रूप से विश्लेषण करते हुए उसमें अपनी राय रखें, और फिर इस मामले में चीफ इंजीनियर से लिखित आदेश प्राप्त करें।

3. जूनियर इंजीनियरों से स्पष्टीकरण मांगें और आवश्यक सुधार को निर्धारित समय में पूरा करने के लिए ठेकेदार को आदेश जारी करें।
3. इस मुद्दे को इस हद तक उजागर कर दें कि यह चीफ इंजीनियर के वरिष्ठों तक पहुंच जाए।
4. चीफ इंजीनियर के अड़ियल रवैये को देखते हुए इस प्रोजेक्ट से अपना तबादला मांग लें या बीमारी की बात बता कर मेडिकल छुट्टी लेते हुए प्रोजेक्ट से दूर हो जाएं।

केस स्टडी: 33

आप देश के एक प्रमुख तकनीकी संस्थान के प्रमुख हैं। प्रोफेसर के पद पर चयन करने के लिए संस्थान जल्द ही आपकी अध्यक्षता में एक इंटरव्यू पैनल बनाने की योजना बना रहा है। इंटरव्यू के चंद रोज पहले, आपको पर्सनल सेक्रेटरी (पी.एस.) का फोन आता है और वह इस पद के लिए अपने एक करीबी रिश्तेदार के चयन को लेकर आपके दखल की मांग करते हैं। पी.एस. आपको यह भी सूचित करते हैं कि उन्हें पता है कि उनके संस्थान के आधुनिकीकरण के लिए अत्यंत आवश्यक प्रस्ताव लंबे समय से पेंडिंग हैं, जिन पर पी.एस. की मंजूरी की जरूरत है। वह आपको आश्वस्त करते हैं कि इन प्रस्तावों को पास कर दिया जाएगा।

प्रश्न

1. आपके पास क्या विकल्प हैं?
2. इन विकल्पों को आंके और अपने विकल्प को चुनें तथा कारण भी बताएं।

केस स्टडी: 34

वित्त मंत्रालय में वरिष्ठ अधिकारी होने के नाते, आपकी पहुंच उन नीतिगत निर्णयों के बारे में कुछ गोपनीय एवं महत्वपूर्ण सूचना तक है, जिनकी घोषणा सरकार करने वाली है। इन फैसलों का आवास एवं निर्माण उद्योग पर व्यापक असर पड़ने की संभावना है। अगर बिल्डरों को इस सूचना के बारे में पहले ही पता चल जाए, तो वे भारी मुनाफा कमा सकते हैं। एक बिल्डर ने सरकार के लिए काफी गुणवत्तापूर्ण काम किए हैं और वह आपके वरिष्ठ अधिकारी के करीबी भी हैं। वरिष्ठ अधिकारी आपसे कहते हैं कि यह सूचना उक्त बिल्डर को दे दी जाए।

प्रश्न

1. आपके पास क्या विकल्प हैं?
2. इन विकल्पों का आकलन करें और कारण देते हुए बताएं कि आप कौन-सा विकल्प चुनेंगे?

केस स्टडी: 35

आप तमिलनाडु की शिवकाशी में श्रम प्रवर्तन अधिकारी के रूप में तैनात हैं। शिवकाशी माचिस और पटाखे बनाने वाले अपने समूहों के कारण जानी जाती है। स्थानीय अर्थव्यवस्था काफी हद तक पटाखा उद्योग पर निर्भर है। इससे इस क्षेत्र में काफी आर्थिक विकास हुआ है और लोगों के जीवन-स्तर में सुधार हुआ है।

जहां तक पटाखा उद्योग जैसे नुकसानदेह उद्योगों के लिए बाल श्रम मानकों की बात है, तो अंतरराष्ट्रीय श्रम संगठन (आइ.एल.ओ.) ने न्यूनतम आयु 18 वर्ष तय की है। बहरहाल, भारत में यह आयु 14 वर्ष है।

पटाखों के औद्योगिक समूहों की इकाईयों को पंजीकृत/गैर-पंजीकृत इकाईयों में वर्गीकृत किया जा सकता है, और इसमें घर आधारित काम शामिल नहीं हैं। घरों में किए जाने वाले कार्यों का मतलब है कि वहां बच्चे अपने मां-बाप की निगरानी में काम करते हैं। बाल श्रम मानकों से बचने के लिए कई यूनिट खुद को घर आधारित कार्य के रूप में दिखाते हैं, लेकिन बाहर से बच्चों को नियुक्त करते हैं। कहने की जरूरत नहीं कि बच्चों को नियुक्त करने से इन यूनिटों को कम लागत आती है और मालिकों को भारी मुनाफा होता है।

जब आप इन यूनिटों के दौरे पर निकलते हैं, तो आपको एक यूनिट में 14 साल से कम उम्र के 10-15 बच्चे मिलते हैं। यूनिट का मालिक आपसे कहता है कि इस घर-आधारित यूनिट में, तमाम बच्चे उसके रिश्तेदार हैं। आप गौर करते हैं कि यूनिट मालिक जब आपसे यह कहता है, तो कई बच्चे खींसे निकालते हैं। गहरी पड़ताल करने पर, आपको पता चल जाता है कि न तो मालिक और न ही बच्चे एक-दूसरे से संबंध को स्थापित करने लायक संतोषजनक जवाब दे पाते हैं।

प्रश्न

1. इस दौरे के बाद आपकी क्या प्रतिक्रिया होगी?
2. उपर्युक्त मामले में शामिल नैतिक मुद्दों को सामने लाएं और उन पर चर्चा करें।

केस स्टडी: 36

एक जन सूचना अधिकारी (पी.आई.ओ.) को आर.टी.आई. ऐक्ट के तहत एक आवेदन प्राप्त हुआ है। सूचना एकत्र करने के बाद, पी.आई.ओ. को पता लगता है कि मांगी गई सूचना खुद उनके द्वारा लिए गए कुछ फैसलों से संबंधित हैं। ये फैसले एकदम सही नहीं पाए गए। इन फैसलों से कुछ अन्य कर्मचारी भी जुड़े हुए थे। इस सूचना के उजागर किए जाने पर अनुशासनिक कार्रवाई की संभावना है, यहां तक कि उन्हें और उनके कुछ सहयोगियों को दंडित भी किया जा सकता है। सूचना को उजागर नहीं करने या आंशिक रूप से उजागर करने या घुमा-फिरा कर उजागर करने से या तो कम दंड मिलेगा या दंड नहीं मिलेगा।

पी.आई.ओ. वैसे तो एक ईमानदार और सजग व्यक्ति हैं, लेकिन उनका यह फैसला, जिसको लेकर आर.टी.आई. आवेदन डाला गया है, गलत निकल जाता है। वह आपके पास सलाह के लिए आते हैं।

नीचे कुछ विकल्प सुझाए गए हैं :

- पी.आई.ओ. इस मामले को अपने वरिष्ठ अधिकारी के समक्ष रख सकते हैं और उनकी सलाह ले सकते हैं और ठीक सलाह के अनुसार ही काम करें, भले ही वरिष्ठ की सलाह से वह पूरी तरह सहमत नहीं हों।
- पी.आई.ओ. छुट्टी पर चले जा सकते हैं और मामले को ऑफिस में अपने उत्तराधिकारी को निपटाने के लिए छोड़ दे सकते हैं अथवा आवेदन को दूसरे पी.आई.ओ. के पास भेजने के लिए आग्रह कर सकते हैं।

- पी.आई.ओ. सच्चाई से सूचना उजागर करने के परिणामों को आंक सकते हैं, जिसमें यह भी शामिल हो कि इससे उनके कैरियर पर क्या असर पड़ेगा और इस तरह से जवाब दें कि इससे उनके कैरियर को नुकसान नहीं पहुंचे, लेकिन साथ ही सूचना की सामग्री के साथ थोड़ा समझौता किया जा सकता है।
- पी.आई.ओ. इस फैसले में शामिल रहे अपने अन्य सहयोगियों से मशविरा कर सकते हैं और उनकी सलाह के मुताबिक काम कर सकते हैं।

प्रश्न

1. ऊपर दिए विकल्पों में से हरेक के गुण और दोष का मूल्यांकन करें।
2. कृपया यह भी बताएं कि (उपर्युक्त विकल्पों तक अनिवार्य रूप से सीमित किए बिना) आप क्या सलाह देना पसंद करेंगे और इसके कारण भी बताएं।

केस स्टडी: 37

आपने प्रखंड-स्तर के अधिकारी का कार्यभार संभाला है। आपको प्रखंड में विकास कार्यों का प्रभारी बनाया जाता है। अपने इलाके के दौरे के दौरान, आपने पाया कि लोग अमानवीय परिस्थितियों में रह रहे हैं, मौलिक साफ-सफाई और पेयजल सुविधाओं से वंचित हैं। व्यावसायिक बैंकों की किसानों के प्रति कोई सहानुभूति नहीं है, इसलिए कर्जदाताओं का कारोबार फल-फूल रहा है। स्थानीय विधायक भी उन लोगों की उपेक्षा करते हैं, जिन्होंने उनके पक्ष में मतदान नहीं किया है।

प्रश्न

1. एक प्रखंड-स्तरीय अधिकारी होने के नाते, आपको क्या करना चाहिए ताकि निम्न बातों का हल निकल सके?
   (ए) यह सुनिश्चित किया जा सकता है कि गरीब और जरूरतमंद लोगों को बैंकों से मदद मिले।
   (बी) पंचायती राज संस्था द्वारा दी जाने वाली पानी और साफ-सफाई की सेवा को, खास तौर पर कमजोर वर्ग के लोगों के लिए प्रभावी बनाया जाए।
   (सी) स्थानीय विधायक द्वारा पक्षपात पूर्ण ढंग से चुने गए विकास प्रोजेक्ट के बुरे असर को खत्म किया जाए।
   (डी) लोग अपने अधिकारों और कल्याण एवं विकास की विविध सरकारी योजनाओं के बारे में जागरूक बनें।

केस स्टडी: 38

मिड-डे मील (एम.डी.एम. या मध्याह्न भोजन) एक सरकारी कार्यक्रम है, जो शैक्षणिक संस्थाओं के जरिए पूरक पोषण प्रदान करता है। इसकी जड़ें भारत में तब जमीं, जब मद्रास निगम ने 1925 में स्कूल लंच कार्यक्रम को विकसित किया। आजादी के बाद भारत में, गुजरात राज्य ने भी 198 4 में स्कूल लंच कार्यक्रम की शुरुआत की। 1995 में, राष्ट्रीय स्तर पर प्राथमिक शिक्षा के लिए पोषण समर्थक कार्यक्रम की शुरुआत की गई। साल 2004 में, इस कार्यक्रम को संशोधित किया

गया और इसे एम.डी.एम. के नाम से जाना जाने लगा। भारत सरकार ने अपने साझा न्यूनतम कार्यक्रम में एम.डी.एम. के कार्यान्वयन पर जोर दिया। इसमें प्राइमरी एवं सेकेंडरी स्कूल के बच्चों को पोषक मध्याह्न भोजन देने की बात कही गई। यह पहल, निम्न उद्देश्यों के साथ दुनिया की सबसे बड़ी लंच कार्यक्रम बन गई :

- स्वास्थ्य एवं शिक्षा को सुधारना
- स्कूल में पंजीकरण को बढ़ाना
- समाजीकरण को सुधारना
- किशोरों में कुपोषण की समस्या को हल करना
- रोजगार सृजन के द्वारा महिलाओं को सामाजिक रूप से सशक्त बनाना

बहरहाल, वर्तमान में एम.डी.एम. में निम्न समस्याएं शामिल हैं :

- खराब ढांचागत सुविधाएं
- एक ही भोजन को दुहराते रहना
- कक्षाओं में बाधा, क्योंकि शिक्षकों को इस कार्यक्रम की निगरानी करनी होती है।
- खराब खाना
- साफ-सफाई खराब होना
- ठेकेदारों को अपर्याप्त भुगतान
- अपर्याप्त बजट आवंटन
- जातिगत एवं धार्मिक पक्षपात
- मां-बाप की सीमित भागीदारी
- अनियमित एवं देर से सेवा प्रदान करना
- भारत खाद्य निगम द्वारा निम्न गुणवत्ता वाली सामग्री की आपूर्ति
- रखरखाव का अभाव

तथ्य यह है कि भारत में कल्याणकारी अर्थव्यवस्थाएं सही ढंग से काम नहीं करती हैं। यह उनके लिए काम करती हैं, जो इनको बनाते हैं और उन अधीनस्थों के लिए काम करती हैं, जो जनता के बीच इन नीतियों को लागू करते हैं। सत्तासीन राजनीतिक दल ऐसी फर्जी योजनाएं बनाता है और इसका फायदा नौकरशाहों और सत्ताधारी नेताओं को मिलता है। मौजूदा सरकार इस योजना को लागू किए जाने के वक्त विपक्ष में थी, लेकिन उसने पिछली सरकार की इन फर्जी योजनाओं को खत्म नहीं किया, क्योंकि यह वोट बैंक का नुकसान नहीं चाहती थी।

प्रश्न

1. क्या भारत में इस तरह की सरकारी योजनाएं भविष्य में शुरू की जानी चाहिए?
2. एम.डी.एम. योजना के मामले में भ्रष्ट तरीकों को कैसे सर्वाधिक प्रभावी ढंग से रोका जा सकता है?

केस स्टडी: 39

मध्याह्न भोजन (एम.डी.एम.) एक सरकारी कार्यक्रम है, जो शैक्षणिक संस्थानों के जरिए पूरक पोषण प्रदान करता है। भारत सरकार ने अपने साझा न्यूनतम कार्यक्रम में एम.डी.एम. के कार्यान्वयन

केस स्टडीज

पर जोर दिया। इसमें प्राइमरी एवं सेकेंडरी स्कूल के बच्चों को पका हुआ पोषक मध्याह्न भोजन देने का प्रावधान किया गया। विद्यालयों में उपस्थिति बढ़ाने के मद्देनजर भी इस योजना को तैयार किया भी गया। यह पहल, दुनिया की सबसे बड़ी स्कूल लंच कार्यक्रम बन गई।

हाल में, एक राज्य सरकार ने एम.डी.एम. योजना को प्रभावी ढंग से लागू करने के लिए एक विशेष टीम का गठन किया। टीम को आधारभूत ढांचे से जुड़े मसलों को देखने के लिए कहा गया, जिसमें भंडारण सुविधाएं, किचन और बढ़िया पेयजल शामिल थे। टीम में पोषण विशेषज्ञ, खाद्य निरीक्षक, आहार विज्ञानी, डॉक्टर और ड्रग-टेस्ट करने वाली प्रयोगशालाओं के सदस्य शामिल थे। इस टीम में श्री हरीश डॉक्टर हैं और उनके करीबी मित्र श्री महेश खाद्य निरीक्षक हैं। इस टीम को निरीक्षण के बाद सरकार को रिपोर्ट भेजनी होती है। महेश और हरीश दोनों का अपने काम के प्रति ढीला रवैया है। उनमें से कोई भी अपनी जिम्मेदारी के प्रति सही ढंग से गंभीर नहीं है। राज्य में उन्हें राजनीतिक संरक्षण प्राप्त है। उनके विपरीत, टीम के अन्य सदस्य अपने दायित्वों और जिम्मेदारियों के प्रति एकदम सजग हैं। बहरहाल, उनका कोई राजनीतिक संपर्क नहीं है। समय-समय पर, टीम का फैसला डॉक्टर और खाद्य निरीक्षक की राय से प्रभावित हो रहा था, क्योंकि इन दोनों की राज्य में संबंधित राजनीतिक आका से करीबी सांठगांठ थी। एम.डी.एम. में आधारभूत ढांचे से जुड़े मसलों में कुछ कमी के बावजूद, सरकार को सकारात्मक रिपोर्ट भेजी गई।

उक्त गैर जिम्मेदार काम के कारण, भोजन की गुणवत्ता सुनिश्चित नहीं की गई और कभी-कभी बच्चों को दूषित भोजन भी खिलाया गया, जिससे हाल में राज्य में कई स्कूली बच्चों को अस्पताल में भर्ती कराना पड़ा।

प्रश्न

1. आपके अनुसार, ऊपर दिए गए मामले में जो समस्या दर्शायी गई हैं, उसके लिए कौन जिम्मेदार है—महेश और हरीश दोनों या पूरी टीम? कारण भी बताएं।
2. इस मामले में क्या नैतिक चिंताएं शामिल हैं?

केस स्टडी: 40

आप एक ऐसे सरकारी ऑफिस के प्रशासकीय प्रमुख हैं, जहां बड़ी तादाद में लोग विभिन्न कामों को लेकर आते हैं। पेंशन दावों, बीमा दावों, स्कॉलरशिप दावों आदि जैसी रूटीन समस्याओं को लेकर लोग नियमित रूप से इस ऑफिस में आते हैं। इस दफ्तर में एक सहायक है, जो इन विषयों को देखता है। शिकायत है कि वह दावों को तब तक पास नहीं करता है, जब तक कि उसे इसके लिए रिश्वत न दी जाए। अभी तक, वह अनुशासनिक कार्रवाई से बचा रहा है, क्योंकि उसे एक स्थानीय प्रभावशाली राजनेता का समर्थन और संरक्षण प्राप्त है। दफ्तर के अन्य सहायक निर्णायक कार्रवाई के लिए आपकी ओर देखते हैं। संगठन की कार्य-संस्कृति सर्वकालिक निम्न स्तर पर पहुंच गई है। आपने इस स्थिति में कार्रवाई करने का फैसला लिया है।

प्रश्न

1. आपके पास विविध विकल्प उपलब्ध हैं?
2. हरेक विकल्प के गुणों और दोषों को परखें और मौजूदा स्थिति में सर्वोत्तम कार्रवाई सुझाएं।

केस स्टडी: 41

आप एक पब्लिक सेक्टर कंपनी (पी.एस.यू.) से हाल में वित्तीय प्रमुख के रूप में रिटायर हुए हैं और एक प्राइवेट फर्म में वित्तीय सलाहकार बने हैं। पी.एस.यू. ने एक दीर्घकालीन निविदा निकाली है, जिसमें आपकी फर्म की दिलचस्पी है। पी.एस.यू. के वित्तीय प्रमुख होने के नाते, आपका काम नियमित रूप से निविदा और ठेका प्रक्रिया को देखना रहा था। इसलिए आप उन आधारों और मानकों से भली-भांति परिचित हैं, जिनके आधार पर पी.एस.यू. ऐसे ठेके देता है। आपकी मौजूदा फर्म के सी.ई.ओ. ने आपसे आग्रह किया है कि आप उस जानकारी का इस्तेमाल करें ताकि फर्म को पी.एस.यू. से यह ठेका मिल सके। इससे फर्म का राजस्व काफी बढ़ेगा। दूसरी ओर, इस ठेके को प्राप्त करने में विफल रहने से फर्म बंद हो सकती है। पूरी टीम आपकी ओर देख रही है कि आप उन मानकों का खुलासा करें, जिसके आधार पर पी.एस.यू. बोली लगाने वालों को ठेके प्रदान करता है और वे आपसे बोली प्रक्रिया की अगुवाई करने को कह रहे हैं।

प्रश्न

1. इस मामले में क्या नैतिक दुविधाएं शामिल हैं?
2. आपके पास क्या विकल्प उपलब्ध हैं? हरेक विकल्प के गुण-दोष की परख करें और सुझाव दें कि इस स्थिति में सर्वोत्तम कार्रवाई क्या होगी?

केस स्टडी: 42

आप सड़क निर्माण विभाग के एग्जीक्यूटिव इंजीनियर (कार्यकारी इंजीनियर) हैं और एक खास जिले में बड़ी जिला सड़कों (एम.डी.आर.) के निर्माण और रखरखाव के प्रभारी हैं। आप इस विभाग में हाल ही में आए हैं। कार्यस्थल पर जांच के दौरान, आपने पाया कि बड़ी जिला सड़कों के निर्माण, मरम्मत और रखरखाव में धन का बड़े पैमाने पर दुरुपयोग हो रहा है। आपने संबंधित सहायक इंजीनियरों (ए.ई.) और जूनियर इंजीनियरों (जे.ई.) पर जिम्मेदारी सौंपना शुरू कर दिया है। विरोध स्वरूप, तमाम ए.ई. और जे.ई. ने 'धीमे काम करो' की नीति अपना ली है। वित्तीय वर्ष शीघ्र समाप्त होने वाला है और अभी भी 50 फीसदी रकम का उपभोग नहीं हुआ है। आपके वरिष्ठ अधिकारियों ने आपको अन्य विकल्प तलाशने को कहा है ताकि फंड का तेजी से उपयोग सुनिश्चित किया जा सके।

प्रश्न

1. आपके पास क्या विकल्प उपलब्ध हैं?
2. हरेक विकल्प के गुण-अवगुण को परखें और कारण देते हुए सबसे अच्छी कार्रवाई सुझाएं।

केस स्टडी: 43

आप एक आर.टी.आई. कार्यकर्ता हैं। एक ग्रामीण इलाके में एक गरीब आदमी रह रहा है और वह अपने बेटे को शहर के एक पब्लिक स्कूल में दाखिला दिलाना चाहता है। पब्लिक स्कूल तबादला और चरित्र प्रमाणपत्र की मांग करता है और इनके जमा करने की आखिरी तारीख तय कर देता है। ऐसा नहीं करने पर लड़के को दाखिला नहीं मिलेगा। लड़के के पिता ने संबंधित दस्तावेजों को प्राप्त करने की जी-तोड़ कोशिश की, लेकिन वह निर्धारित समय-सीमा के अंदर इन्हें हासिल नहीं कर सके। लड़के को दाखिला नहीं मिल सका। इधर-उधर की भाग-दौड़ में पिता एक हादसे के शिकार हो गए और अपनी दोनों टांगें गंवा बैठे। उनका बेटा आपसे मिलता है और अपनी तकलीफों को दूर करने में आपसे मदद मांगता है। वह चाहता है कि उसके पिता को जो जख्म हुआ है, उसकी भी जिम्मेदारी तय की जाए। आप आर.टी.आई. अधिनियम, 2005 के प्रावधानों का इस्तेमाल करना चाहते हैं।

प्रश्न

1. आप उसके आग्रह पर किस तरह प्रतिक्रिया देंगे?
2. कुछ विकल्प सुझाएं, जिनके जरिए आप पीड़ित बच्चे की मदद कर सकते हैं।

केस स्टडी: 44

आप एक पिछड़े जिले के जिला मजिस्ट्रेट हैं। यह जिला बड़े पैमाने पर बाल मजदूरी के लिए बदनाम है। एक दिन आपके ऑफिस में, आपके स्कूल के एक पुराने दोस्त आते हैं और आपसे कहते हैं कि उन्होंने शहर में एक छोटा रेस्तरां खोला है और वह चाहते हैं कि आप उसका उद्घाटन करें। जब आप वहां पहुंचते हैं, तो देखते हैं कि 14 साल से कम उम्र के 2-3 बच्चे बर्तन धो रहे हैं और ऑर्डर ले रहे हैं। जब आप बच्चों से पूछते हैं, तो वे कहते हैं कि वे उन्हें नौकरी देने के लिए होटल मालिक के बड़े कृतज्ञ हैं, क्योंकि वे बड़े गरीब हैं ओर उनके पिता इतने बूढ़े हैं कि वे उनका भरण-पोषण नहीं कर सकते हैं। बच्चे आपसे यह भी कहते हैं कि होटल मालिक, उनके साथ बहुत अच्छा व्यवहार करता है और समय पर भोजन व पगार देता है। जब आप अपने दोस्त से कम उम्र के बच्चों को काम पर रखने के बारे में पूछते हैं, तो वह इसे स्वीकार करते हैं, लेकिन कहते हैं कि अगर वह उन्हें काम पर नहीं रखेंगे तो उनके पास सड़कों पर भीख मांगने के अलावा कोई विकल्प नहीं होगा।

प्रश्न

1. इस मामले में क्या नैतिक और कानूनी दुविधाएं शामिल हैं?
2. उक्त मामले में क्या कार्रवाई की जाए? कारण बताएं।

केस स्टडी: 45

रमेश अपने बचपन से ही नारी-द्वेषी रहे हैं। बहरहाल, वह एक बहुत परिश्रमी और मेधावी विद्यार्थी हैं। वह बचपन से ही एक आई.ए.एस. अफसर बनना चाहते थे। अपनी कड़ी मेहनत के बल पर, वह आई.ए.एस. अफसर बनने का अपना सपना पूरा कर सके। उनकी तैनाती एक

जिले में सब-डिविजनल मजिस्ट्रेट (एस.डी.एम.) के रूप में हुई। वह अपने काम के प्रति काफी समर्पित और सक्षम व्यक्ति थे। संयोगवश, उन्हें रीमा नामक एक महिला सहयोगी के साथ काम करना है। रीमा एस.डी.एम. कार्यालय में निजी सचिव के रूप में लंबे समय से काम करती रही हैं। रीमा का रिकॉर्ड उस कार्यालय में सबसे ज्यादा कार्य-कुशल कर्मचारियों में से रहा है। लेकिन आई.ए.एस. अफसर होने के बावजूद, रमेश महिलाओं के प्रति अपने द्वेष-भाव को दूर नहीं कर सके। वह अभी भी यह भ्रम पालते हैं कि महिलाएं कार्य-संस्कृति को सड़ाने की प्रवृत्ति रखती हैं और वे सामाजिक आवारागर्दी करती हैं। अपनी अंतर्निहित धारणा के कारण, वह हमेशा तमाम गलतियों को रीमा के सिर मढ़ देते हैं। कई बार, छोटी गलतियों के लिए भी रीमा की आलोचना की गई है।

प्रश्न

1. वे कौन-से कदम हैं, जिनके जरिए रमेश का भेदभावपूर्ण रवैया दूर किया जा सकता है?
2. बचपन से ही उनकी इस अंतर्निहित समस्या को जानने के बाद रीमा को उन्हें सही रास्ते पर लाने के लिए क्या करना चाहिए?
3. क्या ऐसी धारणाओं वाले व्यक्तियों को ऐसे उच्च पदों पर रहने की इजाजत दी जानी चाहिए?

केस स्टडी: 46

इस उद्धरण को ध्यानपूर्वक पढ़ें और निम्न प्रश्नों के उत्तर दें :

हाल की एक त्रासदी में, आपके शहर के एक सिनेमाघर में आग लग गई, जिसमें 50 से भी ज्यादा लोग हताहत हुए। राज्य सरकार ने तुरंत इस घटना की जांच का आदेश दिया। जिला कमिश्नर के रूप में आपको इस जांच का प्रभारी बनाया जाता है। अपनी जांच में आप पाते हैं कि सिनेमाघर मालिकों ने कई कमियां छोड़ रखी थीं। उन्होंने सुरक्षा मानकों का उल्लंघन किया था। सिनेमाघरों के निर्माण में पर्याप्त निकासी द्वार और आपातकालीन निकासी द्वार बनाने होते हैं, लेकिन उन्होंने इसका भी उल्लंघन किया था। अचानक आग लगने पर सुरक्षा मानकों का भी पालन नहीं किया गया था। दूसरे शब्दों में, अगर आप सिनेमाघर मालिकों पर कमियों के लिए अभियोग लगाते हैं, तो उन पर नरहत्या का आरोप लगाया जाएगा। बहरहाल, राज्य की कई एजेंसियां और उनमें काम करने वाले अफसर भी इस जुर्म के लपेटे में आ जाएंगे, क्योंकि उन्होंने कमियों को जारी रहने दिया और वे अपराध के पक्षकार बने, क्योंकि शर्तें पूरी न करने के बावजूद उन्होंने सिनेमाघर मालिकों को संचालन के लिए लाइसेंस जारी किया। आप पाते हैं कि इस घटना के लिए आप भी जिम्मेदार हैं, क्योंकि आपने आवश्यकतानुसार सिनेमाघर की समय-समय पर जांच नहीं की या अपनी जांचों में आप इन कमियों को देख नहीं पाए।

प्रश्न

1. ऐसी स्थिति में आप क्या करेंगे?
   कुछ विकल्प नीचे दिए गए हैं। इन विकल्पों में से हरेक के गुण और दोष का मूल्यांकन करें और कारण बताते हुए, अंतत: सुझाव दें कि आप क्या कार्रवाई करना पसंद करेंगे।

(i) खुद को शामिल करते हुए, आप हरेक पर आरोप लगाते हुए विस्तृत रिपोर्ट तैयार करेंगे।
(ii) आप ऐसी कानूनी सलाह लेंगे, जो आपको दोष मुक्त करे और फिर आप खुद को निर्दोष बताने वाली रिपोर्ट तैयार करेंगे।
(iii) इस हादसे में अपनी निजी जिम्मेदारी को कारण बताते हुए, आप जांच के दायित्व से मुक्त किए जाने का आग्रह करेंगे।
(iv) आप ऐसी रिपोर्ट बनाएंगे, जो इस मामले में सिर्फ सिनेमाघर मालिकों को जिम्मेदार ठहराएं।
(v) आप ऐसी रिपोर्ट बनाएंगे, जिसमें इस तथ्य को उजागर करेंगे कि यह अत्यंत विरल किस्म की घटना है, जिससे बचा नहीं जा सकता था। इससे हरेक की जिम्मेदारी न्यूनतम हो जाएगी।

केस स्टडी: 47

आपकी उड़ीसा के मल्कानगिरी जिले में नई-नई नियुक्ति हुई है। यह जिला नक्सली इलाका है। आपकी गरीबों और वंचितों के प्रति सहानुभूति है। इस जिले में आदिवासी रहते हैं और यह अविकसित क्षेत्र है। जिले के कलेक्टर का पदभार संभालने के बाद, आपने गौर किया कि नक्सलवाद का मूल कारण उस जिले का वंचित और पिछड़ा होना है। सरकार उस जिले के प्रति थोड़ी उदासीन है। हाल की हिंसा में, कुछ माओवादियों ने सार्वजनिक संपत्ति को भी नुकसान पहुंचाया है। बहरहाल, एक माओवादी पकड़ा गया और उसने स्वीकार किया कि अत्यधिक गरीबी ने उसे हिंसा का रास्ता चुनने के लिए बाध्य किया।

प्रश्न

1. क्या आप उसके बयान को स्वीकार करेंगे? क्यों?
2. उसके खिलाफ आप क्या कदम उठाएंगे?

केस स्टडी: 48

आप एक सरकारी कॉलेज के प्रिंसिपल हैं। राजन नामक आपके एक करीबी सहयोगी गणित के शिक्षक हैं। उनका बड़ा सम्मान है और वह अपने सकारात्मक गुणों के लिए जाने जाते हैं। लेकिन एक दिन एक छात्रा ने उनके खिलाफ यौन उत्पीड़न का आरोप लगाया। उसने आरोप लगाया कि शिक्षक ने उसे धमकी दी कि यदि उसने उनके खिलाफ शिकायत की, तो इससे उसकी पढ़ाई को नुकसान पहुंचेगा। लेकिन वह लड़की न तो पढ़ाई में अच्छी है और न ही एक आज्ञाकारी छात्रा है। उसके खिलाफ कई बार कई शिकायतें दर्ज की गई हैं। कुछ मामलों में यह देखा गया है कि वह कुछ विद्यार्थियों और शिक्षकों के खिलाफ झूठे आरोप लगा रही थी।

प्रश्न

1. कॉलेज का प्रिंसिपल होने के नाते, लड़की के बयान पर आपकी शुरुआती प्रतिक्रिया क्या होगी?
2. इस स्थिति में आप कैसे आगे बढ़ेंगे?

केस स्टडी: 49

मान लें, एक जिले में आप पुलिस अधीक्षक (एस.पी.) हैं। आप एक अति धार्मिक एवं हिंदू आस्था प्रणाली के पक्के समर्थक हैं। आपके जिले में, एक स्वघोषित बाबा ने एक खास स्थान में नियमित रूप से लोगों को उपदेश देना शुरू किया और स्थानीय लोगों को अपने सिद्धांत अपनाने एवं उन्हें अपने गुरु के रूप में अनुसरण करने के लिए राजी किया। वक्त बीतने के साथ, वह बहुत लोकप्रिय हो गए और काफी अन्य लोग उनके भक्त हो गए। इस प्रक्रिया में, आप भी उनके भक्त हो गए। स्वघोषित बाबा ने अपने नाम से एक आश्रम भी बनाया है। अचानक, आप सुनते हैं कि स्वघोषित बाबा एक धोखेबाज है और उसने अपने भक्तों को ठग कर काफी धन जमा किया है। अब तक, यह खबर जनता के बीच फैल गई है और भीड़ हिंसक हो गई है।

प्रश्न

1. आप क्या कदम उठाएंगे? आपके द्वारा उठाए गए हरेक कदम के गुण-दोष का मूल्यांकन भी करें।

केस स्टडी: 50

उड़ीसा के मुख्यमंत्री राज्य में भ्रष्टाचार को उखाड़ फेंकने के लिए दृढ़ प्रतीत होते हैं और वह भ्रष्टाचार में शामिल लोगों को सार्वजनिक रूप से शर्मिंदा करने की योजना बनाते हैं। मुख्यमंत्री ने राज्य सतर्कता विभाग की वेबसाइट पर 'भ्रष्ट लोगों' की सूची डालने का निर्णय किया है।

आप राज्य सतर्कता विभाग के प्रमुख हैं। आपको मुख्यमंत्री के इस प्रयास में सक्रिय रूप से सहयोग करना है। सूची में जिन लोगों के नाम दर्ज हैं, उनमें चंद्रभानु पटनायक नामक एक पत्रकार का भी नाम है। वह एक स्थानीय टेलीविजन चैनल के संपादक हैं, जिनके खिलाफ पहले से एक सतर्कता केस दर्ज है। चंद्रभानु पटनायक आपके भाई के दोस्त हैं और उनकी जानकारी में, वह एक ईमानदार व्यक्ति हैं। यह सुनने के बाद कि उनका नाम वेबसाइट पर डाली जाने वाली सूची में है, चंद्रभानु पटनायक आपके पास आते हैं और आपसे आग्रह करते हैं कि वेबसाइट पर उनका नाम सार्वजनिक नहीं किया जाए, क्योंकि वह ईमानदार हैं। वह आपको यह भी आश्वस्त करते हैं कि वह किसी भ्रष्टाचार में शामिल नहीं है और वह केस जो उनके खिलाफ दर्ज किया गया था, उनके खिलाफ एक साजिश थी।

प्रश्न

1. इस स्थिति में आप क्या कदम उठाएंगे? कारण बताएं।

केस स्टडी: 51

आप एक एन.जी.ओ. के साथ काम कर रहे हैं। आपने उन गांवों में से एक का दौरा किया है, जहां आपका प्रोग्राम चल रहा है। प्रोग्राम में आपकी सारी धनराशि खर्च हो गई, हालांकि आपकी गणना दर्शाती है कि ऐसा नहीं होना चाहिए। आपने पाया कि एक स्थानीय ईसाई एकाउंटेंट ने लेखे-जोखे में हेर-फेर किया है। वह अमीर हो गया था और उसके कई दोस्त थे। उसने स्थानीय चर्च में भारी धर्मशुल्क और भेंट दी थी। एन.जी.ओ. के फंड में गड़बड़ी करने

के बारे में जब उससे पूछताछ की गई, तो उसने ली गई रकम में से कुछ लौटा दी। लेकिन जब और नुकसानों का पता चला, तो उसने खुदकुशी कर ली। उसके साथियों ने सोचा कि उनके सबसे वरिष्ठ स्थानीय सहयोगी ने उसकी कारगुजारियों के बारे में रिपोर्ट दी है और वे इसीलिए उस सहयोगी के खिलाफ काफी रोष में थे। संस्थागत फंड की रक्षा करने और इससे भी ज्यादा ईसाई की निष्ठा से भी ज्यादा उनके लिए समूह-निष्ठा अहम थी। आपने डींग हांकी कि आपने फर्जीवाड़े का पता लगाया और संबंधों को फिर से बनाने में मदद की। आपने उसकी अंत्येष्टि पर कहा कि 'मैं अपने एकाउंटेंट को पसंद करता था और उनकी प्रशंसा करता था और नुकसान की भरपाई करने की उनकी कोशिशों की सराहना करता था, और आखिरकार हम सबको क्षमा की जरूरत है।' लेकिन आपने जाना कि एक समूह के अंदर निजी निष्ठा की नैतिक ताकत संभवत: इसलिए तीव्र हो गई कि ग्रुप के सदस्यों ने खुद को 'गरीब' नागरिक माना, जो एक अमीर देश के प्रवासियों से निपट रहे थे।

प्रश्न

1. दफ्तर में घपला रोकने के लिए क्या किया जाना चाहिए था?
2. घपले के प्रभाव को खत्म करने के लिए चर्च द्वारा क्या किया जाना चाहिए था?

केस स्टडी: 52

आप दुर्गापुर इस्पात मुख्य अस्पताल के डायरेक्टर हैं। वर्तमान में इस अस्पताल में विभिन्न समस्याओं को लेकर चार मरीज भर्ती किए गए थे। लेकिन उन्हें जब खून चढ़ाया गया तो उनकी हालत नाजुक हो गई। सभी चारों मामलों में, अस्पताल के ब्लड बैंक से खून दिया गया था और खून चढ़ाने के बाद मरीजों की स्थिति बिगड़ी थी।

उन मरीजों को एक प्राइवेट अस्पताल ले जाया गया, लेकिन उनकी मौत हो गई। एक महिला मरीज की पोस्टमार्टम रिपोर्ट में कहा गया कि खून चढ़ाने के बाद वह विषाक्त सदमे में चली गईं। अब तक, अन्य तीन मरीजों में से किसी के भी परिवार ने स्वास्थ्य विभाग में लिखित शिकायत दर्ज नहीं कराई है। लेकिन जब तीन मरीजों के मरने की खबर फैली तो अन्य मरीजों के परिवारों ने आरोप लगाना शुरू किया कि अस्पताल का ब्लड बैंक दूषित खून दे रहा है। उन्होंने अस्पताल पर घोर लापरवाही का भी आरोप लगाया। तब अस्पताल को एक जांच समिति बनानी पड़ी।

प्रश्न

1. क्या आप सोचते हैं कि इस घटना के लिए ब्लड बैंक का प्रभारी जिम्मेदार है?
2. इस केस में आप कैसे आगे बढ़ेंगे?

केस स्टडी: 53

आप एक नक्सल-प्रभावित शहर के जिला मजिस्ट्रेट हैं। एक दिन, जब आप एक गांव में कुछ विकास कार्य को देखने जा रहे थे, हथियारबंद नक्सलियों के समूह ने गांव को घेर लिया और आपको अगवा कर लिया। उन्होंने आपकी आंखों पर पट्टी बांध दी और वे आपको जंगल में

अपने ठिकाने पर ले गए। सौभाग्य से, पट्टी बहुत कड़ी नहीं थी और आप गुप्त रूप से इससे देख सकते थे, जबकि नक्सलियों को इसका पता नहीं चला। अपहरणकर्ताओं ने जो रास्ता चुना, उसे आपने देख लिया और आप उनके ठिकाने के सही स्थान को भी पहचान गए।

नक्सलियों ने एक हफ्ते तक आपको अगवा करके रखा। इसके बाद राज्य सरकार ने आपको सुरक्षित रिहा करवा लिया। बहरहाल, जब तक आप नक्सलियों के साथ रहे, उन्होंने आपके साथ बड़ा अच्छा व्यवहार किया। उन्होंने अपनी समस्याओं के बारे में भी आपसे चर्चा की और बताया कि किस तरह सरकार आदिवासी गांवों के लिए पर्याप्त काम नहीं कर रही है। आपने महसूस किया कि उनके मुद्दे बहुत सही हैं। अब जबकि आपको रिहा करा लिया गया है, तो सरकार आपसे उन नक्सलियों के ठिकाने का पता लगाने में मदद करने के लिए कह रही है, ताकि उनके खिलाफ सशस्त्र कार्रवाई की जा सके। आपको अच्छी तरह पता है कि अगर आपने नक्सलियों के ठिकाने के बारे में खुलासा कर दिया, तो वे नक्सली निश्चित रूप से केंद्रीय पुलिस बलों द्वारा मार डाले जाएंगे।

प्रश्न

1. क्या आप नक्सलियों का ठिकाना बताएंगे? क्यों या क्यों नहीं?
2. आपके समक्ष अन्य क्या विकल्प उपलब्ध हैं? हरेक विकल्प के गुण-दोष का मूल्यांकन करें।

केस स्टडी: 54

आप एक औद्योगिक शहर में आयकर आयुक्त हैं। शहर की अधिकतर आबादी कारोबारी गतिविधि में लगी हुई है। फिर भी शहर से जो राजस्व प्राप्त होता है, वह बहुत कम है, जिससे साफ संकेत मिलता है कि कारोबारियों द्वारा करों की चोरी की जा रही है। आपने इस मामले में कार्रवाई करने का फैसला किया है और स्थानीय अखबारों में एक विज्ञापन छपवाया है कि ऐसे व्यापारी स्वेच्छा से 10 दिनों के अंदर अपना टैक्स बकाया चुका दें, अन्यथा इस अवधि के बाद वे बकायादारों के खिलाफ कार्रवाई करेंगे। अगले ही दिन, व्यापार संघ के प्रतिनिधियों ने आपसे आपके दफ्तर में मुलाकात की और उन्होंने आपको शहर में एक नए शॉपिंग मॉल के उद्घाटन के लिए आपको आमंत्रित किया। उन्होंने आपको सोने से बनी भगवान श्रीकृष्ण की एक मूर्ति भी भेंट की। आप शक करते हैं कि यह आपके लिए संकेत है कि टैक्स-खुलासा करने के मोर्चे पर आप नरम पड़ जाएं।

प्रश्न

1. नीचे आपके लिए कुछ विकल्प दिए गए हैं। हरेक विकल्प के गुण-दोष की पहचान करें। आप कौन-सा विकल्प चुनेंगे और क्यों?
    (ए) उन कारोबारियों के खिलाफ पुलिस में शिकायत दर्ज कराएं, जो आपको रिश्वत देने की कोशिश करते हैं।
    (बी) उनकी भेंट को स्वीकार कर लें, क्योंकि यह भगवान की मूर्ति है। लेकिन आप मॉल नहीं जाने का फैसला करते हैं।

(सी) तोहफे को स्वीकार नहीं करें, लेकिन आप मॉल के उद्घाटन समारोह में जाने का फैसला करते हैं।

(डी) तोहफे को स्वीकार कर लें और मॉल के उद्घाटन समारोह में अपने जूनियर को भेज दें।

केस स्टडी: 55

आपने हाल में लोक सेवा परीक्षा इतने अच्छे रैंक के साथ पास की है कि आप आई.पी.एस. बन जाएंगे। अभी आप 32 साल के हैं और आपके मां-बाप आपकी शादी कराने के लिए उत्सुक हैं। वे एक रिश्ता ढूंढते हैं, जिसके लिए आप भी राजी हैं। बहरहाल, वे दहेज के रूप में बड़ी रकम लेना चाहते हैं और लड़की का परिवार भी इसके लिए सहमत है। जब आप अपने मां-बाप से आपत्ति जताते हैं और उनसे कहते हैं कि दहेज लेना गैरकानूनी है, तो वे कहते हैं कि आपकी सोच अव्यावहारिक है। वे इस बात पर भी जोर देते हैं कि आपकी दो छोटी अविवाहित बहनें हैं और उनके शादी के लिए दहेज देने की जरूरत होगी। एक भाई के रूप में, आपको अपनी बहनों के लिए जिम्मेदार होना चाहिए और यदि वह अपने दहेज की रकम खुद इस्तेमाल न भी करें, तो कम-से-कम आपकी बहनों की शादी में, बाद में इसका इस्तेमाल किया जा सकता है। आप इस मसले पर अपनी भावी पत्नी से चर्चा करते हैं, और वह आपको दहेज के बारे में चिंता नहीं करने के लिए कहती हैं, क्योंकि उनके मां-बाप के पास पर्याप्त धन है और वे आसानी से भुगतान कर सकते हैं।

प्रश्न

1. आप क्या करेंगे? नीचे दिए गए विकल्पों का मूल्यांकन करें—
   (ए) दहेज ले लें, क्योंकि इससे आपकी बहनों की शादी में मदद मिलेगी।
   (बी) दहेज लेने से इंकार कर दें, और अपने मां-बाप और लड़की के मां-बाप के खिलाफ पुलिस में शिकायत कर दें।
   (सी) यह शादी रद्द कर दें और दूसरे रिश्ते को देखें।
2. आज की युवा पीढ़ी अपने मां-बाप को दहेज न लेने के लिए कैसे समझा सकती है? आप क्या सोचते हैं? व्यावहारिक समाधान दें।

केस स्टडी: 56

आप एक सच्चे और ईमानदार पुलिस अफसर हैं। आपकी नियुक्ति ऐसे राज्य में हुई है, जो नौकरशाही में राजनीतिक हस्तक्षेप के लिए कुख्यात है। आप जैसे ही शहर में अपराध के खिलाफ कड़ी कार्रवाई करना शुरू करते हैं, स्थानीय सांसद, विधायक और अन्य स्थानीय नेता मीडिया में आपके खिलाफ अक्सर बोल कर आपको निशाना बनाते हैं। वे आप पर काफी दबाव डालते हैं कि आप गिरफ्तार अपराधियों को छोड़ दें। अंतिम चोट तब मारी गई, जब विधायक ने अप्रत्यक्ष रूप से संकेत दिया कि अगर आपने उनकी इच्छानुसार काम नहीं किया तो आपका परिवार सुरक्षित नहीं भी रह सकता है। आप अब और चुप नहीं रहने का फैसला करते हैं और आपको निशाना बनाए जाने के बारे में मीडिया से बात करना चाहते हैं। लेकिन आप इस बात से भी वाकिफ हैं कि लोक सेवा आचरण नियमों के अनुसार, ऐसे मामलों में मीडिया के समक्ष जाने की मनाही है।

प्रश्न

1. आपके पास क्या विकल्प उपलब्ध हैं ?
2. हरेक विकल्प के गुण-दोष की पहचान करें और सर्वोत्तम विकल्प को औचित्य बताते हुए चुनें।

केस स्टडी: 57

आप नेपाल की सीमा पर स्थित एक शहर के जिला मजिस्ट्रेट हैं। नेपाल में नया संविधान अपनाए जाने के बाद, नेपाल के सीमावर्ती जिलों में कुछ समूहों द्वारा काफी अशांति फैलाई जा रही है। इस अशांति का असर आपके शहर पर भी पड़ने लगा है और स्थानीय नेपाली-समुदाय के लोग भारत-विरोधी प्रदर्शन और नारेबाजी में लिप्त हो गए हैं। उनका आरोप है कि नेपाल में संकट के समाधान के लिए भारत सरकार द्वारा कार्रवाई नहीं की जा रही है। पिछले हफ्ते, उन्होंने भारतीय ध्वज को जला दिया और यहां तक कि पुलिस पर पथराव भी किया। पुलिस को बाध्य होकर गोलीबारी करनी पड़ी, जिसमें दो नेपाली प्रदर्शनकारियों की जान चली गई। केंद्र सरकार ने राज्य सरकार को स्थिति को तुरंत काबू में करने के लिए कहा है, क्योंकि इससे भारत-नेपाल कूटनीतिक संबंधों पर नकारात्मक असर पड़ रहा है।

प्रश्न

1. स्थिति से निपटने के लिए आप क्या कदम उठाएंगे?
2. क्या उक्त मामले में राज्य पुलिस द्वारा गोलीबारी को सही ठहराया जा सकता है? कारण बताएं।
3. आप क्या दीर्घकालीन उपाय कर सकते हैं ताकि ऐसी परिस्थितियां फिर से पैदा न हों?

केस स्टडी: 58

आपको हाल में ही उड़ीसा के एक तटवर्ती शहर में जिला मजिस्ट्रेट के रूप में तैनात किया गया है। मौसम विभाग की ओर से चेतावनी दी गई है कि शहर की ओर भारी तूफान आने वाला है और तीन दिनों में यह जमीन पर आ जाएगा। जब आप जिला आपात प्रबंधन प्राधिकरण (डी.डी.एम.ए.) की बैठक बुलाने की योजना बनाते हैं, तो आप गौर करते हैं कि इसके कई पद रिक्त हैं। यह भी कि डीडीएमए ने शहर में कोई तैयारी नहीं की हुई है या हालात से निपटने की योजना नहीं बनाई है। इस कारण शहर के लोगों में जागरूकता का पूरा अभाव है कि तूफान के दौरान क्या करना चाहिए और क्या नहीं करना चाहिए। इसी बीच, राज्य सरकार ने आपको यह सुनिश्चित करने का निर्देश दिया है कि तूफान के कारण किसी की जान न जाए।

प्रश्न

1. इस स्थिति में, आने वाले तूफान के कारण नुकसान को कम-से-कम करने के लिए आप तुरंत क्या कदम उठाएंगे?
2. वे दीर्घ-कालीन उपाय क्या हैं, जिसे किए जाने की जरूरत है?

केस स्टडी: 59

आप हाल ही में एक बड़े रेलवे स्टेशन के स्टेशन मैनेजर बनाए गए हैं। यह स्टेशन रोजाना सैकड़ों ट्रेनों का संचालन करता है, और यहां प्रतिदिन एक लाख से भी ज्यादा यात्री आते हैं। बहरहाल, आपको यह देखकर आश्चर्य होता है कि स्टेशन गंदगी से भरा पड़ा है, कूड़ेदान से कूड़ा बाहर बिखरा हुआ है और शौचालयों में सफाई का अत्यंत अभाव है। जब आप अपने स्टाफ से इस बारे में पूछते हैं, तो वे कहते हैं कि उन्हें कम पगार मिलती है और उन पर काम का काफी बोझ है, और वे इतने बड़े स्टेशन को संभवत: नहीं संभाल सकते हैं। वे यह भी शिकायत करते हैं कि यात्रियों का बड़ा खराब रवैया है और वे स्टेशन पर कूड़ा व गंदगी फेंक देते हैं। इसी बीच, स्वच्छ भारत अभियान के तहत, भारतीय रेलवे ने प्लेटफॉर्मों पर स्वच्छता के स्तर को सुधारने का फैसला किया है और कहा है कि इस योजना के खराब कार्यान्वयन के लिए स्टेशन मैनेजरों को जवाबदेह माना जाएगा।

प्रश्न

1. स्वच्छ भारत के तहत फंड का आप अपने स्टेशन में स्वच्छता सुधारने के लिए कैसे उपयोग करेंगे? अपनी कार्रवाई की दो प्राथमिकताओं की पहचान करें।
2. कई यात्रियों की रेलवे प्लेटफार्मों पर ही कूड़ा-कचरा फैलाने की आदत होती है। इसे कैसे न्यूनतम किया जा सकता है? एक नया समाधान बताएं।

केस स्टडी: 60

आप उत्तराखंड में जिला मजिस्ट्रेट (डी.एम.) बनाए गए हैं। पारिस्थितिकीय रूप से कमजोर क्षेत्रों में भवनों और होटलों के अंधाधुंध निर्माण के कारण राज्य में हाल में भयंकर पर्यावरणीय आपदा आई थी। अनुगामी कदम के रूप में, राज्य सरकार ने तमाम डी.एम. से कहा है कि ऐसे क्षेत्रों में सभी आवासीय एवं व्यावसायिक भवनों के निर्माण परमिट की फिर से जांच की जाए। अपने जिले में ऐसी जांच के दौरान, आप पाते हैं कि नियमों और मानकों के अनेक उल्लंघन किए गए हैं। आप इन भवन निर्माताओं के खिलाफ कड़ी कार्रवाई करने का फैसला करते हैं, जिसमें इन अवैध ढांचों को तोड़ा जाना भी शामिल है। बहरहाल, आप गौर करते हैं कि इनमें से कई अवैध भवनों में चैरिटेबल अस्पताल और शैक्षणिक संस्थान चल रहे हैं। अगर इन भवनों को ध्वस्त किया गया तो जिले की स्वास्थ्य एवं शैक्षणिक सुरक्षा पर काफी बुरा असर पड़ेगा। इतना ही नहीं, जिले में बहुत वैकल्पिक जगह भी उपलब्ध नहीं है, जहां इन अस्पतालों और स्कूलों को पुनर्स्थापित किया जा सके।

प्रश्न

1. इस स्थिति में आप क्या करेंगे? इस मामले में निहित नीति-शास्त्रीय और आचार संगत दुविधा की व्याख्या करें।
2. क्या यह सामाजिक विकास और पर्यावरण रक्षा के बीच सौदेबाजी का मामला है? परखें।

केस स्टडी: 61

आप एक पिछड़े राज्य के विकास आयुक्त हैं। इस राज्य का बजट घाटा काफी है। कई प्रयासों के बाद, राज्य ने एक अंतरराष्ट्रीय बहुपक्षीय वित्तीय संस्थान को कम ब्याज दरों पर दीर्घ कालीन कर्ज देने के लिए राजी किया है। बहरहाल, वित्तीय संस्थान ने कर्ज के लिए यह शर्त रखी है कि राज्य सरकार शिक्षा एवं स्वास्थ्य जैसे अहम क्षेत्रों में सरकारी खर्च कम करेगी और इन क्षेत्रों में प्राइवेट खिलाड़ियों को प्रोत्साहित करेगी। अतिरिक्त शर्त यह है कि प्राइवेट कंपनियों को राज्य में बाजार से कम दरों पर लीज पर जमीन मिलनी चाहिए। राज्य सरकार इन शर्तों के एकदम खिलाफ है, लेकिन उसके पास कोई विकल्प नहीं है। आखिरी कोशिश के तौर पर, एक वार्ताकार टीम बनाई जाती है ताकि वित्तीय संस्थान को समझाया जा सके कि उसकी मांगें अवास्तविक हैं। आपको इस वार्ताकार टीम का प्रमुख बनाया गया है।

प्रश्न

1. आप अपनी टीम को वार्ता के लिए कैसे तैयार करेंगे? वे कौन-से क्षेत्र हैं, जिन पर आप वार्ता के दौरान जोर डालेंगे?
2. मान लें कि आपके सर्वोत्तम प्रयासों के बावजूद, कर्जदाता संस्थान शर्तों को लेकर अड़ियल बना रहता है। अब आप राज्य सरकार से क्या सिफारिश करेंगे—शर्तों को मान लें और कर्ज ले लें, अथवा शर्तों को नकार दें और राजस्व घाटे में बने रहें? खुलासा करें।

केस स्टडी: 62

आप एक शहर के जिला मजिस्ट्रेट हैं। जिले के सरकारी दफ्तरों की रूटीन जांच के दौरान, आप गौर करते हैं कि सार्वजनिक सेवा की गुणवत्ता बहुत खराब है। कई विभागों ने अपने दफ्तरों में नागरिक संहिता (सिटीज़न चार्टर) नहीं लगाई हैं, और जिन दफ्तरों में ऐसा चार्टर लगाया गया है, वह अधूरा है, उसे अद्यतन नहीं किया गया है और उसका कभी भी पालन नहीं किया जाता है। जन असंतोष बहुत ज्यादा है और वाजिब कारणों से है। यह सब इस तथ्य के बावजूद है कि राज्य सरकार ने दो साल पहले ही तमाम सरकारी दफ्तरों के लिए सिटीज़न चार्टर लगाना अनिवार्य कर दिया था। आपने इस मसले को प्राथमिकता से उठाने का निर्णय किया है।

प्रश्न

1. अच्छे सिटीज़न चार्टर में क्या चीजें रहती हैं?
2. यह सुनिश्चित करने के लिए कि तमाम सरकारी विभागों में एक अच्छा सिटीज़न चार्टर लगे, आप इस प्रक्रिया को कैसे आगे बढ़ाएंगे? मुख्य कदमों की रूपरेखा पेश करें।

केस स्टडी: 63

आप भारत सरकार के एक मंत्रालय के तहत एक स्वायत्त संगठन के निदेशक हैं। आपके एक संयुक्त निदेशक बहुत सक्षम हैं और अपने काम के प्रति बड़े ईमानदार हैं। आप उनके काम

करने के तरीके को भी पसंद करते हैं। एक दिन वह अपने डिवीजन में हाल में उप-निदेशक के पद पर आए अपने कनिष्ठ अधिकारी के बारे में अहम चर्चा करने के लिए आए। चर्चा के दौरान, संयुक्त निदेशक ने बताया कि उप-निदेशक घमंडी और तुनकमिजाज हैं। वह अनुसूचित जाति के हैं और गुटबाजी में शामिल रहते हैं। वह अपना काम करने में काफी खराब हैं और दिए गए कामों को कभी भी समय पर पूरा नहीं करते हैं। संयुक्त निदेशक ने यह भी इंगित किया कि डिवीजन में काम का काफी नुकसान हो रहा है और संगठन के सहज ढंग से काम करने के लिए इस मामले में तुरंत कार्रवाई की जरूरत है।

आप उप-निदेशक से उनके खिलाफ लगाए गए आरोपों के बारे में स्पष्टीकरण मांगते हैं। उप-निदेशक ने अपने खिलाफ लगाए गए तमाम आरोपों से इंकार कर दिया है। इसके विपरीत, वह आरोप लगाते हैं कि जाति के आधार पर उनके साथ भेदभाव किया जा रहा है। फिर, उन्होंने आशंका जताई कि संयुक्त निदेशक उनके ए.सी.आर. को खराब कर देंगे, जो उनके प्रमोशन और वरीयता को बाधित करेगा। उन्होंने संयुक्त निदेशक के खिलाफ कार्रवाई करने की मांग की है। उन्होंने यह भी धमकी दी है कि अगर हफ्ते भर में कार्रवाई नहीं की जाती है, तो वह न्याय प्राप्त करने के लिए अनुसूचित आयोग जाएंगे।

प्रश्न

1. समस्या को हल करने के लिए आप क्या कदम उठाएंगे?
2. दोनों अधिकारियों को समझाने के लिए आप क्या और कैसे करेंगे?
3. चूंकि मामला काफी संवेदनशील है, इसलिए संगठन में अनुकूल माहौल बनाने के लिए आप क्या रणनीति अपनाएंगे?

केस स्टडी: 64

आप एक प्रोजेक्ट के प्रमुख हैं। आप संबंधित कार्यों को पूरा करने के लिए कई लोगों को नियुक्त करते हैं। बहरहाल, टीम का एक कार्यकर्ता दिक्कत पैदा करने वाला है। वह टीम के अन्य सदस्यों को दिए गए कामों को समय पर पूरा न करने के लिए उकसाता है। वह अपने सहयोगियों को यह कह कर समझाने की कोशिश करता है कि अगर वे प्रोजेक्ट के काम में देर नहीं करेंगे, तो मालिक प्रोजेक्ट की अवधि को नहीं बढ़ाएंगे और उस हालत में, वे अपनी नौकरियां गंवा बैठेंगे। मुश्किल यह भी है कि मालिक के तौर पर आप इस प्रोजेक्ट में उस शख्स द्वारा और दिक्कतें खड़ी करने के दम को जानते हैं।

प्रश्न

1. आपके पास क्या विकल्प उपलब्ध हैं?
2. इस स्थिति को सुधारने के लिए आप क्या विकल्प अपनाएंगे? कारण बताएं।

केस स्टडी: 65

आप एक संगठन में प्रशासकीय अधिकारी हैं। एक दिन एक महिला कर्मी आपके पास आईं और शिकायत की कि सहायक प्रशासकीय अधिकारी उन्हें तंग कर रहे हैं। और तथ्य है कि

आरोपी अधिकारी आपके संगठन के प्रमुख के बहुत करीबी हैं। महिलाकर्मी स्थायी कर्मचारी नहीं हैं, और इसलिए वह एकदम असुरक्षित हैं। वह मौजूदा श्रम कानूनों और नौकरी सुरक्षा प्रावधानों द्वारा संरक्षित नहीं हैं।

वह जानती हैं कि अगर उन्होंने लिखित शिकायत दी तो उन्हें काम से निकाला जा सकता है। आपकी समस्या यह है कि उनकी ओर से लिखित शिकायत के बिना आप कुछ कर नहीं सकते हैं।

प्रश्न

इस स्थिति में, आप उनकी शिकायत को लेकर कैसे आगे बढ़ेंगे?

केस स्टडी: 66

आप एक पुलिस स्टेशन के प्रभारी हैं। एक दिन, आपको पता चलता है कि आपके एक कनिष्ठ अधिकारी ने हत्या करने के आरोप में एक लड़के को गिरफ्तार किया है। उस अधिकारी ने लड़के को वयस्क अदालत/सत्र अदालत में मजिस्ट्रेट के समक्ष पेश किया है। चूंकि पुलिस रिपोर्ट में उस लड़के की उम्र 18 साल से ज्यादा दर्ज थी, इसलिए उसे उस अदालत में पेश किया गया। परिणामस्वरूप, उसे जेल भेज दिया गया। इस घटना के साल भर बाद, एक दिन आपको इस तथ्य का पता चलता है कि जब उस लड़के ने कथित रूप से वह वारदात की, तब उसकी उम्र 17 साल थी और वह गलती से जेल भेजा गया। बाल अधिकारों के प्रति संवेदनशील और समर्पित पुलिस अधिकारी होने के नाते, आपने इसकी पड़ताल की। आपने पाया कि शुरुआती गलती आपके पुलिस स्टेशन में आपके कनिष्ठ अधिकारी द्वारा की गई। आपको यह भी पता चलता है कि आपके कनिष्ठ अधिकारी किशोर न्याय कानून से संबंधित नियमों, प्रक्रियाओं, भूमिकाओं और जिम्मेदारियों से पूरी तरह अनभिज्ञ हैं। फिर, आपने यह भी देखा कि इस मामले में इस प्रतिकूल स्थिति के लिए मुख्य रूप से अदालत में गलत रिपोर्ट देना जिम्मेदार है। वास्तव में, इस केस में गलत रिपोर्ट देना ही दंड का आधार बना। किशोर न्याय अधिनियम के अनुसार अपराध किए जाने की तारीख को यदि कोई व्यक्ति 18 साल से कम उम्र का पाया जाता है, तो उसका केस किशोर न्याय बोर्ड को भेजा जाएगा और उसे निरीक्षण गृह में हिरासत में रखा जाएगा और उसे किसी भी मामले में वयस्क अदालत में नहीं भेजा जाएगा। लेकिन दुर्भाग्य से इस केस में पुलिस की कार्रवाई कानून के खिलाफ थी।

प्रश्न

1. आप यह कैसे सुनिश्चित करेंगे कि लड़के को न्याय मिले?
2. आप अपने अधिकारी के खिलाफ क्या कार्रवाई करेंगे?

केस स्टडी: 67

एक ऑटो चालक के 15 साल के बेटे रतन को उसका दोस्त काम की तलाश में एक दूसरे गांव में ले गया। उसे एक घरेलू नौकर का काम मिल गया और उसने कुछ पैसा कमाने, फिर घर लौटने की योजना बनाई। उससे कहा गया कि उसकी पगार उसके घर पर उसके पिता के

पास भेज दी गई, लेकिन यह सच नहीं था। दो साल की कड़ी मेहनत और शोषण को झेलने के बाद, रतन अपने गांव भाग गया। उसे यह जानकर आश्चर्य हुआ कि उसके पिता साल भर पहले गुजर चुके हैं और इसकी सूचना उसके नियोक्ता को दे दी गई थी। निराश और भ्रमित होने के कारण, रतन ने आत्महत्या करने की कोशिश की, लेकिन उसके एक दोस्त ने उसे रोक लिया और उसे बाल मजदूरों के कल्याण के लिए काम करने वाले एक एन.जी.ओ. के पास ले गया। रतन ने घटना के बारे में विस्तार से बताया और उसके नियोक्ता के खिलाफ कार्रवाई का आग्रह किया। एन.जी.ओ. के प्रतिनिधि इस मामले को जिला श्रमिक कल्याण विभाग के पास लाए हैं और आप इस विभाग में श्रमिक कल्याण अधिकारी के रूप में काम कर रहे हैं।

प्रश्न

1. ऐसी स्थिति में आप क्या करेंगे?
2. रतन के मामले में क्या-क्या मुद्दे शामिल हैं?

केस स्टडी: 68

आपने भारत सरकार के एक विभाग में अध्यक्ष के रूप में कार्यभार संभाला है। आप इस विभाग में महिलाओं के प्रशिक्षण एवं रोजगार कार्यक्रम को समर्थन योजना (एस.टी.ई.पी.) के कार्यान्वयन के लिए जिम्मेदार हैं। इस प्रोजेक्ट के तहत, आपके विभाग ने पहले ही एक एन.जी.ओ. को इस योजना को तीन साल तक कार्यान्वित करने के लिए 3 करोड़ रुपए मंजूर किए हैं। प्रोजेक्ट पूरा होने के ठीक बाद, आपके विभाग ने प्रोजेक्ट के मूल्यांकन का आदेश दिया है। इस वक्त तक, कार्यान्वयन एजेंसी ने प्रोजेक्ट की अवधि छह माह बढ़ाने के लिए आग्रह किया है। इसके बाद, एक स्वतंत्र एजेंसी ने प्रोजेक्ट का मूल्यांकन किया है और अपनी रिपोर्ट दी है। इस रिपोर्ट के परिणामों और सिफारिशों से निम्न मुद्दे सामने आए :

- प्रोजेक्ट ने कुछ हद तक अपने उद्देश्य हासिल कर लिए हैं। लाभान्वितों की संख्या के हिसाब से, लक्षित समूहों का चयन दिशा-निर्देशानुसार प्राप्त कर लिया गया है।
- योजना में जैसा बताया गया था, न तो राज्य सरकार के वरिष्ठ अधिकारियों की निगरानी समिति बनाई गई और न ही प्रोजेक्ट के कार्यान्वयन की निगरानी की गई।
- लाभान्वितों को समर्थन सेवाएं नहीं दी गईं। वर्तमान में उपलब्ध आधारभूत ढांचे का उपयोग कार्यान्वयन एजेंसी के प्रयास के अभाव में नहीं किया जा सका।
- एस.एच.जी. का संघ सिर्फ कागजों पर बनाया गया, जबकि संघ को कार्यशील बनाना जरूरी था ताकि कार्यान्वयन एजेंसी की संलिप्तता कम-से-कम की जा सके और प्रोजेक्ट के पूरा हो जाने के बाद उसकी भूमिका परामर्शदाता तक सीमित की जा सके। इस तरह, प्रोजेक्ट को जारी रखने के पक्ष को नजरअंदाज किया गया।
- चूंकि इस प्रोजेक्ट के तहत लाभान्वित होने वाले परिवारों के कई बच्चे हथकरघा कार्य में शामिल पाए गए और अपनी शिक्षा से वंचित रह गए, इसलिए इस बात की तत्काल जरूरत है कि बाल श्रम की समस्या और इन बच्चों की शैक्षणिक जरूरत का समाधान किया जाए।

- प्रोजेक्ट के प्रशासकीय खर्चों की लागत ज्यादा पाई गई। प्रोजेक्ट को कम खर्चीला और उद्देश्यपूर्ण बनाने के लिए इस लागत को घटाया जाना चाहिए।

प्रश्न

1. उपर्युक्त के मद्देनजर, आप क्या कदम उठाएंगे?
2. लाभान्वितों के बच्चों की शिक्षा सुनिश्चित करने के लिए योजना में क्या प्रावधान किए जाने चाहिए?

केस स्टडी: 69

मोहन एक सोसाइटी के आवास कल्याण संघ (आर.डब्ल्यू.ए.) के अध्यक्ष हैं। आपकी सोसाइटी के एक घर में रहने वाले परिवार की ओर से हाल में उन्हें एक शिकायत मिली है। एक धार्मिक समूह ने ग्राउंड फ्लोर पर एक घर किराये पर लिया है। उनके अभ्यासों की वजह से, घर में काफी शोर होता है, जिससे उस परिवार की शांति रोजाना भंग होती है। मोहन ने धार्मिक समूह को इस समस्या के बारे में बताया और उन्होंने आश्वस्त किया कि वे इसे नियंत्रण में रखेंगे। बहरहाल, स्थिति अभी भी वैसी ही है।

प्रश्न

1. मोहन का अगला कदम क्या होना चाहिए? नीचे दिए गए विकल्पों के गुण-दोष का मूल्यांकन करें:
   (ए) धार्मिक समूह से एक बार फिर बात करें और आखिरी चेतावनी जारी कर दें।
   (बी) आप कुछ नहीं करेंगे, क्योंकि हरेक समुदाय को अपने धार्मिक रिवाजों का अनुसरण करने का हक है।
   (सी) पुलिस के पास जाएं और धार्मिक समूह के खिलाफ शिकायत दर्ज कराएं।
   (डी) धार्मिक समूह को यथाशीघ्र परिसर को खाली करने के लिए कहें।

केस स्टडी: 70

भारत में एक प्रमुख ऑटोमोबाइल कंपनी में आप एक जूनियर मैनेजर हैं। कंपनी ने हाल में कुछ ऐसी नीतियां शुरू की हैं, जिससे श्रमिकों की तनख्वाहों पर प्रतिकूल असर पड़ा है। जब आप इस मामले को वरिष्ठ प्रबंधन के साथ उठाते हैं, तो वे आपसे कहते हैं कि फर्म को हाल में हुए नुकसानों के कारण ये बदलाव जरूरी थे। कामगार इस फैसले से बड़े क्षुब्ध हैं और मजदूर संघ ने हड़ताल करने का फैसला किया है। वरिष्ठ प्रबंधन ने कामगारों को बार-बार काम पर लौटने के लिए कहा, लेकिन कोई असर नहीं हुआ और अब उन्होंने आपको कामगारों के साथ बातचीत करने के लिए मध्यस्थ बनाया है।

प्रश्न

1. आपके पास क्या विकल्प उपलब्ध हैं, जिनके जरिए आप कामगारों और फर्म के हितों में संतुलन बना सकेंगे?

2. इन विकल्पों में से हरेक का मूल्यांकन करें और औचित्य बताते हुए सबसे अच्छे विकल्प को चुनें।

केस स्टडी: 71

सॉफ्टवेयर बनाने वाली एक प्रमुख फर्म में आप सॉफ्टवेयर इंजीनियर के रूप में काम कर रहे हैं। आप एक अत्यंत अहम मॉड्यूल पर काम कर रही ग्लोबल टीम का हिस्सा थे। इस मॉड्यूल की समय-सीमा बड़ी कड़ी थी। प्रोजेक्ट की समय-सीमा के एक दिन के पूर्व, मॉड्यूल की रूटीन जांच के दौरान, आपने गौर किया कि आपकी टीम द्वारा लिखे गए कोड में कुछ मसले हैं, जो मॉड्यूल की कार्यशीलता को प्रतिकूल ढंग से प्रभावित कर सकते हैं। इस मसले को सुलझाने में कम-से-कम एक हफ्ता लगेगा। आप इस मामले की जानकारी प्रोजेक्ट मैनेजर को देते हैं, लेकिन वह मॉड्यूल शुरू किए जाने पर जोर देते हैं, क्योंकि उक्त मसले के कारण जो कार्यशीलता प्रभावित होगी, उसका इस्तेमाल विरले ही किया जाएगा। इतना ही नहीं, वह कहते हैं कि मॉड्यूल समय पर पूरा किया जाना चाहिए, अन्यथा फर्म के भारतीय विकास केंद्र के भविष्य पर बहुत बुरा असर पड़ेगा।

प्रश्न

1. उक्त मामले में क्या विविध दुविधाएं हैं ?
2. क्या विविध विकल्प उपलब्ध हैं ? आप क्या विकल्प चुनेंगे और क्यों ?

केस स्टडी: 72

आप एक बड़े शहर के जिला अधिकारी हैं। रोजगार और आजीविका के स्रोत के कारण, ग्रामीण क्षेत्रों से बहुत सारे लोग दिहाड़ी मजदूर के रूप में काम करने आते हैं। उन्होंने शहर के बाहरी इलाकों में अस्थायी टेंट और झुग्गियां बनाई हैं और वे उनमें अपने परिवार के साथ रह रहे हैं। हाल में, राज्य सरकार ने शहर में मेट्रो स्टेशन बनाने के लिए शहर के बाहरी हिस्से की जमीन (जिस पर टेंट और झुग्गियां हैं) को खाली करवाने को कहा है। आपसे कहा गया है कि इस जमीन को टेंटों और झुग्गियों से मुक्त कराने के लिए अतिक्रमण के खिलाफ अभियान चलाया जाए। लेकिन आप यह भी जानते हैं कि ऐसे कदम से ये गरीब लोग और उनके परिवार बेघर हो जाएंगे।

प्रश्न

आप क्या करेंगे ? नीचे दिए गए विकल्पों के गुण-दोष का मूल्यांकन करें :
- मुख्य सचिव को लिखें और उनसे इस शहर में मेट्रो शुरू करने की योजना को बंद करने का आग्रह करें।
- झुग्गी वालों से कहें कि वे अपने गांवों में लौट जाएं और वहीं कमाई करें।
- अपने वरिष्ठ से दिशा-निर्देश लें।
- अपने अधीनस्थ अधिकारियों को तोड़-फोड़ की मुहिम छेड़ने का काम दे दें और इस तरह अपने कनिष्ठ अफसरों को जिम्मेदारी सौंप दें।

केस स्टडी: 73

आप एक ऐसे जिले के पुलिस अधीक्षक हैं, जो लूट और फिरौती के लिए कुख्यात है। एक दिन, जब आप सुबह में टहल रहे थे, तो आपने देखा कि कुछ लोगों का समूह कथित फिरौती मांगने वाले एक शख्स को निर्दयता से पीट रहा था। इस शख्स को उन लोगों ने अपने पड़ोस से पकड़ा था। चूंकि आप पुलिस वर्दी में नहीं हैं, इसलिए भीड़ आपको नहीं पहचान पाती है और वे अभियुक्त को पीटना जारी रखते हैं। जब आप भीड़ से पूछते हैं कि वे दोषी को पुलिस स्टेशन क्यों नहीं ले जाते हैं, तो वे कहते हैं कि वे देश की धीमी न्यायिक प्रक्रिया से आजिज आ गए हैं और उन्हें पक्का पता है कि एक बार इस शख्स को पुलिस स्टेशन ले गए, तो यह जल्द ही जमानत पर छूट जाएगा और फिर से लूटने और फिरौती लेने का काम शुरू कर देगा।

प्रश्न

1. इस स्थिति में आपकी तात्कालिक प्रतिक्रिया क्या होगी?
2. दीर्घकाल में, आप यह कैसे सुनिश्चित करेंगे कि आपके जिले में न्याय प्रदान करने में तेजी लाई जाए?

केस स्टडी: 74

आप एक पिछड़े जिले के सिविल सर्जन हैं। इस जिले में हाल में डेंगू के काफी मामले सामने आए हैं। जिला अस्पताल में 20 से भी ज्यादा बच्चों की मौत हो चुकी है और स्थिति बेहद गंभीर है। मरीजों के परिवार शिकायत कर रहे हैं कि अस्पताल में पर्याप्त बिस्तर नहीं हैं, इस कारण उन्हें भर्ती नहीं किया जा रहा है। उनका आरोप है कि डॉक्टरों और मेडिकल स्टाफों का मरीजों के प्रति रवैया भी काफी कठोर है। आपने डॉक्टरों और स्टाफों को निर्देश जारी किया है कि वे अपनी-अपनी छुट्टियां रद्द कर दें और हमेशा अस्पताल में मौजूद रहें। बहरहाल, डॉक्टर और मेडिकल स्टाफ शिकायत कर रहे हैं कि उन पर काफी काम लाद दिया गया है और अपना काम एकदम सही ढंग से करने के लिए उन्हें पर्याप्त आराम की जरूरत है। डॉक्टर धमकी दे रहे हैं कि यदि उन्हें लंबे समय तक काम करने के लिए बाध्य किया गया तो वे हड़ताल पर चले जाएंगे।

प्रश्न

1. क्या आप सोचते हैं कि डॉक्टरी जैसे पेशे में, डॉक्टरों को हड़ताल पर जाने की इजाजत मिलनी चाहिए?
2. इस स्थिति से आप कैसे निपटेंगे?
3. आपके पास क्या विकल्प उपलब्ध हैं? हरेक विकल्प के गुण-दोष का मूल्यांकन करें।

केस स्टडी: 75

आप मध्याह्न भोजन (एम.डी.एम.) कार्यक्रम के एक मूल्यांकन अधिकारी हैं। आप एक सरकारी स्कूल में मध्याह्न भोजन सेवा का मूल्यांकन करने जाते हैं। मध्याह्न भोजन केंद्रीकृत रसोईघर से

प्राप्त किया जा रहा था और दोपहर की छुट्टी के दौरान बच्चों को भोजन दिया जा रहा था। जो बच्चे अपने घर से अपना भोजन लाए थे, वे मध्याह्न भोजन में रुचि नहीं ले रहे थे। जो बच्चे अपना खाना नहीं लाए थे, उनके पास मध्याह्न भोजन लेने के अलावा कोई विकल्प नहीं था। आपने गौर किया कि बच्चे भोजन लेने के प्रति उत्साहित नहीं थे। वे बस कृतज्ञता के नाते भोजन ले रहे थे। वे भोजन का आनंद नहीं ले रहे थे और उनमें से कुछ तो भोजन को बर्बाद कर रहे थे। स्कूल के अधिकारियों ने आपसे भोजन का स्वाद लेने का आग्रह किया और आपने ऐसा ही किया। आपने पाया कि भोजन का स्वाद खराब है और आनंदकर नहीं है। इस योजना में जितनी धनराशि लगाई जा रही है और जितने लोग इसमें काम कर रहे हैं, उसे देखते हुए आप महसूस करते हैं कि यह एकदम बर्बाद जा रहा है, क्योंकि बच्चे भोजन का आनंद नहीं ले रहे हैं, जबकि यह सिर्फ उन्हीं के लिए है।

मध्याह्न भोजन में बच्चों के लिए पोषण तत्वों को ध्यान में रख कर भोजन-सूची बनाई जाती है। एम.डी.एम. के जरिए कई किस्म के भोजन परोसे जाते हैं। एम.डी.एम. का मकसद है कि इस बहाने बच्चे स्कूल में बने रहें। इस योजना में तमाम पहलुओं पर अहमियत देने के बावजूद, यह अपने लक्ष्य को पाने में नाकाम है।

प्रश्न

1. इस परिदृश्य में, उक्त समस्या का हल निकालने के लिए आप अपनी ओर से क्या करेंगे?

केस स्टडी: 76

आप जिला बाल रक्षा अधिकारी और भारत सरकार की एकीकृत बाल सुरक्षा योजना (आई.सी.पी.एस.) के तहत बाल रक्षा के लिए जिला श्रम समिति के अध्यक्ष हैं। इस योजना को राज्य सरकार द्वारा बाल अनुरक्षण संस्थाओं (सी.सी.आई.) के जरिए लागू किया जाता है। सी.सी.आई. के लिए धन सरकार द्वारा दिया जाता है और इसका उपयोग उन बच्चों के लिए किया जाता है, जो या तो अनाथ हैं या अपने ऊपर छोड़ दिए गए हैं। इन संस्थानों का मुख्य कार्य इन बच्चों की देखभाल करना और रक्षा करना तथा उनके अभिभावक के तौर पर काम करना है। आप एक कार्यशील योजना के आंकड़े जुटाने के लिए ऐसी ही एक संस्था में जाते हैं। प्रोजेक्ट के एक हिस्से के रूप में, बच्चों और इन सी.सी.आई. के विविध पक्षकारों, दोनों से बातचीत करते हैं। बच्चों से बातचीत के दौरान, वे खुलासा करते हैं कि अधिकारी उनका बुरी तरह शारीरिक शोषण कर रहे हैं। बच्चे चाहते हैं कि इस बारे में कुछ किया जाए, लेकिन साथ ही वे अधिकारियों से डरे हुए हैं और वे नहीं चाहते हैं कि अधिकारियों को यह पता चले कि उन्होंने उनके बारे में शिकायत की है। बच्चों ने आपसे उम्मीद जताई और आप भी उनकी मदद करना चाहते हैं।

प्रश्न

1. बच्चों के हित और उनकी सुरक्षा के मद्देनजर, आप स्थिति से कैसे निपटेंगे?

केस स्टडी: 77

आप राज्य सरकार के समाज कल्याण विभाग के निदेशक के रूप में नियुक्त हैं। विभाग प्रमुख होने के नाते, आपको बाल विकास प्रोजेक्ट अधिकारी (सी.डी.पी.ओ.) के खिलाफ कई शिकायतें

मिल रही हैं। यह अधिकारी आपके नियंत्रण के तहत आई.सी.डी.एस. प्रोजेक्ट की कार्यालयाध्यक्ष हैं। वे ही सामग्रियां लेती और बांटती हैं। सी.डी.पी.ओ. भ्रष्टाचार में लिप्त हैं, जैसे वह आंगनबाड़ी केंद्रों में बच्चों के लिए पोषक सामग्रियों की गुणवत्ता और मात्रा से भी समझौता करने से नहीं हिचकती हैं। ऐसे कदाचार को रोकने के लिए आप इस अधिकारी से कई बार बात करते हैं, लेकिन वह अपनी सोच नहीं बदलती हैं। आपको उनके खिलाफ शिकायत करने से डर लगता है, क्योंकि उच्चाधिकारियों के साथ उनकी अच्छी सांठगांठ है। आप उनके खिलाफ शिकायत करने से भयभीत हैं, क्योंकि इससे आपकी अपनी प्रोन्नति में बाधा आ सकती है। आपकी प्रोन्नति शीघ्र होने वाली है, क्योंकि आपके सालों के अनुभव को देखते हुए आप इसके योग्य हैं।

प्रश्न

1. ऐसी स्थिति में, आपके द्वारा क्या कार्रवाई किए जाने की जरूरत है?
2. पूरक पोषण कार्यक्रम को सहजता से चलाने के लिए क्या कदम उठाए जाने की जरूरत है?

केस स्टडी: 78

घरेलू हिंसा के खिलाफ महिलाओं की रक्षा कानून के तहत, आप जिला रक्षा अधिकारी के तौर पर काम कर रहे हैं। आपके घर में काम करने वाली नौकरानी अपनी ननद और उसके पति के हाथों हिंसा की शिकार है। वह उनके साथ साझा घर में रहती है। वे उसके बड़े बेटे (15 साल) के खिलाफ भी कुछ झूठे आरोप लगाते हैं। जब वह अपने परिवार के बड़े लोगों से उनके खिलाफ शिकायत करती है, तो वे उसका समर्थन नहीं करते हैं। इसके बजाय, वे उसी बात पर यकीन करते हैं, जो उसकी ननद और उसके पति कहते हैं। वह उनके खिलाफ पुलिस में भी शिकायत करती है, लेकिन पुलिस भी उसकी बात पर विश्वास नहीं करती है।

उसका पति इस हालत में नहीं है कि वह परिवार के लिए कमा सके या अपने बच्चों की देखभाल कर सके, क्योंकि उसकी तबीयत ठीक नहीं रहती है। उसके पास आजीविका के लिए विभिन्न घरों में काम करने के अलावा कोई विकल्प नहीं है। उसे अपने दो बच्चों को घर में परिवार के उन्हीं सदस्यों की देखरेख में छोड़ कर जाना पड़ता है, जो उसका समर्थन नहीं करते हैं। वह इस बात से भी भयभीत है कि उसकी गैरमौजूदगी में वे उसके बच्चों पर भी शारीरिक अत्याचार कर सकते हैं।

प्रश्न

1. उपर्युक्त स्थिति में, आप अपनी नौकरानी को न्याय दिलाने में कैसे मदद कर सकते हैं?

केस स्टडी: 79

आप एक स्कूल में शिक्षिका हैं। आपने गौर किया कि आपकी कक्षा की एक छात्रा अलग ढंग से व्यवहार कर रही है। वह गुमसुम हो गई है, कक्षा में उसका ध्यान नहीं लगता है, खिड़की से बाहर झांकती रहती है और परीक्षा में उसके ग्रेड भी गिरते जा रहे हैं। आप उससे बात करने का

निर्णय करती हैं। बहरहाल, वह आपके सामने कुछ भी खुलासा नहीं करती है, लेकिन आपको शक है कि उसके साथ कुछ गलत हुआ है। कई बार कोशिश करने पर आप उसका भरोसा जीत पाती हैं और वह आपको बताती है कि उसके दादा उसका यौन शोषण कर रहे हैं। उसके मां-बाप नौकरी करते हैं और वह स्कूल के समय के बाद अपने दादा की देखरेख में रहती है। उसके मां-बाप की अनुपस्थिति में उसके दादा ने उसका यौन शोषण किया और किसी को न बताने की धमकी भी दी। आप इस बात को उसके मां-बाप को बताना चाहती हैं, लेकिन आप लड़की को लेकर भयभीत हैं। आप नहीं चाहती हैं कि वह अपने मां-बाप को यह कहानी बताने के कष्ट से गुजरे और अपना आत्मविश्वास खो दे, क्योंकि वह पढ़ाई में काफी तेज थी, लेकिन इस घटना ने उसकी जिंदगी में दाग लगा दिया है। दादा परिवार के एक करीबी पारिवारिक सदस्य हैं, इसलिए घर में स्थिति और भी भयावह रूप ले सकती है। इससे लड़की को और भी सदमा लग सकता है। आप चाहती है कि उसके मां-बाप आपकी बात पर भरोसा करें और इसमें बच्ची को बहुत शामिल नहीं किया जाए।

प्रश्न

1. उपर्युक्त स्थिति में, आपके समक्ष क्या विकल्प उपलब्ध हैं?
2. बच्ची का आत्मविश्वास वापस लाने के लिए आप क्या करेंगी?

केस स्टडीः 80

आप जिस जिले में डी.एस. हैं, उसके आदिवासी विकास प्रखंड के गांवों में, स्थानीय प्रशासन ने सामाजिक वनीकरण कार्यक्रम के लिए गांववासियों के तमाम चारागाहों को ले लिया है। परिणामस्वरूप, पशुपालन काफी हद तक घट गया है। चूंकि चारागाहों में उद्योगों की जरूरत को पूरा करने के लिए एक प्रजाति के पेड़ लगाए गए हैं, इसलिए इसे (चारागाह) उपयोगी नहीं माना गया। ऐसे पेड़ों से काफी पैसा मिलता है। मगर गांववालों ने इसका विरोध किया। आम सहमति के बावजूद, स्थानीय प्रशासन ने यथास्थिति बनाए रखने का फैसला किया। परिणामस्वरूप, विरोध बढ़ता गया। गांववालों ने पौधारोपण को नष्ट करने के लिए पौधों को उखाड़ना शुरू कर दिया। इस कारण, पुलिस रोज गांववालों को गिरफ्तार करने लगी। प्रखंड विकास अधिकारी ने (बी.डी.ओ.) स्थिति संभालने की भरसक कोशिश की, लेकिन विफल रहे, क्योंकि यह नीतिगत मामला था। इस बारे में फैसले का अभी भी इंतजार था। गांववालों ने पौधारोपण नष्ट करना जारी रखा और प्रशासन ने खुद को असहाय पाया और अब मामला आपके पास है।

प्रश्न

1. चूंकि चारागाह उपयोग में नहीं है, इसलिए तत्काल क्या किए जाने की आवश्यकता है?
2. इस मामले के समाधान में आपकी क्या भूमिका होगी?
3. जिले में सामाजिक वनीकरण कार्यक्रम को प्रोत्साहित करने के लिए आप क्या कार्रवाई सुझाएंगे?

केस स्टडीः 81

हाई स्कूल की एक 15 साल की लड़की को उसके शहर के एक चाचा ने नौकरी देने का वादा किया। लड़की इस चाचा के साथ घर से चली गई। रास्ते में, इस चाचा ने उसका बार-बार यौन शोषण किया और उसे एक वेश्यालय को बेच दिया। एक दिन उस वेश्यालय पर छापा पड़ा। उसे मुक्त कराया गया और उसे एकीकृत बाल रक्षा योजना (आई.सी.पी.एस.) के तहत राज्य सरकार के बाल कल्याण विभाग की भागीदारी में एक एन.जी.ओ. द्वारा चलाए जा रहे आश्रय गृह में भेज दिया गया। इस आश्रय गृह का काम ऐसी लड़कियों को विशेष चिकित्सा सुविधा प्रदान करना, उनकी स्कूल में पढ़ाई की व्यवस्था करना और जीवन में खुशी प्रदान करना था। लेकिन आश्रय गृह के प्रभारी ने उसका अन्य लड़कियों की तरह ही यौन शोषण किया और इस बारे में किसी को न बताने की धमकी दी। जब आश्रय गृह के ही एक कर्मचारी ने चाइल्ड लाइन पर फोन किया तो आश्रय गृह में यौन शोषण का पर्दाफाश हुआ। बच्चियों को रिहा किया गया और आश्रय गृह के प्रभारी को पुलिस द्वारा गिरफ्तार कर लिया गया।

उस लड़की और अन्य बच्चों को किशोर न्याय कानून के अनुसार आई.सी.पी.एस. के तहत जिला बाल कल्याण समिति के समक्ष पेश किया गया। अब यह तय किया जाना था कि इन बच्चियों को देखभाल के लिए कैसे और कहां भेजा जाए। बाल कल्याण समिति ने उन्हें राज्य सरकार के बाल कल्याण विभाग द्वारा संचालित बाल गृह में भेज दिया।

एक बार फिर वह लड़की बाल गृह में महज तीन महीने बिताने के बाद ही एक और यौन शोषण में फंस गई। एक दिन एक जांच टीम ने पाया कि उस लड़की और वह अन्य लड़कियों ने शिकायत की है कि केयरटेकर द्वारा उनका यौन शोषण किया जा रहा है और अन्य कर्मचारी उन पर शारीरिक जुल्म करते हैं। आपकी अध्यक्षता वाले राज्य सरकार के बाल कल्याण विभाग के तहत अधिकतर बाल संरक्षण संस्थानों में इसी तरह की स्थिति है।

प्रश्न

1. ऐसी स्थितियों में, बाल गृहों/आश्रय गृहों में उस लड़की और उस जैसी अन्य लड़कियों के समुचित पुनर्वास में, विभागाध्यक्ष होने के नाते आपकी क्या भूमिका होगी?
2. आपके अधीन संचालित बाल संरक्षण संस्थानों में पोक्सो कानून और किशोर न्याय कानून के सही कार्यान्वयन को सुनिश्चित करने के लिए आप क्या रणनीति अपनाएंगे?

केस स्टडीः 82

हाल ही में आपको दूर-दराज के इलाके का आदिवासी कल्याण प्रखंड विकास अधिकारी बनाया गया है। आपने पाया कि जंगल के आदिवासी गांव वाले कई अवैध गतिविधियों के कारण कई समस्याएं झेल रहे हैं :

1. स्थानीय वन प्रशासन और टाइल फैक्टरियों के मालिकों के बीच व्यावसायिक सौदेबाजी है। दर्जन भर वन्य गांव वन विभाग के श्रमिक शिविर बन गए हैं। गांववासी न सिर्फ कृषि सामानों की लकड़ियों बल्कि जलावन से भी वंचित कर दिए गए हैं। दूसरी ओर, वन क्षेत्र स्थित टाइल फैक्ट्ररियों की भट्ठी में रोजाना एक हजार क्विंटल से भी ज्यादा

लकड़ी जलाई जाती है। इन फैक्ट्ररियों में दिनोंदिन लकड़ी की खपत बढ़ती जा रही है और इतनी ज्यादा हो गई है कि वैध जरिए से इसकी पूर्ति नहीं की जा सकती है। इस तरह, स्थानीय वन प्रशासन की मदद से पेड़ों की अवैध रूप से कटाई चल रही है। भारी मात्रा में अवैध लकड़ियों के भंडार इन फैक्ट्ररियों में देखे जा सकते हैं।

2. इसी तरह से, इस क्षेत्र में मिट्टी का अवैध खनन भी एक बड़ी समस्या बन गया है। टाइल कारखानें स्थानीय खनन विभाग की मदद से इन वन्य गांवों में मिट्टी के अवैध खनन के द्वारा भट्टा बनाने के लिए चिकनी मिट्टी प्राप्त करते हैं। नियम के मुताबिक, गड्ढे 10 फीट से गहरे नहीं होने चाहिए, लेकिन इस वन क्षेत्र में 20 फीट गहरे गड्ढे देखे जा सकते हैं। जब पेड़ों की जड़ों से मिट्टी हटाई जाती है, तो वे पेड़ गिर जाते हैं या सूख जाते हैं। पिछले 10 वर्षों में जहां भी वन भूमि खोदी गई है, गड्ढे अभी भी देखे जा सकते हैं, जहां घास तक नहीं उगती है।

3. आदिवासी गांववासियों के लिए अनेक जनकल्याण योजनाओं पर विशाल धनराशि खर्च की गई है, लेकिन संबंधित लोगों को इन योजनाओं से लाभ नहीं मिला है। इन गांववालों को कृषि सामान, कुएं की खुदाई, गृह निर्माण आदि के लिए ऋण दिए गए। यह देखा गया है कि जो लोग बैलों के लिए ऋण प्राप्त कर सके, वे गाड़ियों के लिए ऋण प्राप्त नहीं कर सके और जिनके पास गाड़ियां थीं, वे बैलों के लिए ऋण नहीं प्राप्त कर सके। कर्मचारियों की देर करने की चाल के कारण, ऋण कभी भी समय पर नहीं मिलता था। यह ऋण ग्रामीण बैंकों के जरिए दिया जाता था। अशिक्षित गांववालों के अंगूठों के छाप सादे कागजों पर लिए जाते थे और उन्हें कारण भी नहीं बताया जाता था। इसके नतीजे के बारे में उन्हें तभी पता चलता था, जब संबंधित अधिकारी किश्तों की वसूली के लिए उनके घर पर आते थे।

   इन आदिवासी गांववालों को गोबर गैस संयंत्र लगाने के लिए पूर्ण छूट दी गई। करीब 150 परिवारों को यह सुविधा दी गई। मगर इनमें से 100 से ज्यादा परिवारों के पास पर्याप्त गोबर (गाय का गोबर) ही नहीं था और जिनके पास गाय का गोबर था, उन्हें यह सुविधा ही नहीं प्रदान की गई।

4. भूमिहीन और बेघर आदिवासियों के लिए आदिवासी आवास योजना के तहत, एक गांव के 10 परिवारों को 15 × 10 फीट के प्लॉट दिए गए, जो कि परिवार और उनके पशुओं के लिए एकदम अपर्याप्त था। इस कारण, इन भूखंडों को लकड़ी की झोंपड़ियों से ढंक दिया गया है। इन गांवों के कुछ गैर-आदिवासी प्रभावशाली लोगों ने इन आदिवासियों के नाम से फायदा उठा लिया और स्थानीय प्रशासन की मिलीभगत से औपचारिकताओं को पूरा कर लिया।

5. गांवों में स्कूल भवन हैं, लेकिन उनमें विद्यार्थी नहीं हैं। कागज पर इन गांवों के लिए स्कूल हैं, लेकिन उनमें शिक्षक नहीं हैं।

6. ये आदिवासी ग्रामीण सहज नहीं हैं और विकास के मौजूदा मॉडल में खुद को योग्य नहीं पाते हैं। उनके सामाजिक मूल्य और विकास की अवधारणाएं गैर-आदिवासियों से एकदम भिन्न हैं, लेकिन उनके साथ भी एक ही तरह से व्यवहार किया जाता है।

प्रश्न

1. उनकी जरूरतों और जीवन की गुणवत्ता के साथ विकास की अवधारणाओं के संबंधों को देख पाना क्या आपके लिए संभव होगा?
2. अगर हां, तो किस तरह की कार्य-योजना की जरूरत है?
3. समस्याओं के समाधान के लिए आप अपनी ओर से क्या सीधी कार्रवाई करेंगे?

केस स्टडी: 83

श्री मनोज कुमार को हाल में तंबाकू बोर्ड का चेयरमैन नियुक्त किया गया है। वह एक बड़े सच्चे और समर्पित अधिकारी हैं। पहले भी वह विविध ऊंचे पदों पर रहे हैं।

तंबाकू भारत में एक महत्वपूर्ण व्यावसायिक फसल है। उत्पादन की दृष्टि से विश्व में इसका तीसरा स्थान है। इसका सालाना उत्पादन लगभग 80 करोड़ किलो है और तंबाकू उत्पादों पर एक्साइज ड्यूटी से राष्ट्रीय राजकोष में करीब 20 हजार करोड़ रुपए प्राप्त होते हैं। इसके अलावा हर साल इससे करीब 5000 करोड़ रुपए के बराबर विदेशी मुद्रा भी प्राप्त होती है। लेकिन हाल में, देश के कुछ भागों में तंबाकू उत्पादन को नुकसान पहुंचा है। तंबाकू पैदा करने वाले किसानों और खेत-मजदूरों ने फसल के खराब होने और बढ़ते कर्ज के कारण आत्महत्या कर ली। सरकार की आर्थिक नीतियों के खिलाफ किसानों ने हड़तालें की हैं और धरने दिए हैं।

श्री कुमार के एक करीबी रिश्तेदार हैं, जो कनाडा में रहते हैं। वह इस रिश्तेदार के लगभग हरेक समारोह में उपस्थित रहे हैं। अपने परिवार के सदस्यों और रिश्तेदारों को 'नहीं' कहने की उनकी प्रवृत्ति नहीं रही है।

हाल में, उन्हें कनाडा से इस खास रिश्तेदार के एक विवाह समारोह में शामिल होने के लिए फोन आया और देश में किसानों की आत्महत्या का संकट और संबंधित आंदोलनों के बावजूद, वह अपने रिश्तेदार की शादी में शामिल होने के लिए कनाडा चले गए।

प्रश्न

1. क्या आप सोचते हैं कि श्री कुमार एक जिम्मेदार अधिकारी हैं? अपने नजरिए का औचित्य बताएं।
2. अगर आप श्री कुमार की जगह होते तो आपने क्या किया होता?

केस स्टडी: 84

श्री अशोक कुमार एक राज्य में मद्य-निषेध प्रवर्तन शाखा के उपाधीक्षक (डी.एस.पी.) हैं। उनका नरेश नामक बचपन का एक दोस्त है, जो अब लाल सैंडर्स कुंदों का तस्कर बन गया है। दोनों फिर भी अच्छे मित्र हैं।

डी.एस.पी. चार-सदस्यीय टीम के साथ एक मद्य-निषेध के मुजरिम और उसके सहयोगियों को पकड़ने गए। श्री कुमार और उनकी टीम ने 4000 लीटर संशोधित स्पिरिट बरामद किया और छापे के दौरान एक वैन को भी जब्त कर लिया। मगर कुख्यात बोतलबंदी करने वाला और उसका सहयोगी भागने में सफल रहे।

केस स्टडीज **89**

डी.एस.पी. ने, नरेश के कहने पर, उन्हीं चार अधिकारियों की टीम के साथ मुर्गीपालन फार्म पर छापा मारा। नरेश ने इस पोल्ट्री फर्म के मालिक को 3.5 करोड़ रुपए के लाल सैंडर्स कुंदे दिए थे, लेकिन वह इसके लिए भुगतान करने अथवा लौटाने से इंकार कर रहा था।

लाल सैंडर्स कुंदों की विशाल मात्रा पाने पर, डी.एस.पी. ने उन चार पुलिसकर्मियों से कहा कि पोल्ट्री फर्म के मालिक के खिलाफ आगे की कार्रवाई के लिए उन्हें अवश्य ही समुचित अधिकारियों को सूचित करना चाहिए। उन्होंने पुलिसकर्मियों से पुलिस वाहन में प्रतीक्षा करने के लिए भी कहा।

उन्हें इस बात का पता नहीं था कि डी.एस.पी. ने पहले ही नरेश को इस छापे के बारे में सूचित कर दिया है। नरेश और उसके आदमी पोल्ट्री फार्म के बाहर ही इंतजार कर रहे थे। जैसे ही डी.एस.पी. और उनकी टीम के लोग फार्म से रवाना हुए, नरेश ने तमाम कुंदों को उठवा लिया।

प्रश्न

1. श्री कुमार जिस सरकारी पद पर हैं, क्या उनकी कार्रवाई उस पद की निष्ठा के अनुकूल है?
2. श्री कुमार को नरेश के साथ कैसे निपटना चाहिए था?

केस स्टडी: 85

आप एक नामी कॉलेज के अकादमिक डीन हैं। आपको हाल में कई मां-बाप से शिकायतें मिली हैं कि एक वरिष्ठ प्रोफेसर का विद्यार्थियों के प्रति व्यवहार बहुत क्रूर है और यहां तक कि वह शारीरिक दंड भी देते हैं। जिस प्रोफेसर के खिलाफ शिकायतें हैं, वह उच्च अकादमिशियन माने जाते हैं, जिनका शैक्षणिक रिकॉर्ड शानदार है और पढ़ाने में श्रेष्ठता के लिए उन्हें राष्ट्रपति पुरस्कार समेत कई पुरस्कार मिल चुके हैं। जब आप इस प्रोफेसर से पूछताछ करते हैं, तो वह स्वीकार करते हैं, लेकिन कहते हैं कि वह महसूस करते हैं कि विद्यार्थियों का अध्ययन में ध्यान लगाने के लिए दंडित करना जरूरी है।

प्रश्न

1. आपके पास उपलब्ध निम्न विकल्पों में से हरेक का मूल्यांकन करें :
   (ए) प्रोफेसर को इस्तीफा देने के लिए कहें।
   (बी) विद्यार्थियों के पास जाएं और उनसे कहें कि विद्यार्थियों की भलाई के लिए प्रोफेसरों को उनके साथ सख्त व्यवहार करने की जरूरत है।
   (सी) प्रोफेसर का अन्य विभाग में तबादला कर दें।
   (डी) आप खुद डीन के पद से इस्तीफा दे दें।
2. आपके पास कोई अन्य विकल्प है, तो उसका उल्लेख करें। आप कौन-सा विकल्प चुनेंगे? औचित्य बताएं।

केस स्टडी: 86

आप एक कार्यालय के प्रभारी हैं, जो पदस्थ सांसदों को सरकारी निवास आवंटित करने का निरीक्षण करता है। आप पाते हैं कि तमाम सांसदों को निवास आवंटित करना बहुत चुनौती भरा है, क्योंकि सही बंगलों की कमी है। इसी बीच, आपको यह बताया जाता है कि कुछ पूर्व सांसद आवंटित सरकारी निवासों को खाली नहीं कर रहे हैं, जबकि वे इसके हकदार नहीं हैं। इन पूर्व सांसदों को कई नोटिस जारी किए गए, लेकिन उन पर कोई असर नहीं हुआ। कुछ पूर्व सांसद बड़े प्रभावशाली हैं और उनमें से एक ने तो आपके कार्यालय को धमकी तक दी है कि उन्हें नोटिस भेज-भेज कर तंग न करें—वह अपने निवास में कम-से-कम दो साल और रहना चाहते हैं। इस बीच, पदस्थ सांसद शीघ्र सरकारी निवास आवंटित किए जाने की मांग कर रहे हैं।

प्रश्न

1. नीचे दिए विकल्पों का मूल्यांकन करें :
   (ए) दोषी पूर्व सांसदों को बलपूर्वक निकाल दें।
   (बी) अपने वरिष्ठ अधिकारियों से संपर्क करें और दिशा-निर्देश के लिए कहें।
   (सी) तमाम पूर्व सांसदों को अंतिम नोटिस भेजें कि इस तारीख तक निवासों को खाली कर देना है और इस तारीख के बाद उन पर शुल्क लगाया जाएगा।
2. आपके पास कोई अन्य विकल्प हो तो उसका भी उल्लेख करें। आप कौन-सा विकल्प चुनेंगे? औचित्य बताएं।

केस स्टडी: 87

आपकी हाल में राज्य सड़क निर्माण विभाग में कार्यकारी अभियंता (एग्जीक्यूटिव इंजीनियर) के रूप में प्रोन्नति हुई है। आपको पहला काम यह सौंपा जाता है कि जिले में सभी मौसम के अनुकूल एक ऐसी सड़क बनाई जाए, जो एक बड़े लेकिन सुदूरवर्ती गांव को राज्य के राजमार्ग से जोड़े। एक पुरानी कच्ची सड़क पहले से है और इसकी जगह नई चौड़ी पक्की सड़क बनाई जानी है। कार्यस्थल की अपनी जांच के दौरान, आप पाते हैं कि सड़क के दोनों ओर अतिक्रमण है। कई गांव वालों ने सड़क के लिए रखी गई सरकारी जमीन पर अपने घर और कारोबार खड़े कर लिए हैं। जब आप इस मामले पर स्थानीय ग्राम पंचायत के साथ चर्चा करते हैं, तो वे बात को समझते हैं, लेकिन सड़क पर अवैध निर्माणों को तोड़े जाने के प्रस्ताव को अस्वीकार कर देते हैं।

प्रश्न

1. प्रोजेक्ट शुरू करने के पूर्व आपको क्या सावधानी बरतनी चाहिए और क्यों?
2. आप किन समस्याओं का पूर्वानुमान लगाते हैं और उनका हल निकालने के लिए आप कैसे योजना बनाएंगे?

केस स्टडी: 88

आप एक सूखे की आशंका वाले जिले के जिला विकास अधिकारी हैं। अपनी जिम्मेदारियों के एक हिस्से के रूप में, आपको राज्य के मुख्य सचिव को रिपोर्ट भेजनी है कि आपका जिला सूखा-ग्रस्त है या नहीं और यदि सूखा-ग्रस्त है तो किस हद तक। सिर्फ इसके बाद ही प्रभावित लोगों के लिए क्षतिपूर्ति राशि जारी की जाती है। पिछले कुछ वर्षों से, आपका जिला सूखा पीड़ित रहा है। बहरहाल, इस साल, आपके जिले के अधिकांश हिस्सों में पर्याप्त बारिश हुई है और आप मुख्य सचिव को सही रिपोर्ट भेजना चाहते हैं। मगर, आपके जिले के विधायक ने आपसे ऐसी रिपोर्ट भेजने को कहा है, जो जिले को सूखा-ग्रस्त घोषित करे ताकि मुआवजे के रूप में प्राप्त धनराशि का इस्तेमाल उन विकास कार्यों में किया जा सके, जिसके लिए धन की कमी है। तहसीलदार और सब-डिविजन मजिस्ट्रेट निश्चिंत नहीं हैं कि जिले को वास्तव में सूखा पीड़ित बताया जा सकता है।

प्रश्न

1. इस मामले में क्या नैतिक दुविधाएं हैं?
2. आपके पास क्या विकल्प उपलब्ध हैं? हरेक विकल्प के गुण-दोष की पहचान करें और सबसे अच्छा विकल्प चुनें। औचित्य भी बताएं।

आर.ए.एस. मुख्य परीक्षाः प्रश्न-पत्र-III इकाई-III (भाग-A) प्रशासकीय नीतिशास्त्र

प्रश्न 1. मूल्य क्या होता है?

उत्तरः व्यक्ति के कर्मों को निर्देशित करने वाले सिद्धान्त मूल्य हैं। प्रशासन में अखंडता, ईमानदारी, सहिष्णुता इत्यादि आवश्यक मूल्य हैं।

प्रश्न 2. 'सत्य' से आप क्या समझते हैं?

उत्तरः सत्य वास्तविकता अथवा तथ्य का पर्यायवाची है। एक प्रशासक को सत्यवादी होना चाहिए अर्थात् उसे प्रशासनिक नैतिकता को ही आत्मसात करना चाहिए।

प्रश्न 3. असंलग्नता

उत्तरः वस्तुनिष्ठ रूप से पक्षपात रहित न्याय अर्थात् किसी व्यक्ति अथवा संस्था के हित में न्याय किए बिना निष्पक्षतापूर्वक न्याय करने की नीति को असंलग्नता कहते हैं।

प्रश्न 4. नागरिक अधिकार पत्र

उत्तरः सेवा, सूचना, विकल्प एवं परामर्श, गैर-विभेदन और शिकायत एवं हर्जाना आदि के मानकों के संदर्भ में संगठन का इसके नागरिकों के प्रति वचनबद्ध एवं क्रमबद्ध प्रयास। नागरिकों को समयबद्ध एवं पारदर्शिता पूर्ण शासन उपलब्ध करवाने हेतु।

प्रश्न 5. अभिवृत्ति से आप क्या समझते है?

उत्तरः अभिवृत्ति किसी निश्चिय कार्य को एक निश्चित स्तर पर निष्पादित करने की योग्यताओं का एक अंश है, जिसे 'प्रतिभा' भी कहा जा सकता है। अभिवृत्ति शारीरिक अथवा मानसिक हो सकती है। अभिवृत्ति से ज्ञान, समझ, ज्ञात और प्राप्त क्षमताओं (कौशल) का विकास होता है। अभिवृत्ति की अंर्तजात प्रकृति, उपलब्धियों की तुलना में निहित है, जो ज्ञान से क्षमता और अवबोधन को प्रदर्शित करती है।

प्रश्न 6. पर्यावरणीय नीतिशास्त्र

उत्तरः मानव और पर्यावरण के मध्य संबंध और इसमें नीतिशास्त्र की भूमिका के अध्ययन को पर्यावरणीय नीतिशास्त्र कहते हैं। इसके अनुसार मानव भी अन्य जीव-जंतुओं और पादपों की भाँति समाज का एक भाग है। ये अंश विश्व के अत्यधिक महत्त्वपूर्ण भाग हैं और मानव जीवन के क्रियाशील भाग हैं इस प्रकार यह अत्यंत आवश्यक है कि प्रत्येक मनुष्य इसका सम्मान करे और इनके प्रति नैतिकता का पालन करें।

प्रश्न 7. कॉर्पोरेट सामाजिक उत्तरदायित्व

उत्तरः कॉर्पोरेट सामाजिक उत्तरदायित्व कंपनियों का उस समुदाय और पर्यावरण (पारिस्थितिकी और सामाजिक) के प्रति विवेकपूर्ण उत्तरदायित्व है, जिसमें यह क्रियाशील है। कंपनी अपनी उत्तरदायित्वता कचरा और प्रदूषण को कम करने वाली प्रक्रियाओं को अपनाकर, शिक्षा अथवा सामाजिक कार्यक्रमों में सहयोग कर और नियोजित संसाधनों से पर्याप्त पुर्नप्राप्ति कर व्यक्त करती है।

प्रश्न 8. 'जो यह कहते हैं कि धर्म का राजनीति से लेना देना नहीं है, वे नहीं जानते है कि धर्म क्या हैं' व्याख्या करें?

उत्तरः सांप्रदायिक रेखा के आधार पर भारत का विभाजन और किसी निश्चित धार्मिक विचारधारा की पालना करने के कारण राजनैतिक दलों का अस्तित्व आदि उदाहरण-महात्मा गाँधी के उपर्युक्त कथन की पुष्टि करते हैं। भारत जैसे विकासशील समाज में जहाँ आधुनिक कार्यप्रणाली और परंपराओं का सहअस्तित्व है, समाज में शक्ति के विभाजन में धर्म एक महती भूमिका निभाता है। इस प्रकार यह विचार की राजनीति, धार्मिक विचारधाराओं से उन्मुक्त है, पूर्णतः अनभिज्ञता दर्शाता है। इस प्रकार यह कहना उचित होगा कि भारतीय जनता के एक बड़े भाग के राजनैतिक रवैये को धर्म आज भी आकार देता है।

प्रश्न 9. नीतिशास्त्र

उत्तरः मनुष्य के आचरण, ऐच्छिक कर्मों के उचित-अनुचित अथवा शुभ-अशुभ मापदण्डों से संबंधित आदर्श मूलक विज्ञान नीतिशास्त्र है।

प्रश्न 10. सत्यनिष्ठा से आप क्या समझते है?

उत्तरः नैतिक सिद्धान्तों की दृढ़ता, निर्दोष चरित्र, निष्पक्ष व्यवहार सत्यनिष्ठा कहलाता है।

प्रश्न 11. स्वार्थवाद

उत्तरः व्यक्तिगत कल्याण और हितों के लिए किये गए प्रयास स्वार्थवाद कहलाता है।

प्रश्न 12. नीतिशास्त्र के आयाम

उत्तरः मानकीय, व्यवहारिक/अनुप्रयोगात्मक एवं अधिनीतिशास्त्र नीतिशास्त्र के आयाम है।

प्रश्न 13. समानुभूति

उत्तरः व्यक्ति के मूल्यांकन में मनः स्थिति और भावनाओं का निरपेक्ष और तर्क युक्त अध्ययन समानुभूति कहलाता है।

प्रश्न 14. सहिष्णुता से आप क्या समझते हैं? इसके लाभों का उल्लेख कीजिए।

उत्तरः विरोधियों के प्रति एक वस्तुनिष्ठ, न्यायोचित तथा सम्मानपूर्ण मनोवृत्ति के आधार पर तार्किक पक्षों का अनुसरण करते हुए उनके विचारों का सम्मान करना सहिष्णुता कहलताा है।

राजनीति और समाज के लोकतांत्रिकरण, मौलिक विचारों के विकास, चिंतन एवं अभिव्यक्ति की स्वतंत्रता, निरपेक्षता सम्मान और सद्भावना का विकास।

प्रश्न 15. भावनात्मक बुद्धिमत्ता

उत्तरः मानवीय भावनाओं को पहचानना, विश्लेषण करना तथा प्राप्त सूचना से चिन्तन तथा क्रियाओं को निर्देशित कर वैयक्तिक प्रकृति के भावनाओं के चिन्तन एवं विवेक का पूर्ण नियमितीकरण भावनात्मक बुद्धिमत्ता है।

प्रश्न 16. भारत में प्रशासन में होने वाले नैतिकता के क्षरण के मुख्य कारण बताइए।

उत्तरः संकीर्ण हितों के लिए नैतिक मूल्यों का पतन, अपराधियों का राजनीतिकरण, काले धन का प्रयोग, गठबंधन की राजनीति, आचार संहिता का उचित क्रियान्वयन न होना, स्थानान्तरण एवं नियुक्तियों में योग्यता के स्थान पर निष्ठा को तरजीह, भ्रष्टाचार में लिप्त होना, लाभ की चाहत, रिश्वत का प्रचलन, पारदर्शिता एवं उत्तरदायित्वता का अभाव आदि प्रशासन में नैतिकता के क्षरण के कारण है।

प्रश्न 17. सत्यनिष्ठा के लाभों का उल्लेख करें?

उत्तरः विश्वसनीयता में वृद्धि, राजनीति अथवा प्रशासन में सफलता की संभावना, आत्म संतोष में वृद्धि, बेहतर प्रदर्शन, कर्मचारियों और वरिष्ठ अधिकारियों में विश्वास, सामाजिक परिवर्तन एवं अन्य मामलों में जनता का सक्रिय सहयोग, कल्याणकारी राज्य की प्राप्ति आदि सत्यनिष्ठा के लाभों के रूप में परिलक्षित होता है।

प्रश्न 18. बेन्थम तथा मिल के विचारों में अंतर स्पष्ट कीजिए।

उत्तरः 1. मिल सुखों में परिणामात्मक तथा गुणात्मक दोनों भेद मानता है, जबकि बेन्थम केवल परिणामात्मक भेद ही स्वीकार करता है।

2. मिल सामान्य सुखवाद के आधार पर व्यापकता को स्थापित करता है जबकि बेन्थम सुखकलन के तत्वों द्वारा इसे स्थापित करता है।

3. नैतिक सुखवाद के समर्थन में मिल ने वस्तुओं की दृश्यता एवं श्रृव्यता के आधार पर सुख की वांछनीयता का तर्क दिया है जबकि बेन्थम ऐसा कोई तर्क नहीं देता।

प्रश्न 19. काण्ट द्वारा प्रस्तुत कर्त्तव्य की परिभाषा को समझाइए।

उत्तरः नैतिक नियम के प्रति सम्मान की भावना से प्रेरित होकर कर्म करने की अनिवार्यता ही कर्त्तव्य है। दया, सहानुभूति, उदारता आदि रचनात्मक संवेगों द्वारा प्रेरित कर्म प्रशंसनीय अवश्य हैं किन्तु मूल्यहीन हैं। यदि कोई व्यक्ति किसी संवेग, इच्छा/प्रवृत्ति प्रेरित होकर अपने कर्त्तव्य का पालन करता है तो कुछ समय पश्चात इनके अभाव में कर्त्तव्य की उपेक्षा भी कर सकता है।

प्रश्न 20. प्लेटो के मुख्य सद्गुण क्या है?

उत्तरः प्लेटो के अनुसार न्याय में विवेक, साहस एवं संयम तीनों का समावेश होना आवश्यक है, यही प्लेटो का मुख्य सद्गुण है।

प्रश्न 21. कर्त्तव्यवादी नीतिशास्त्र

उत्तरः लोगों को अच्छे कार्यों के प्रदर्शन करने और इस हेतु नियम उपलब्ध कराने से संबंधित नीतिशास्त्र; जैसे कांट का नीतिशास्त्र।

प्रश्न 22. सद्गुण

उत्तरः अभ्यासपूर्वक कर्तव्यपालन से स्थायी आंतरिक प्रवृति विकसित होती है जो शुभ और उचित पर बल देती है, उसे सद्गुण कहते हैं।

प्रश्न 23. नोलन समिति

उत्तरः सार्वजनिक जीवन के नैतिक मानदंडों को स्थापित करने के उद्देश्य से ब्रिटिश सरकार द्वारा 1994 में गठित समिति।

प्रश्न 24. स्थितप्रज्ञ

उत्तरः गीता के अनुसार निष्काम कर्मयोग का पालन करने वाला व्यक्ति ही स्थितप्रज्ञ कहलाता है।

प्रश्न 25. सार्वभौमिकता के नियम से आप क्या समझते हैं?

उत्तरः इस नियम के अनुसार मनुष्य को सिर्फ ऐसा आचरण करना चाहिए जिसे वह सार्वभौमिक नियम के रूप में स्वीकार कर सके।

प्रश्न 26. सामाजिक विघटन से आप क्या समझते हैं?

उत्तरः वह प्रक्रिया जिसमें समाज की मूल मान्यताएँ विघटित होकर नकारात्मक मूल्यों को जन्म देती हैं, सामाजिक विघटन कहलाती है।

प्रश्न 27. नवीन लोकप्रशासन के मूल्यों को बताइये।

उत्तरः नवीन लोकप्रशासन के प्रमुख मूल्य या आदर्श सामाजिक न्याय, प्रासंगिकता, अनुरूपता, नवीनता एवं मौलिकता आदि हैं।

प्रश्न 28. भावनात्मक बुद्धिमत्ता क्या है? इसकी योग्यताएँ भी बताइये।

उत्तरः भावनात्मक बुद्धिमत्ता वह योग्यता है जिससे व्यक्ति अपनी तथा अन्य व्यक्तियों की भावनाओं तथा अनुभूतियों को पहचानता है, उनमें अंतर करता है तथा इस सूचना का प्रयोग अपने चिंतन तथा क्रियाओं को निर्देशित करने के लिए करता है। इसके अंतर्गत चार योग्यताएँ आती हैं - भावनाओं को प्रत्यक्ष करने की क्षमता, भावनाओं का प्रयोग चिंतन को प्रेरित करने के लिए करना, भावनाओं को समझना तथा भावनाओं का प्रबंधन करना।

प्रश्न 29. व्यक्तिगत संबंधों में नैतिक उत्तरदायित्व लोकसेवक के रूप में उत्तदायित्वों से किस प्रकार भिन्न होते हैं?

उत्तरः लोकसेवक के रूप में हमारे संबंध सार्वजनिक संबंध होते हैं और इन संबंधों पर सार्वजनिक जीवन से जुड़े नैतिक उत्तरदायित्व आबद्ध होते हैं जबकि व्यक्तिगत संबंध हमारी निजी जिम्मेदारी से जुड़े होते हैं। व्यक्तिगत संबंध में सामाजिक प्रतिबद्धताओं के ऊपर व्यक्तिगत प्रतिबद्धताओं को प्राथमिकता दी जाती है जबकि लोकसेवक के रूप मे सर्शत सहयोग का आदान-प्रदान होता है तथा सामाजिक शुभ को सर्वोच्च वरीयता दी जाती है।

प्रश्न 30. "एक असंतुष्ट मनुष्य एक संतुष्ट सूअर की तुलना में बेहतर है"। जे.एस.मिल के इस कथन से आप क्या समझते हैं?

उत्तरः जे.एस.मिल के अनुसार, सुखों में सिर्फ मात्रात्मक अंतर करना पर्याप्त नहीं है, उनमें गुणों के आधार पर भी अंतर करना चाहिए। सुखों का मूल्यांकन केवल मात्रा की दृष्टि से करना मूर्खता है। मनुष्य में पशुओं से ऊँची प्रवृत्तियाँ होती हैं। जब उसे उन उत्कृष्ट प्रवृत्तियों का ज्ञान हो जाता है तो वह निकृष्ट सुखों की कामना बंद कर देता है। अधिक तीव्र शारीरिक सुख की तुलना में कम तीव्र बौद्धिक सुख अधिक उत्कृष्ट है।

प्रश्न 31. "मनुष्य को अपने कर्मों पर ही ध्यान केंद्रित करना चाहिए, उसे परिणाम की चिंता नहीं करना चाहिए"। स्पष्ट कीजिए।

उत्तरः इसका सामान्य अर्थ है कि व्यक्ति को निष्काम भाव से अर्थात् फल की इच्छा न रखते हुए केवल कर्त्तव्य पर बल देना चाहिए। गीता में कहा गया है कि यद्यपि प्रत्येक व्यक्ति को कर्म के अनुसार फल अवश्य मिलता है किंतु नैतिकता के लिए यह आवश्यक है कि व्यक्ति फल के लोभ के लिए कर्म न करे व सफलता या असफलता से विचलित न हो। निष्काम कर्म की स्थिति में आने के लिए मानसिक नियंत्रण तथा संयम जरूरी है तथा निरंतर अभ्यास तथा वैराग्य द्वारा मन को नियंत्रित किया जा सकता है।

प्रश्न 32. गीता में स्वधर्म क्या है।

उत्तर : वर्णाश्रम के अनुसार अपने लिए नियत कर्त्तव्यों का पालन करना तथा दूसरे के कार्यों में हस्तक्षेप न करना स्वधर्म है।

प्रश्न 33. उपयोगितावादी मिल सुखों के मध्य कौन-सा भेद स्वीकार करते है।

उत्तर : उपयोगितावादी मिल सुखों के मध्य परिमाणात्मक भेद के साथ-साथ गुणात्मक भेद स्वीकार करते है।

प्रश्न 34. उपयोगितावादी मिल गुणात्मक भेद के अंतर्गत कौन-से सुख का श्रेष्ठ मानते है।

उत्तर : उपयोगितावादी मिल इन्द्रियपरक स्थूल भौतिक सुख की अपेक्षा बौद्धिक सुख अधिक श्रेष्ठ मानते है।

प्रश्न 35. काण्ट के अनुसार कर्तव्य क्या है?

उत्तर : नैतिक नियमों के प्रति सम्मान की भावना से अभिप्रेरित होकर कर्म करने की अनिवार्यता कर्त्तव्य कहलाता है।

प्रश्न 36. काण्ट के दर्शन में नैतिकता की तीन पूर्व मान्यताऐं बताइए।

उत्तर : (i) संकल्प की स्वतंत्रता (ii) आत्मा की अमरता (iii) ईश्वर का अस्तित्व

प्रश्न 37. प्लेटो के दर्शन में न्याय क्या है?

उत्तर : समाज में रहकर अपने नियत सद्गुणों का पालन करना एवं दूसरे के कार्यों में हस्तक्षेप न करना (अहस्तक्षेप की नीति) न्याय है।

प्रश्न 38. प्लेटो के दर्शन में न्याय सर्वोपरि क्यों है?

उत्तर : प्लेटो के अनुसार न्याय ही अन्य सभी सद्गुणों के मध्य संतुलन तथा सामंजस्य रखता है अतः सद्गुण ही न्याय है।

प्रश्न 39. प्लेटो के अनुसार मुख्य सद्गुण क्या है?

उत्तर : प्लेटो अपनी पुस्तक रिपब्लिक में चार मुख्य सद्गुणों को बताते है ये है- विवके, साहस, संयम और न्याय।

प्रश्न 40. संकल्प की स्वतंत्रता की तीन आवश्यक शर्ते कौन-सी है?

उत्तर : (i) कर्म करने की क्षमता (ii) ज्ञान और उद्देश्य (iii) विकल्पों की उपस्थिति

प्रश्न 41. क्या निष्काम कर्मयोग (गीता) निष्क्रियता की ओर संकेत करती है।

उत्तर : नहीं, गीता प्रति क्षण कर्म करने का उपदेश देती है प्रकृति के तीनों गुण सत्व, रज, तम वलात् कर्म कराते है।

प्रश्न 42. संकल्प स्वातंत्र्य को स्पष्ट कीजिए।

उत्तर : बिना किसी बाह्य दबावों एवं प्रलोभनों के अपनी इच्छा शक्ति के अनुरूप कार्य करने और न करने की स्वतंत्रता ही संकल्प की स्वंत्रता कहलाती है।

संकल्प स्वातन्त्र्य की तीन पूर्व मान्यताऐं अथवा शर्ते है-

(i) कर्म करने की क्षमता (ii) ज्ञान एवं उद्देश्य (iii) विकल्पों की उपस्थिति

इनमें से किसी एक के अभाव में व्यक्ति के संकल्प को स्वतंत्र संकल्प नहीं कहा जा सकता है।

प्रश्न 43. उपयोगितावाद क्या है।

उत्तर : वह नैतिक सिद्धांत जिसके अनुसार किसी भी कर्म या नियम को अपनाने के फलस्वरूप ''अधिकतम व्यक्तियों को अधिकतम सुख की प्राप्ति'' होती है अथवा उनका हित या कल्याण होता है, उपयोगितावाद कहलाता है। बेंथम और मिल प्रमुख उपयोगितावादी विचारक थे।

प्रश्न 44. काण्ट के दर्शन में शुभ संकल्प की अवधारणा को स्पष्ट कीजिए।

उत्तर : काण्ट नैतिक नियमों की सार्वभौमिकता स्वीकार करते है सभी नैतिक नियम देशकाल व परिस्थितियों से रहित रहते है। वे अपने आप में पूर्ण व निरपेक्ष होते है। साधारणतः संकल्प का उद्गम हमारी भावनाओं से होता है। किंतु काण्ट के दर्शन में संकल्प बौद्धिक होता है। अर्थात् ''विशुद्ध कर्त्तव्यचेतना की भावना से अभिप्रेरित होकर कर्म करने का दृढ़ निश्चय ही शुभ संकल्प है।'' काण्ट के दर्शन में शुभ संकल्प आदर्श रूप है।

प्रश्न 45. गीता के अनुसार निष्काम कर्मयोग की अवधारणा।

उत्तर : व्यक्ति को फल-आकांक्षा से रहित होकर निष्ठापूर्वक अपने निर्धारित कर्तव्यों का पालन करना निष्काम कर्मयोग कहलाता है। इसके अनुसार व्यक्ति को निष्ठापूर्वक अपने कर्तव्यों का पालन करना चाहिए (प्रवृत्ति मार्ग) किंतु फल अथवा परिणामों से विरक्त रहना चाहिए (निवृत्ति मार्ग) गीता इन दोनों का समन्वय करती है।

प्रश्न 46. क्या गीता के अनुसार मनुष्य को कर्म करने की स्वतंत्रता है? स्पष्ट कीजिए।

उत्तर : गीता निष्काम कर्म का उपदेश देकर कर्मफल बंधन से मुक्त होने का तो उत्तम उपाय प्रस्तुत करती है किन्तु संकल्प स्वतंत्रता के बारे में विरोधाभाष दिखाई पड़ता है। गीता में एक स्थान पर स्वीकार किया है कि मनुष्य पूर्वकृत स्वाभाविक कर्मों से बंधा है तो मनुष्य की संकल्प की स्वतंत्रता दिखाई नहीं पड़ती है किन्तु दूसरी ओर यह उपदेश कि ''जैसी तुम्हारी इच्छा है वैसा करो'' इसमें संकल्प स्वतंत्रता को स्वीकार किया गया है इसके अतिरिक्त गीता में कर्म करने का मनुष्य को अधिकार दिया है और अधिकार में ही स्वतंत्रता निहित है।

प्रश्न 47. गीता में योग की क्या परिभाषा है?

उत्तर : योग कर्मसु कौशलम अर्थात कार्यों का इस कुशलता से संपादन करना कि वे बंधन उत्पन्न न करें।

प्रश्न 48. गीता में कर्मफल मुक्ति के लिए कौनसा मार्ग श्रेष्ठ माना गया है?

उत्तर : गीता में ज्ञान को ही कर्मफल मुक्ति का साधन माना गया है।

प्रश्न 49. कांट के दर्शन में शुभ संकल्प की अवधारणा ?

उत्तर : विशुद्ध कर्त्तव्य भावना से अभिप्रेरित होकर कर्म करने का संकल्प ही शुभ संकल्प कहलाता है।

प्रश्न 50. काण्ट के अनुसार 'निरपेक्ष आदेश' को स्पष्ट कीजिए?

उत्तर : काण्ट के अनुसार सर्वोच्च एवं स्वतः साध्य नैतिक नियम ही निरपेक्ष आदेश है। इनकी पालना मनुष्य की इच्छा पर निर्भर नहीं वरन् यह स्वतः साध्य शुभ है। जिसका पालन करना मनुष्य के लिए अनिवार्य है।

प्रश्न 51. मिल के आंतरिक दबाव से क्या तात्पर्य है।

उत्तर : उपयोगितावादी मिल ने मनुष्य में दूसरों की सहायता करने की स्वभाविक भावना एवं परोपकारवृत्ति को आंतरिक दबाव की संज्ञा दी है।

प्रश्न 52. गुणात्मक भेद का मापदण्ड मिल किसे स्वीकार करते है।

उत्तर : मिल ने दर्शन में समाज के वे कुशल न्यायधीश जिन्होंने सभी प्रकार के सुखों को भोगा है। वे सुखों के मध्य गुणात्मक भेद का विभाजन कर सकते है।

प्रश्न 53. क्या भाग्यवाद संकल्प स्वातन्त्र्य का समर्थक सिद्धांत हैं?

उत्तर : नहीं, क्योंकि भाग्यवाद के अनुसार मनुष्य के सभी कर्म दैव इच्छा द्वारा नियत है। अतः वह कर्म करने के लिए स्वंतत्र नहीं।

प्रश्न 54. क्या विकल्पों की उपस्थिति संकल्प स्वतात्र्य के लिए आवश्यक है?

उत्तर : हां, यदि विकल्प नहीं हो तो वह उस कर्म को करने के लिए बाध्य होगा और ऐसा कर्म संकल्प की स्वतंत्रता नहीं माना जा सकता है। संकल्प की स्वतंत्रता के लिए दो विकल्पों की उपस्थिति होना आवश्यक है।

प्रश्न 55. प्लेटो का न्याय सिद्धान्त कौन से दो भागों में विभाजित है?

उत्तर : (i) सामाजिक न्याय का सिद्धान्त (ii) व्यक्तिगत न्याय का सिद्धान्त

प्रश्न 56. प्लेटो का न्याय कानूनी है अथवा नैतिक ?

उत्तर : प्लेटों के दर्शन में न्याय का संबंध आंतरिक बाध्यता से है। अतः यह कानूनी अवधारणा के रूप में स्वीकार नहीं किया जा सकता।

प्रश्न 57. काण्ट की कर्त्तव्य के लिए कर्तव्य अवधारणा को स्पष्ट कीजिए।

उत्तर : कांट परिणाम निरपेक्षवादी है इनके अनुसार मनुष्य को परिणाम निरपेक्ष होकर विशुद्ध कर्तव्य चेतना से अभिप्रेरित होकर कर्म करना चाहिए। कर्तव्य की भावना पर आधारित कर्म ही नैतिक दृष्टि से मूल्य रखता है। इसके अनुसार सच्ची नैतिकता बाह्य अरोपित न होकर आत्मारोपित ही होती है। यह बुद्धि के स्वाधीन संकल्प द्वारा ही संभव है।

प्रश्न 58. प्लेटो का न्याय का सिद्धान्त विधिगत है अथवा नीतिगत ? स्पष्ट कीजिए

उत्तर : प्लेटों का न्याय यूनानी भाषा के शब्द 'लेटोका न्याय' 'डिफैयोसीन' का अनुवाद है। यूनानी भाषा में इसका अर्थ कानूनी संदर्भ से अधिक व्यापक तथा नैतिकता के अधिक निकट है। इसी प्रकार विधिगत न्याय बाह्य होता है जबकि प्लेटों के अनुसार न्याय एक आंतरिक सद्गुण है जो व्यक्ति के विभिन्न गुणों में परस्पर सामंजस्य से उदित होता है। जिसके कारण व्यक्ति स्वतः ही स्वधर्म का पालन करता है।

प्रश्न 59. मिल के उपयोगितावाद को संक्षेप में स्पष्ट कीजिए।

उत्तर : मनुष्य को मूलतः स्वार्थी मानते है। जो मनुष्य स्वार्थी होते हुए भी पांच दबावों भौतिक, राजनीतिक, सामाजिक, धार्मिक एवं आंतरिक दबावों के कारण दूसरों के हित को प्रेरित होकर कर्म करता है। जिसके कारण वह अधिकतम व्यक्तियों के अधिकतम सुख से प्रेरित होकर कर्म करता है, मिल बौद्धिक सुख को अधिक महत्त्व देते है और सुखों में परिमाणात्मक भेद के साथ गुणात्मक भेद भी स्वीकार करते है।

प्रश्न 60. बेन्थम और मिल के सिद्धांतों में समानताएँ बताइऐ।

उत्तर : 1. दोनों ने परार्थवाद या उपयोगितावाद का समर्थन किया है

2. सुख जीवन का चरम लक्ष्य है। स्वतः साध्य शुभ है।

3. अधिकतम व्यक्तियों के अधिकतम सुख का सिद्धांत दोनों में है।

4. दोनो ने अपने सुख से ज्यादा महत्त्व दूसरों के सुख को दिया है।

5. चार बाह्य नैतिक आदेश या दबाव दोनों ने माने हैं।

प्रश्न 61. नियतत्त्ववाद।

उत्तर : 1. कारणता सिद्धान्त न केवल प्राकृतिक घटनाओं पर लागू होता है बल्कि मनुष्य के कर्मों पर भी लागू होता है। कर्म सिद्धान्त नियतत्त्ववाद का पोषक है।

2. व्यक्ति के व्यक्तित्व एवं चरित्र का ज्ञान होने पर हम उसके भावी कर्मों के बारे में भविष्यवाणी कर सकते हैं।

3. किसी परिस्थिति में कोई मनुष्य क्या करेगा इसका अनुमान लगाया जा सकता है। यदि उसकी आदत, रूचि, इच्छा, विचार, मूल्य एवं आदर्शों का भली-भाँति ज्ञान हो।

4. प्रायश्चित (Repent) की सार्थकता :- बुरे कर्मों को करने के बाद हम पश्चाताप करते हैं। इसका अर्थ है कि 'हम सोचते हैं कि जैसा हमने किया वैसा हम नहीं भी कर सकते थे।'

प्रश्न 62. गीता और काण्ट में अन्तर बताइये।

उत्तर : गीता और काण्ट में निम्न अन्तर देखने को मिलते है:-

1. गीता में नीतिशास्त्र ईश्वर पर आधारित है तथा ईश्वर ने ही स्वयं नैतिक सिद्धांत का प्रतिपादन किया है जबकि काण्ट के अनुसार ईश्वर स्वयं नीतिशास्त्र पर निर्भर है। काण्ट ने निश्चित अर्थों में ईश्वर का अस्तित्व नहीं माना है। उसकी धारणा है कि विश्व में नैतिक व्यवस्था को चलाने के लिए ईश्वर के अस्तित्व में आस्था रखी जानी चाहिए।

2. गीता के अनुसार फल की आकांक्षा के बिना कर्म करना है किंतु यह तय है कि फल मिलेगा। काण्ट के अनुसार फल मिलने की कोई गारंटी नहीं सिर्फ संभावना है कि फल मिलेगा।

3. गीता में कठोरता अपेक्षाकृत कम है और सहज मानवीय भावनाओं के लिए अवकाश बना हुआ है, जबकि काण्ट के यहाँ कठोरवाद है और सह भावनाओं और वासनाओं का पूर्ण दमन जरूरी है।

4. गीता में नैतिकता में कुछ अपवादों को भी स्वीकार किया गया है इसका अर्थ है कि सीमित अर्थों में डीऑन्टोलोजी पर टेलीयोलोजी भारी पड़ गई है जैसे हिंसा नहीं करनी चाहिए लेकिन अगर कर्तव्य के लिए जरूरी हो तो उसे स्वीकार किया जा सकता है काण्ट के यहाँ डीऑन्टोलोजी अपने चरम पर है और नैतिक नियमो में किसी अपवाद की अनुमति नहीं हैं

प्रश्न 63. नैतिकता के निर्धारक तत्त्व क्या है?

उत्तर : 1. बचपन में अपने पड़ौसी के घर खेलने जाने पर क्या उस परिवार से आपको स्नेह मिला या फटकार।

2. किसी वैवाहिक समारोह से भाग लिया और उस समारोह में सभी रीति-रिवाज और अपने प्रति सत्कार की भावना महसूस करना।

3. समाज में किसी की मृत्यु की समाचार सुनने पर पिता की भूमिका और उस दुःखी परिवार के प्रति अवलोकन भाव।

4. कभी क्रिकेट खेलते हुए पड़ोसी की काँच तोड़ी होगी तो आपके पड़ोसी ने आपके पिता के पास आपकी शिकायत की, तब आपकों कैसा बोध हुआ।

5. सामुदायिक स्तर पर एक सफाई कार्यक्रम में भाग लेने पर यह अनुभव करना कि सहयोग सबसे बड़ी सामाजिक संपत्ति है।

प्रश्न 64. समाज (राज्य) के लिए प्लेटो के न्याय सिद्धांत की आलोचना कीजिये।

उत्तर : (i) आलोचकों के अनुसार प्लेटों का न्याय सिद्धान्त वास्तव में न्याय सिद्धान्त नहीं है। यहाँ केवल कर्तव्य पालन से संबंधित एक नैतिक व्यवस्था है। बार्कर के अनुसार प्लेटो के न्याय में न्याय के कानूनी पक्ष की अवहेलना की गई है।

(ii) प्लेटो का न्याय सिद्धान्त भेदमूलक एवं कूलीनतावादी है। प्लेटो समाज का विभाजन तीन असमान वर्गों में करते हैं। प्रजातांत्रिक दृष्टि से यह अनुकूल नहीं हैं।

(iii) आलोचक यह भी मानते हैं कि प्लेटो का न्याय सिद्धान्त तानाशाही या सर्वाधिकारवाद का मार्ग प्रशस्त करता है। आधुनिक समकालीन विचारक **कार्ल पोपर** के अनुसार प्लेटो ने अपने न्याय सिद्धान्त में शासक वर्ग को ज्ञान का प्रतिनिधि मान लिया है। ऐसी स्थिति में शासक वर्ग के निर्णय को सदैव सही माना जाएगा। उस पर किसी भी प्रकार का नियंत्रण नहीं हो पाता है।

(iv) अरस्तू के अनुसार प्लेटो का न्याय सिद्धान्त 'अत्यधिक एकीकरण' और 'अत्यधिक पृथककीकरण' की भावना पर आधारित हैं। इससे एकता की स्थापना करने में कठिनाई होती है।

प्रश्न 65. प्लेटो के मुख्य सद्गुण क्या हैं?

उत्तर : प्लेटो के अनुसार न्याय में विवेक, साहस एवं संयम तीनों का समावेश होना आवश्यक है। यही प्लेटो का मुख्य सद्गुण है।

प्रश्न 66. कर्त्तव्यवादी नीतिशास्त्र

उत्तर : लोगों को अच्छे कार्यों के प्रदर्शन करने और इस हेतु नियम उपलब्ध कराने से संबंधित नीतिशास्त्र। जैसे कांट का नीतिशास्त्र।

प्रश्न 67. नैतिक सदगुण

उत्तर : ऐसे सत्कर्म जिन्हें व्यक्ति द्वारा अपने दैनिक व्यवहार में अपनाया जाता है, नैतिक सद्गुण कहलाते हैं।

प्रश्न 68. नोलन समिति

उत्तर : सार्वजनिक जीवन के नैतिक मानदंडों को स्थापित करने के उद्देश्य से ब्रिटिश सरकार द्वारा 1994 में गठित समिति।

प्रश्न 69. काण्ट द्वारा बुद्धि विकल्पों को अतीन्द्रिय कहने का क्या कारण है?

उत्तर : बुद्धि ज्ञान की प्रागवेक्षा है, अतः यह ज्ञान एवं अनुभव का विषय नहीं हो सकती है। इस लिए कान्ट ने इसे अतीन्द्रिय कहा है।

प्रश्न 70. 'स्थितप्रज्ञ'

उत्तर : गीता के अनुसार, निष्काम कर्मयोग का पालन करने वाला व्यक्ति जो सुख व दुःख दोनों के प्रति समान भाव रखता है। स्थितप्रज्ञ कहलाता है।

प्रश्न 71. गैर तरफदारी को स्पष्ट कीजिये।

उत्तर : स्वतंत्र एवं पेशेवर लोकसेवा का प्रतीक जिसमें लोकसेवक से किसी विशेष नीति के पक्ष/विपक्ष में तर्क न करने की आशा की जाती है।

प्रश्न 72. उपयोगितावाद

उत्तर : किसी भी कर्म/नियम को अपनाने के परिणामस्वरूप होने वाला अधिकतम व्यक्तियों का अधिकतम सुख, हित की उपयोगितावाद है। बेन्थम, मिल इसके प्रतिपादक है।

प्रश्न 73. कांटीय नीतिशास्त्र पर टिप्पणी कीजिए।

उत्तर : पश्चिमी दर्शन में निरपेक्षवादी या कर्त्तव्यवादी नीतिशास्त्र का चरम विकास काण्ट के दर्शन में हुआ है। उसके नैतिक सिद्धांत को 'निरपेक्ष आदेश' का सिद्धांत कहा जाता है जिसके अनुसार नैतिकता न तो मनुष्य की इच्छाओं या भावनाओं से संबंधित होती है और न ही कार्यों के परिणामों से, नैतिकता का एकमात्र संबंध विशुद्ध कर्त्तव्य चेतना से है। काण्ट के नैतिक दर्शन को सिनोइक और स्टोइक दर्शन में विद्यमान कठोरवाद या वैराग्यवाद का चरम स्तर माना जाता है।

प्रश्न 74. जे.एस.मिल. के उपयोगितावाद से आप क्या समझते है?

उत्तर : मिल का उपयोगितावाद मनोवैज्ञानिक तथा नैतिक सुखवाद से युक्त है। मिल ने अधिकतम व्यक्तियों के अधिकतम सुख के सिद्धांत का समर्थन 'प्रत्येक व्यक्ति का सुख उसके लिये शुभ है' तर्क के माध्यम से किया है। उसका कथन है कि 'एक संतुष्ट सुअर होने की अपेक्षा असंतुष्ट मनुष्य होना श्रेष्ट है।' मिल ने चार बाह्य नैतिक दबावों के साथ-साथ एक आंतरिक दबाव भी जोड़ा और सुखों की उत्कृष्टता या निकृष्टता का फैसला योग्य निर्णायकों पर छोड़ा।

प्रश्न 75. ''मनुष्य को अपने कर्मों पर ही ध्यान केंद्रित करना चाहिए, उसे परिणाम की चिंता नहीं करना चाहिए''- व्याख्या कीजिये।

उत्तर : इसका सामान्य अर्थ है कि व्यक्ति को निष्काम भाव से अर्थात् फल की इच्छा न रखते हुए केवल कर्त्तव्य पर बल देना चाहिए। गीता में कहा गया है कि यद्यपि प्रत्येक व्यक्ति को कर्म के अनुसार फल अवश्य मिलता है निष्काम कर्म की स्थिति में आने के लिए मानसिक नियंत्रण तथा संयम जरूरी है तथा निरंतर अभ्यास तथा वैराग्य द्वारा मन को नियंत्रित किया जा सकता है।

प्रश्न 76. गीता के नीतिमीमांसा का मूल्यांकन कीजिये।

उत्तर : आमतौर पर यह संभव नहीं है कि किसी कर्म के मूल में कोई कामना न हो; फिर भी अगर व्यक्ति सीमित मात्रा में भी इस आदर्श की उपलब्धि कर ले तो भावनात्मक स्तर पर अत्यधिक परिपक्व हो सकता है।

पूर्णतः स्थितप्रज्ञ होना भले ही संभव न हो किन्तु वह ऐसा आदर्श है कि उसी ओर जितना हो सके बढ़ते रहना चाहिए। जीवन में सुखों और दुखों से बचना संभव नहीं है किंतु उनके नकारात्मक प्रभावों से बचा जा सकता है और अपने मन को ऐसी संतुलित स्थिति में लाने का अर्थ यही है कि स्थितिप्रज्ञ के आदर्श की ओर बढ़ा जाए।

❑❑❑

परिशिष्ट

परिशिष्ट 1

भारत में लोक सेवा विधायन का अधिकार

भारत मे लोक सेवा विधायन के अधिकार में वे सांविधिक कानून शामिल होते हैं जो नागरिकों को सरकार द्वारा दी जाने वाली विविधि जन सेवाओं को समयबद्ध ढंग से प्रदान किए जाने की गारंटी देते हैं और संविधि के तहत निर्धारित सेवा प्रदान करने में कोताही बरतने वाले दोषी नौकरशाह को दंडित करने की प्रणाली देते हैं। लोक सेवा विधायन के अधिकार का मकसद सरकारी अधिकारियों में भ्रष्टाचार को कम करना और पारदर्शिता व जन-उत्तरदायित्व को बढ़ाना है। भारत में मध्य प्रदेश पहला राज्य बना जब उसने 18 अगस्त 2010 को सेवा का अधिकार अधिनियम बनाया और बिहार 25 जुलाई 2011 को यह कानून बनाने वाला दूसरा राज्य बना। दिल्ली, पंजाब, राजस्थान, हिमाचल प्रदेश, केरल, उत्तराखंड, हरियाणा, उत्तर प्रदेश, उड़ीसा और झारखंड जैसे कई अन्य राज्यों ने भी नागरिकों को सेवा का अधिकार प्रदान करने के लिए इसी तरह के कानून बनाए।

ढांचा

विविध राज्यों में विधायनों के साइना ढांचे में 'लोक सेवाओं का अधिकार' शामिल है। ये सेवाएं निर्धारित समयावधि में संबंधित अधिकारी द्वारा जनता को दी जानी हीत हैं। विधायनों के तहत मंजूर की गई लोक सेवाओं को आम तौर पर गजर के जरिये अलग से अधिसूचित किया जाता है। अधिनियमों के तहत अधिकार के तौर पर निश्चित सीमा में जो चंद साझा लोक सेवाएं प्रदान की जाती हैं, उनमें जाति, जन्म, विवाह, आवाज प्रमाणपत्र, बिजली कनेक्शन, वोटर कार्ड, राशन कार्ड, भू-रिकॉर्ड की कापियां आदि शामिल हैं।

यदि नामित अधिकारी दिए गए समय में सेवा न दे पाए समय में सेवा न दे पाए या सेवा प्रदान करने से इनकार कर दे, तो पीड़ित व्यक्ति प्रथम अपीलीय प्राधिकरण में शिकायत कर सकता है। प्रथम अपीलीय प्राधिकरण सुनवाई के बाद लिखित आदेश के द्वारा अपील को स्वीकार या अस्वीकार कर सकते हैं। प्राधिकरण आदेश के कारण बताता है और इसकी सूचना आवेदक को देता है और लोक सेवक को आवेदक को वह सेवा प्रदान करने के लिए कह सकता है।

प्रथम अपीलीय प्राधिकरण के आदेश से असहमत होने पर द्वितीय अपीलीय प्राधिकरण में अपील की जा सकती है। यह प्राधिकरण भी अपील को लिखित आदेश के जरिये स्वीकार अथवा अस्वीकार कर सकता है और आवेदक को आदेश के कारणों के बारे में सूचित करता है, और लोक सेवक को आवेदक को संबंधित सेवा प्रदान करने के लिए कह सकता है या बगैर समुचित कारण के सेवा देने में कोताही करने के लिए नामित अधिकारी पर जुर्माना लगा सकता है, जो 500 रु से 5000 रु तक हो सकता तक हो सकता है अथवा अनुशासनिक कार्यवाही की सिफारिश कर सकता है। अधिकारी पर लगाए गए जुर्माने से आवेदक को मुआवजा दिया जा सकता है। अपीलीय प्राधिकरणों को नागरिक प्रक्रिया संहिता, 1908 के तहत, केस की सुनवाई

करने के वक्त दीवानी अदालत की कुछ शक्तियां दी गई हैं, जैसे दस्तावेज पेश करने को कहना और नामित अधिकारियों और अपीलकर्ताओं को समन जारी करना।

लागू करने वाले राज्य

राज्य	अधिनियम का नाम	स्थिति
पंजाब	जन सेवा अधिकार अधिनियम, 2011	अधिसूचित
उत्तराखंड	उत्तराखंड जन सेवा अधिकार अधिनियम, 2011	अधिसूचित
मध्य प्रदेश	मध्य प्रदेश लोक सेवाओं के प्रदान गारंटी अधिनियम, 2010	कानून निर्मित
बिहार	बिहार लोक सेवाओं का अधिकार अधिनियम, 2011	कानून निर्मित
दिल्ली	दिल्ली (समयबद्ध सेवाएं प्रदान किए जाने का नागरिक अधिकार) अधिनियम, 2011	अधिसूचित
झारखंड	सेवा का अधिकार कानून, 2011	अधिसूचित
हिमाचल प्रदेश	हिमाचल प्रदेश लोक सेवा गारंटी अधिनियम, 2011	अधिसूचित
राजस्थान	राजस्थान लोक सेवा गारंटी अधिनियम, 2011	अधिसूचित
उत्तर प्रदेश	जनहित गारंटी अधिनियम, 2011	कानून निर्मित
केरल	केरल राज्य सेवा का अधिकार अधिनियम, 2012	कानून निर्मित
कर्नाटक	कर्नाटक (नागरिकों का समयबद्ध सेवाएं प्राप्त करने का अधिकार) विधयेक, 2011	अधिसूचित
छत्तीसगढ़	छत्तीसगढ़ लोक सेवा गारंटी विधेयक, 2011	अधिसूचित
जम्मू एवं कश्मीर	जम्मू एवं कश्मीर लोक सेवा गारंटी अधिनियम, 2011	अधिसूचित
उड़ीसा	उड़ीसा जन सेवा अधिकार अधिनियम, 2011	अधिसूचित
असम	असम जन सेवा अधिकार अधिनियम, 2012	अधिसूचित
केंद्र सरकार	नागरिक चार्टर एवं शिकायत निवारण विधयेक 2011	प्रस्तावित
गुजरात	गुजरात (नागरिक जन सेवा अधिकार) विधेयक 2013	कानून निर्मित
पश्चिम बंगाल	पश्चिम बंगाल जन सेवा अधिकार विधेयक, 2013	अधिसूचित
गोवा	गोवा (समयबद्ध जन सेवा अधिकार) कानून, 2013	अधिसूचित
हरियाणा	हरियाणा सेवा का अधिकार अधिनियम, 2014	अधिसूचित
महाराष्ट्र	महाराष्ट्र जन सेवा अधिकार अध्यादेश, 2015	अधिसूचित

❑❑❑

परिशिष्ट 2: नागरिकों को चीजों और सेवाओं को समयबद्ध ढंग से प्रदान करने और उनकी शिकायतों को दूर करने के अधिकार का विधेयक-2011

इस विधेयक को लोक सभा में 20 दिसंबर 2011 को पेश किया गया। विधेयक को विभाग से संबंधित कार्मिक, जन शिकायत, कानून एवं न्यास पर बनी स्थायी समिति को भेज दिया गया। (अध्यक्ष: शांताराम नाइक)। रिपोर्ट 30 अगस्त, 2012 को जमा कर दी गई।

विधेयक के उद्देश्य

1. विधेयक नागरिकों को चीजें एवं सेवाएं समय पर प्रदान करने के लिए एक प्रणाली बनाना चाहता है।
2. हरेक सरकारी प्राधिकरण को इस अधिनियम के लागू होने के छह माह के अंदर एक नागरिक घोषणापत्र (सिटिजन चार्टर) प्रकाशित करना होगा। इस चार्टर में नागरिकों को दी जाने वाली चीजों एवं सेवाओं का ब्यौरा होगा और यह भी दर्ज होगा कि कब तक ये सेवाएं मुहैया करा दी जाएंगी।
3. एक नागरिक इनमें संबंधित शिकायत दर्ज करा सकता है—(ए) नागरिक घोषणापत्र, (बी) सरकारी प्राधिकरण का कामकाज या (सी) कानून, नीति अथवा योजना का उल्लंघन।
4. विधेयक के अनुसार तमाम सरकारी प्राधिकरणों को शिकायतें दूर करने के लिए अधिकारी नियुक्त करने होंगे। शिकायतें 30 कामकाजी दिनों के अंदर दूर की जानी चाहिए। विधेयक में केंद्रीय एवं राज्य जन शिकायत निवारण आयोगों की नियुक्ति का भी प्रावधान है।
5. सेवाएं प्रदान करने में विफल रहने पर जिम्मेदार अधिकारी अथवा शिकायत निवारण अधिकारी पर 50,000 रुपये का जुर्माना लगाया जा सकता है।

प्रमुख बातें

1. संसद को राज्य के सरकारी अधिकारियों के कामकाज को विनियमित करने का क्षेत्राधिकार नहीं भी हो सकता है क्योंकि राज्य की सरकारी सेवाएं राज्य की विधानसभाओं के दायरे में आती हैं।
2. यह विधेयक शिकायत निवारण की एक समानांतर प्रणाली खड़ा कर सकता है क्योंकि कई केंद्रीय एवं राज्य के कानूनों ने इसी तरह की प्रणालियां स्थापित कर रखी हैं।

3. जो कंपनियां सांविधिक दायित्व अथवा लाइसेंस के तहत सेवाएं प्रदान करती हैं, उन्हें सिटिजन चार्टर प्रकाशित करना पड़ सकता है और शिकायत निवारण प्रणाली प्रदान करनी पड़ सकती है।
4. कमिश्नरों को दुर्व्यवहार अथवा अक्षमता के आरोप लगने पर बगैर न्यायिक जांच के हटाया जा सकता है। यह अन्य विधायकों के तहत दी गई प्रक्रिया से भिन्न है।
5. भ्रष्टाचार के मामलों पर कमिश्नरों के फैसलों के खिलाफ अपीलें लोकपाल या लोकायुक्त के समक्ष की जा सकती हैं। लोकपाल और कुछ लोकायुक्त स्थापित नहीं किए गए हैं।
6. विधेयक के तहत सिर्फ नागरिक शिकायतें दूर करने की मांग कर सकते हैं। विधेयक विदेशी नागरिकों को शिकायतें दर्ज करने का अधिकार नहीं देता है, भले ही वे ड्राइविंग लाइसेंस, बिजली आदि जैसी सेवाओं का उपयोग करते हों।

भाग ए : विधेयक की विशिष्टताएं

संदर्भ

विधेयक एक 'नागरिक घोषणापत्र' (सिटिजंस चार्टर) का जिक्र करता है। यह घोषणा पत्र एक ऐसा दस्तावेज है जो एक निकाय द्वारा प्रदान की जाने वाली सेवाओं के स्तर को परिभाषित करना है। यह चार्टर समय सीमा भी बताता है जिसके अंदर चीजें एवं सेवाएं प्रदान की जानी हैं। नागरिक घोषणापत्र की अवधारणा इंग्लैंड में 1991 में लाई गई और इसके बाद बेल्जियम (1992), मलेशिया (1993) और ऑस्ट्रेलिया (1997) जैसे विविध देशों में इसे अपनाया गया।

1997 में, मुख्यमंत्रियों के एक सम्मेलन में, एक कार्य योजना को मंजूर किया गया। इसके अनुसार बड़े पैमाने पर जनता से सरोकार रखने वाली संस्थाओं के लिए नागरिक घोषणापत्र बनाए जाने की जिम्मेदारी केंद्र एवं राज्य सरकारों को दी गई। साल 2007 में, द्वितीय प्रशासकीय सुधार आयोग ने सिफारिश की कि नागरिक घोषणापत्रों में सेवाएं न प्रदान किए जाने पर जुर्माने की व्यवस्था होनी चाहिए। साल 2008 में, कार्मिक, जन शिकायत, कानून एवं न्यास से संबंधित स्थायी समिति ने शिकायत निवारण प्रणालियों को सांविधिक दर्जा देने की अनुशंसा की। केंद्रीय सूचना आयोग ने भी सिफारिश की कि शिकायतें दूर करने के लिए सूचना का अधिकार कानून, 2005 के इस्तेमाल में कमी लाने वाले शिकायत निवारण प्रणालियों को मजबूत किया जाना चाहिए।

राष्ट्रपति ने जून, 2009 में संसद को अपने संबोधन में कहा था कि सरकार जन सेवाएं प्रभावी रूप से देना सुनिश्चत करने पर जोर देगी। जिस स्थायी समिति ने लोकपाल विधेयक, 2011 की पड़ताल की थी, उसने नागरिक घोषणापत्र एवं शिकायत निवारण की व्यवस्था के लिए एक अलग विधेयक की सिफारिश की। संसद 27 अगस्त 2011 को लोकपाल पर 'सदन के भाव' प्रस्ताव को अपनाए जाने के वक्त सैद्धांतिक रूप से एक नागरिक घोषणापत्र की स्थापना के लिए सहमत हुई।

वर्तमान में, सरकारी विभाग शिकायतों को आंतरिक रूप से निपटाते हैं। लोग याचिकाओं के जरिये उच्च न्यायालय में भी जा सकते हैं। जनवरी 2011 तक, 131 नागरिक घोषणा पत्रों को केंद्र सरकार के विभागों द्वारा और 729 नागरिक घोषणापत्रों को राज्य के सरकारी विभागों द्वारा

अंतिम रूप दिया गया। इसके अतिरिक्त मार्च 2012 तक, कई राज्यों ने शिकायत निवारण प्रणालियां प्रदान करने के लिए कानून बनाए हैं।

मुख्य विशेषताएं

विधेयक के अनुसार इसके कानून बनाए जाने के छह महीनों के अंदर सरकारी प्राधारिकरणों को नागरिक घोषणापत्र (सिटिजंस चार्टर) प्रकाशित करना होगा। चार्टर में सरकारी प्राधिकरण द्वारा प्रदान की जाने वाली सेवाओं और उसकी गुणवत्ता का स्पष्ट उल्लेख होना चाहिए। सिटिजंस चार्टर का प्रचार-प्रसार करने और उसे अद्यतन करते रहने का जिम्मा विभागाध्यक्षों का होगा।

सार्वजनिक या सरकारी प्राधिकरण

1. सरकारी प्राधिकरण में निम्न शामिल है—
   (ए) संवैधानिक एवं सांविधिक प्राधिकरण,
   (बी) अधिसूचना के तहत स्थापित निकाय और
   (सी) सरकारी-निजी भागीदारी।

इसमें वे एन.जी.ओ. भी शामिल हैं, जिनका काफी वित्त-पोषण सरकार द्वारा होता है, सरकारी कंपनियां, और वे कंपनियां जो लाइसेंस अथवा सांविधिक दायित्व के तहत सेवाएं प्रदान करती हैं।

1. प्रभावी रूप से सक्षम सेवाएं प्रदान करने और शिकायतों के निवारण के लिए सार्वजनिक प्राधिकरणों को सूचना प्रदायी केंद्र स्थापित करने की जरूरत है।
2. सूचना प्रदायी केंद्रों में ग्राहक सेवा केंद्र, कॉल सेंटर, सहायता डेस्क और जन समर्थन केंद्र शामिल किए जा सकते हैं।

जन शिकायत निवारण आयोग

1. विधेयक केंद्रीय एवं राज्य शिकायत निवारण आयोगों की स्थापना करता है। प्रत्येक आयोग में एक मुख्य आयुक्त और 10 तक आयुक्त होंगे। एक चयन समिति की अनुशंसा के आधार पर आयुक्तों की नियुक्ति राष्ट्रपति (राज्यपाल) द्वारा की जाएगी। इस समिति में प्रधानमंत्री (मुख्यमंत्री), लोकसभा (विधानसभा) में विपक्ष के नेता और उच्चतम न्यायालय (उच्च न्यायालय) के पीठासीन जज होंगे।
2. आयुक्त निम्न होने चाहिए—(ए) केंद्र (राज्य) सरकार के वर्तमान अथवा पूर्व सचिव, या (बी) उच्चतम न्यायालय के वर्तमान या पूर्व जज या उच्च न्यायालय के मुख्य न्यायाधीश (उच्च न्यायालय के जज या जिला अदालतों में 10 साल तक रहे जज; या (सी) प्रासंगिक क्षेत्र में स्नातकोत्तर डिग्री के साथ सामाजिक क्षेत्रों में कम-से-कम 20 साल (15 साल) के अनुभव वाले प्रसिद्ध लोग। आयुक्तों को खास परिस्थितियों में राष्ट्रपति (राज्यपाल) के आदेश से हटाया जा सकता है।

शिकायत प्रणाली

1. **शिकायत :** कोई भी नागरिक निम्न बातों के लिए शिकायत दर्ज करा सकता है—
   (ए) सिटिजंस चार्टर में उल्लिखित चीजों या सेवाओं को देने में विफलता;

(बी) सरकारी प्राधिकरण की कार्य प्रणाली;

(सी) कानून, नीति, कार्यक्रम, आदेश अथवा योजना का उल्लंघन।

शिकायतों का निपटारा 30 कामकाजी दिनों के अंदर करना होगा।

2. शिकायत निवारण अधिकारी (जी.आर.ओ.) के समक्ष शिकायतें करनी होंगी। हरेक सरकारी प्राधिकरण द्वारा केंद्र, प्रांत, जिला, उप-जिला, नगरपालिका और पंचायत स्तरों पर जी आर ओ की नियुक्ति की जाएगी। जी.आर.ओ. के निम्न कार्य होंगे—

   (ए) यह सुनिश्चित करना कि 30 कामकाजी दिनों के अंदर शिकायतों का निपटारा हो जाए;

   (बी) यदि किसी अधिकारी ने लापरवाही बरती है तो दोषी अधिकारी के खिलाफ अनुशासनिक कार्रवाई सुनिश्चित करना; और

   (सी) जहां एक व्यक्ति ने जान-बूझकर सेवाएं प्रदान करने की अनदेखी की है अथवा भ्रष्टाचार रोकथाम कानून, 1998 के तहत प्रथम दृष्टया केस बनता है तो जुर्मानों एवं क्षतिपूर्ति की सिफारिश करना। जी.आर.ओ. को शिकायतकर्ता को उनकी शिकायत पर की गई कार्रवाई के बारे में सूचित करना होगा।

3. **अपील :** जी.आर.ओ. के आदेशों के खिलाफ नामित प्राधिकरण (डी.ए.) के समक्ष अपील की जा सकती है। कार्मिक, जन शिकायत एवं पेंशन राज्य मंत्री द्वारा दिए गए एक बयान के मुताबिक, डी.ए. राज्य स्तर पर एक अधिकारी होगा। डी.ए. अपील प्राप्त करने के 30 कामकाजी दिनों के अंदर उसका निपटारा होगा। अगर जी.आर.ओ. 30 अपील प्राप्त करने के 30 कामकाजी दिनों के अंदर उसका निपटारा करेगा। अगर जी.आर.ओ. 30 कामकाजी दिनों के अंदर शिकायत का निपटारा नहीं करता है, तो जी.आर.ओ. इसे अपील के रूप में डी.ए. को भेज सकता है। डी.ए. दोषी अधिकारियों को दंडित कर सकता है।

4. **द्वितीय अपील :** डी.ए.के आदेशों के खिलाफ केंद्रीय या राज्य शिकायत निवारण आयोग के समक्ष 30 कामकाजी दिनों के अंदर अपील की जा सकती है। केंद्र (राज्य) सरकार के विभागों के कामकाज के कारण होने वाली शिकायतों से संबंद्ध अपीलें केंद्रीय (प्रांतीय) आयोग के समक्ष पड़ी रहेंगी। आयोगों को 60 कामकाजी दिनों के अंदर अपील का निपटारा करना होगा।

5. **तृतीय अपील :** भ्रष्टाचार रोकथाम कानून, 1988 के तहत एक जुर्म के संबंध में आयोगों के फैसले के खिलाफ लोकपाल अथवा लोकायुक्त के समक्ष अपील की जाएगी।

6. **स्वतः प्रणाली :** केंद्रीय एवं प्रांतीय आयोग चीजें और सेवाएं नहीं प्रदान किए जाने से संबंधित मामलों को अपने आप से ही सरकारी विभागों के अध्यक्षों को भेज सकते हैं। अगर आयोगों को लगता है कि किसी मामले में जांच करने के समुचित आधार हैं, तो वे खुद ही जांच शुरू कर सकते हैं।

7. खास मामलों में आयोगों को भी शिकायतें की जा सकती हैं। आयोगों का यह कर्तव्य है कि वे निम्न लोगों की शिकायतों की पड़ताल करें—

नागरिकों को चीजों और सेवाओं को समयबद्ध ढंग से प्रदान करने... 111

(ए) जो डी.ए. के समक्ष अपील करने में असमर्थ हैं;

(बी) जिनकी शिकायतें दूर करने से इनकार कर दी जाएं;

(सी) जिनकी शिकायतों का निपटरा 30 दिनों के अंदर न किया जाए; और

(डी) जिनको सिटिजंस चार्टर उपलब्ध न कराया जाए, क्योंकि इसे तैयार नहीं किया गया है अथवा इसे व्यापक रूप से प्रचारित नहीं किया गया है।

जुर्माना

1. **जी आर ओ :** विधेयक के अनुसार जी.आर.ओ. इन स्थितियों में डी.ए. को जुर्माने के लिए सिफारिश करें—(ए) जब उन्हें पक्का लगे कि अधिकारी जान-बूझ कर अनदेखी करने का दोषी हैं, या

   (बी) जब प्रथम दृष्टया भ्रष्टाचार के सबूत हैं।
2. **डी.ए. एवं आयोग :** विधेयक डी.ए. और आयोगों का दोषी अधिकारी और जी.आर.ओ. पर अधिकतम 50 हजार रुपये जुर्माना लगाने की शक्ति देता है। जब किसी दोषी अधिकारी ने दुर्भाग्यपूर्ण ढंग से काम किया करे अथवा अपनी जिम्मेदारी समुचित तरीके से न निभाई हो तो उस पर जुर्माना लगाया जा सकता है।

   जुर्माने का एक हिस्सा शिकायतकर्ता को क्षतिपूर्ति के तौर पर दिया जा सकता है।
3. अगर दोषी अधिकारी के खिलाफ भ्रष्टाचार का सबूत है, तो डी.ए. और आयोगों को यह मामला समुचित अधिकारियों के पास भेजना होगा। इसके अतिरिक्त, डी.ए. ऐसे मामलों में कार्यवाही शुरू कर सकता है।
4. अगर दोषी अधिकारी के खिलाफ दुर्भावपूर्ण ढंग से काम करने का सबूत हो, तो जी.आर.ओ., डी.ए. और आयोग उसके खिलाफ अनुशासनिक कार्यवाही शुरू कर सकते हैं।
5. किसी अपील के दौरान जब यह आरोप लगाया जाए कि जी.आर.ओ. ने शिकायत दूर नहीं की, तो प्रमाण देने का जिम्मा जी.आर.ओ. का होगा।

भाग बी : मुख्य मुद्दे एवं विश्लेषण

राज्य के सरकारी अधिकारियों को विनियमित करने का संसद का क्षेत्राधिकार

विधेयक केंद्र और राज्य पर विभागों एवं सरकारी अधिकारियों के कामकाज को विनियमित करता है। यह केंद्र एवं राज्य स्तर पर आयोग की स्थाना भी करता है। 'राज्य लोक सेवाएं; राज्य लोक सेवा आयोग' संविधान की सातवीं अनुसूची की राज्य सूची (प्रविष्टि 41) में शामिल हैं। इसका आशय है कि राज्य के सरकारी कर्मियों के कामकाज को विनियमित करने के लिए कानून बनाने का अधिकार सिर्फ राज्य की विधायिकाओं को है। इस तरह, संसद को ऐसी सेवाओं ऐसे कर्मियों के लिए कानून बनाने का क्षेत्राधिकार नहीं भी हो सकता है। इस बारे में, मंत्रालय ने कहा है कि विधेयक के प्रावधान उन 'कार्रवाई योग्य गलतियों' से संबंद्ध हैं जो समवर्ती सूची के तहत आने हैं। यह दृष्टिकोण स्थायी समिति भी माना गया।

उच्चतम न्यायालय ने कहा है कि "गलती का मतलब कार्रवाई योग्य गलती है और इसमें यह शामिल होना चाहिए—(ए) किसी कार्य को करने अथवा न करने से एक व्यक्ति के कानूनी अधिकार का अतिक्रमण हुआ हो या उनके प्रति कानूनी दायित्व का उल्लंघन हुआ हो, और

(बी) किसी कार्य को किए जाने अथवा न किए जाने से उस व्यक्ति का किसी तरह से अवश्य ही हानि या नुकसान हुआ हो। यह नुकसान या तो वास्तविक या अनुमानित हो सकता है।'' विधेयक के तहत किसी नीति या योजना के उल्लंघन के लिए शिकायत दर्ज कराई जा सकती है। इन योजनाओं एवं नीतियों के तहत दावे गैर-वादयोग्य (जिसे अदालतों द्वारा लागू न किया जा सके) हो सकते हैं। यह स्पष्ट नहीं है कि जो योजनाएं एवं नीतियां वादयोग्य नहीं है, क्या वे 'कार्रवाई योग्य गलती' के अर्थ के तहत आएंगी या नहीं।

दिल्ली, पंजाब और बिहार जैसे कई राज्यों ने अपने शिकायत निवारण कानून बनाए हैं। इन कानूनों के तहत दी गई प्रणाली इस विधेयक के तहत दी गई प्रणाली से भिन्न हैं।

सरकारी प्राधिकरण के अर्थ पर स्पष्टता का अभाव

धारा 2 (एन)

यह स्पष्ट नहीं है कि क्या यह विधेयक निजी निकायों पर तभी लागू होता है, जब उनकी स्थापना या गठन अधिसूचना के तहत हुआ हो। 'सार्वजनिक प्राधिकरण' शब्द की हुआ हो।' सार्वजनिक प्राधिकरण' शब्द को व्यापक रूप से निम्न के तहत गठित प्राधिकरणों के एिल परिभाषित किया गया है—

(ए) संविधान या किसी केंद्रीय अथवा राज्य के कानून; (बी) सरकार एवं निजी निकाय के बीच पी पी पी के रूप में समझौता; और (सी) सरकार की अधिसूचना या आदेश के तहत स्थापित कोई निकाय। इस परिभाषा में निम्न भी शामिल हैं—(1) गैर-सरकारी संगठन जो सरकार से प्रत्यक्ष या अप्रत्यक्ष रूप से धन प्राप्त करते हैं, और (2) अन्य कंपनियां जो सांविधिक या कानून के द्वारा अधिकृत या लाइसेंस के तहत दायित्व को पूरा करने के लिए चीजों या सेवाओं की आपूर्ति कर रही हैं। यह स्पष्ट नहीं है कि क्या इन संगठनों को अधिसूचना के तहत स्थापित किए जाने की जरूरत है।

यह गौर करने की बात है कि सूचना का अधिकार अधिनियम, 2005 में वे निजी निकाय तब तक आते हैं, जब तक वे सरकार द्वारा नियंत्रित या वित्त पोषित होते हैं। निजी क्षेत्र की कंपनियां उपभोक्ता रक्षा कानून, 1986 और प्रतियोगिता कानून, 2002 जैसे अन्य कानूनों के तहत भी आती हैं। इस विधेयक के तहत शामिल किए जाने से एक ही विवाद के लिए कई विवाद निपटान मंच उपलब्ध हो सकते हैं। उदाहरण के लिए, ठेके के तहत दी जाने वाली सेवाएं उपभोक्ता रक्षा कानून और इस विधेयक के तहत आएंगी।

शिकायत निवारण मंचों की बहुलता

यह विधेयक कई परिस्थितियों जिसमें किसी कानून, नीति या योजना का उल्लंघन भी शामिल हैं, में शिकायत निवारण की व्यवस्था करता है। कुछ मौजूदा और प्रस्तावित कानून शिकायत निवारण की अपनी प्रणाली प्रदान करते हैं। जैसे, महात्मा गांधी राष्ट्रीय ग्रामीण रोजगार गारंटी अधिनियम, 2005, बच्चों की निःशुल्क एवं अनिवार्य शिक्षा का अधिकार 2008 राष्ट्रीय खाद्य सुरक्षा विधेयक, 2011 और सरकारी खरीद विधेयक, 2012।

कुछ मामलों में क्षेत्राधिकार परस्पर व्यापी हो सकता है, क्योंकि इन विधायकों के तहत शिकायतें इस विधेयक के तहत भी आ सकती हैं। यह अस्पष्ट है कि पहले किस प्रणाली के तहत शिकायत दूर करने की पहल की जाए, और क्या एक कानून के तहत राहत पाने के प्रयास से

दूसरे कानून के तहत समाधान पाने पर रोक लग जाएगी।

फिर, इन विधायकों के तहत स्थापित आयोगों की प्रकृति विशेषीकृत है। इन आयोगों में उस क्षेत्र के मशहूर लोग होते हैं, जिससे ये कानून संबद्ध होते हैं। उदाहरण के लिए, राष्ट्रीय खाद्य सुरक्षा विधेयक, 2011 के तहत जो आयोग बनाए गए हैं, उनमें खाद्य सुरक्षा, कृषि और स्वास्थ्य क्षेत्र के अनुभवी लोग हैं।

गैर-नागरिकों का वर्जन

धारा 2 (एफ)

शिकायत सिर्फ एक नागरिक द्वारा दर्ज कराई जा सकती है। बहरहाल, कुछ सेवाओं का उपयोग नागरिकों और विदेशियों दोनों द्वारा किया जा सकता है। उदाहरण के लिए, एक विदेशी नागरिक भारतीय कानून के तहत ड्राइविंग लाइसेंस का आवेदन करने के योग्य हैं। शिकायत निवारण प्रणाली के दायरे से विदेशी नागरिकों को बाहर रखने का औचित्य अस्पष्ट हैं।

कुछ प्रांतीय कानूनों के तहत, शिकायत निवारण प्रणाली तक पहुंच के लिए आधार शिकायतकर्ता की योग्यता है, न कि उसकी नागरिकता। पंजाब सेवाओं का अधिकार अधिनियम, 2011 और राजस्थान गारंटीशुदा लोक सेवा प्रदान करने का अधिनियम, 2011 तमाम 'योग्य व्यक्तियों' को शिकायत निवारण प्रणाली तक पहुंच प्रदान करता है। इन अधिनियमों के तहत एक 'योग्य व्यक्ति' को 'ऐसे व्यक्ति के रूप में परिभाषित किया गया है जो अधिसूचित सेवाओं के योग्य हैं।' स्थायी समिति ने सिफारिश की है कि मंत्रालय इस बात की समीक्षा करे कि क्या गैर-नागरिक विधेयक के तहत लाए जा सकते हैं।

अपील प्रक्रिया में असंगतियां

धारा 47, 28 एवं 44

विधेयक के तहत, यदि आयोग इस बात से संतुष्ट है कि भ्रष्टाचार का प्रथम दृष्टया मामला है, तो यह इसे 'समुचित प्राधिकरण' को भेजेगा। विधेयक में यह भी कहा गया है कि भ्रष्टाचार से संबंधित आयोग के फैसलों के खिलाफ लोकपाल से संबंधित आयोग के फैसलों के खिलाफ लोकपाल अथवा लोकायुक्त के समक्ष अपील की जा सकती है। इससे तीन मसले उठते हैं—

प्रथम—विधेयक के तहत, आयोग के पास भ्रष्टाचार से जुड़े मामलों में निर्णय देने की शक्ति नहीं है। इसे सिर्फ मामले को समुचित प्राधिकरण के पास भेजने का अधिकार है। यह स्पष्ट नहीं है कि भ्रष्टाचार के मामलों में आयोग की निर्णय करने की शक्ति के अभाव में लोकपाल या लोकायुक्त के समक्ष अपील कैसे की जा सकती है।

द्वितीय—विधेयक आयोग के उन आदेशों जो भ्रष्टाचार से जुड़े नहीं हैं, के खिलाफ अपील करने की कोई प्रक्रिया नहीं प्रदान करता है।

तृतीय—केंद्र में लोकपाल की नियुक्ति अभी की जानी बाकी है और कई राज्यों ने अभी तक लोकायुक्त की स्थापना नहीं की है।

स्थायी समिति ने अनुशंसा की है कि लोकपाल और लोकायुक्त के समक्ष अपील करने की व्यवस्था नहीं की जानी चाहिए। उसका कहना है कि लोकपाल और लोकायुक्त भ्रष्टाचार-रोधी एजेंसियां हैं, जबकि विधेयक सेवाएं प्रदान किए जाने के मसले से संबंद्ध है। इसने यह भी गौर

किया कि विधेयक में पहले से ही तीन स्तरों पर अपील की व्यवस्था है, इसलिए लोकपाल या लोकायुक्त के समक्ष चौथी अपील की आवश्यकता नहीं है।

केंद्रीय एवं प्रांतीय शिकायत आयोगों के सदस्यों को हटाया जाना

धारा 20 एवं 37

आयोगों के सदस्यों को राष्ट्रमति या राज्यपाल के आदेश के द्वारा हटाया जा सकता है। विधेयक में कहा गया है कि दुर्व्यवहार अथवा अक्षमता के लिए आयुक्तों को हटाने हेतु सरकार नियमानुसार जांच प्रक्रिया को विनियमित कर सकती है। बहरहाल, यदि आयुक्तों के खिलाफ कदाचरण (वित्तीय या ऐसे अन्य हित हासिल करना) अथवा अक्षमता के आरोप हैं तो ऐसे में न्यायिक जांच किए जाने की जरूरत नहीं है।

यह कुछ विधायनों के तहत दी गई प्रक्रिया से भिन्न है। उदाहरण के लिए, प्रतियोगिता अधिनियम, 2002, सूचना का अधिकार कानून, 2005 और मानवाधिकार की रक्षा कानून, 1993 में कहा गया है कि अगर आयुक्तों के खिलाफ कदाचार अथवा अक्षमता का आरोप लगाया गया है तो उन्हें हटाने के पूर्व न्यायिक जांच की जानी चाहिए। इलेक्ट्रॉनिक रूप से सेवाएं प्रदान करने का विधेयक, 2011 और लोकपाल एवं लोकायुक्त विधेयक, 2011 में भी इसी तरह की जांच प्रक्रिया दी गई है।

डी.ए. एवं आयोगों की शक्तियों के बीच असंगति

विधेयक एक शिकायतकर्ता द्वारा दो स्तरों पर अपीलों की व्यवस्था करता है—**पहला** डी.ए. के पास, और फिर आयोग के समक्ष। दोनों की शक्तियों के बीच असंगति है। अगर प्रथम दृष्टया भ्रष्टाचार का संकेत है, तो डी.ए. या तो मामले को समुचित प्राधिकरण के पास भेज सकता है या कार्यवाहियां शुरू कर सकता है। बहरहाल, अगर शिकायतकर्ता डी.ए. के फैसले के खिलाफ आयोग के समक्ष अपील करता है, तो आयोग मामले को सिर्फ समुचित प्राधिकरण को भेज सकता है। डी.ए. के विपरीत, आयोग को कार्यवाहियां शुरू करने की शक्ति नहीं है।

इसे सिर्फ मामले को समुचित प्राधिकरण के पास भेजने का अधिकार है। यह स्पष्ट नहीं है कि भ्रष्टाचार के मामलों में आयोग की निर्णय करने की शक्ति के अभाव में लोकपाल या लोकायुक्त के समक्ष अपील कैसे की जा सकती है।

दूसरा—विधेयक आयोग के उन आदेशों जो भ्रष्टाचार से जुड़े नहीं है, के खिलाफ अपील करने की कोई प्रक्रिया नहीं प्रदान करता है।

तीसरा—केंद्र में लोकपाल की नियुक्ति अभी की जानी बाकी है और कई राज्यों ने अभी तक लोकायुक्त की स्थापना नहीं की है।

स्थायी समिति ने अनुशंसा की है कि लोकपाल और लोकायुक्त के समक्ष अपील करने की व्यवस्था नहीं की जानी चाहिए। उसका कहना है कि लोकपाल और लोकायुक्त भ्रष्टाचार रोधी एजेंसियां हैं, जबकि विधेयक सेवाएं प्रदान किए जाने के मसले में संबद्ध है। इसने यह भी गौर किया कि विधेयक में पहले से ही तीन स्तरों पर अपील की व्यवस्था है, इसलिए लोकपाल या लोकायुक्त के समक्ष चौथी अपील की आवश्यकता नहीं है।

परिशिष्ट 3 भारत का नागरिक घोषणा-पत्र एवं शिकायत निवारण विधेयक, 2011

नागरिक घोषणा-पत्र एवं शिकायत निवारण विधेयक, 2011 को भारत में चीजें एवं सेवाएं समयबद्ध ढंग से प्रदान करने तथा उनकी शिकायतों का निवारण करवाने का नागरिक अधिकार विधेयक, 2011 अथवा नागरिक घोषणा-पत्र विधेयक के रूप में भी जाना जाता है। कार्मिक, जन शिकायत एवं पेंशन राज्य मंत्री वी. नारायणसामी द्वारा इसे दिसंबर 2011 में लोकसभा में पेश किया गया।

विधेयक में प्रत्येक नागरिक को नियत समय में खास चीजें एवं सेवाएं प्रदान करने एवं शिकायतों के निपटारे के लिए प्रणाली की व्यवस्था है। विधेयक में यह अनिवार्य किया गया है कि इस कानून के लागू होने के छह माह के अंदर हरेक सरकारी प्राधिकरण नागरिक घोषणा-पत्र प्रकाशित करेगा। ऐसा करने में विफल रहने पर संबंधित अधिकारी को कार्रवाई का सामना करना पड़ेगा, जिसमें उनकी तनख्वाह से 50 हजार रुपये तक जुर्माना उनकी तनख्वाह से 50 हजार रुपये तक का जुर्माना लिया जाना और अनुशासनिक कार्यवाहियां शामिल हैं।

यह विधेयक तब आया, जब अन्ना हजारे ने इसके प्रावधानों को जन लोकपाल विधेयक में शामिल करने के लिए कहा।

जन लोकपाल विधेयक

जन लोकपाल विधेयक को नागरिक लोकपाल विधेयक भी कहा जाता है। यह एक भ्रष्टाचार रोधी विधेयक है, जिसे जन लोकपाल की नियुक्ति की मांग कर रहे सिविल सोसायटी कार्यकर्ताओं द्वारा तैयार किया गया। जन लोकपाल एक स्वतंत्र निकाय होता है, जो भ्रष्टाचार के मामलों की जांच करता है। यह विधेयक दिसंबर 2011 में लोकसभा द्वारा पारित किए जाने वाले लोकपाल एवं लोकायुक्त विधयेक 2011 में सुधार करने का प्रस्ताव रखता है। जन लोकपाल विधयेक का मकसद भ्रष्टाचार को प्रभावी रूप से रोकना, नागरिकों की शिकायतों की क्षतिपूर्ति करना तथा मामला उजागर करने वालों की रक्षा करना है। 'जन' उपसर्ग का आशय यह है कि इन सुधारों में 'आम नागरिकों' द्वारा सुझाई गई बातें शामिल हैं। ये बातें कार्यकर्ता संचालित और सरकारी जन परामर्श के जरिये निकल कर सामने आईं।

'लोकपाल' शब्द का सृजन सांसद एल.एम. सिंघवी द्वारा एक बहस के दौरान किया गया। उनके पुत्र डॉ. अभिषेक मनु सिंघवी उस संसदीय समिति के अध्यक्ष थे, जो इस विधेयक की समीक्षा कर रही थी। अभिषेक मनु सिंघवी ने सेक्स-टेप विवाद के बाद अपने पद से इस्तीफा दे दिया था। सरकार का ध्यान खींचने के लिए, 2011 में 'इंडिया अगेंस्ट करप्शन (आई ए सी—भ्रष्टाचार के खिलाफ भारत) अभियान चलाया गया। अन्ना हजारे सिविल सोसायटी के अध्यक्ष हैं और आई.ए.सी. आंदोलन जन लोकपाल मुहिम की अग्रभूमि है। अगस्त 2011 तक इन सहयोगात्मक प्रयासों के जरिये—आई.ए.सी. जन लोकपाल विधेयक के मसौदे का 23वां प्रतिरूप पेश कर सका।

लोकपाल विधेयक

लोकपाल विधेयक सबसे पहले शांतिभूषण द्वारा 1968 में रखा गया और चौथी लोकसभा द्वारा 1969 में पारित किया गया। लेकिन इससे पहले कि इसे राज्य सभा द्वारा पारित किया जाए, लोक सभा भंग हो गई और यह विधेयक समाप्त हो गया। इसके बाद के प्रतिरूप 1971, 1977, 1985, 1989, 1996, 1998, 2001, 2005 और 2008 में फिर से रखे गए, लेकिन इनमें से कोई भी पारित नहीं किया गया। 2011 में, संसद के शीतकालीन सत्र में, लोकसभा ने इस विवादास्पद लोकपाल विधेयक को पारित किया, 2011 के शीत-सत्र में समयाभाव के कारण राज्यसभा द्वारा इसे पारित नहीं किया जा सका। सरकार ने लोकपाल विधेयक को फिर राज्यसभा में नहीं रखा है।

समय रेखा एवं लागत

लोकपाल विधेयक 1968 से अब तक संसद में आठ बार पेश किया किया गया है।

- ❏ 1968 — 3 लाख
- ❏ 1971 — 20 लाख
- ❏ 1977 — 25 लाख
- ❏ 1985 — 25 लाख
- ❏ 1989 — 35 लाख—लोकपाल के तहत प्रधानमंत्री
- ❏ 1996 — 1 करोड़—लोकपाल के तहत प्रधानमंत्री
- ❏ 2001 — 35 करोड़—लोकपाल के तहत प्रधानमंत्री
- ❏ 2011 — 1700 करोड़
- ❏ 2012 — 2000 करोड़

वर्तमान भ्रष्टाचार-रोधी कानून एवं संगठन

हालांकि भारत में भ्रष्टाचार पर लगाम लगाने के लिए इस समय कई कानून हैं, लेकिन जन लोकपाल विधेयक के समर्थकों ने दलील दी कि भारत में बड़ी तादाद में और बड़े घोटालों के मद्देनजर मौजूदा कानून अपर्याप्त है।

केंद्रीय सतर्कता आयोग (सी.वी.सी.)

सी.वी.सी. में 200 से 250 के बीच कर्मचारी हैं। अगर अंतरराष्ट्रीय पैमाने की बात करें, तो 57 लाख कर्मचारियों के भ्रष्टाचार को रोकने के लिए सी.वी.सी. में भारत को 28 भ्रष्टाचार-रोधी स्टाफ की जरूरत है। भ्रष्ट सरकारी अधिकारियों के खिलाफ मुकदमा चलाने की इजाजत लेने में कई मामलों में काफी विलंब लगता रहा है। ऐसे अधिकारियों के खिलाफ मुकदमा चलाने की

अनुमति लेना भ्रष्टाचार को खत्म करने एवं व्यवस्था में पारदर्शिता लाने की मुहिम में बाधक के रूप में काम करता है।

केंद्रीय जांच ब्यूरो (सी.बी.आई.)

चूंकि सी.बी.आई. केंद्र सरकार के नियंत्रण में है, इसलिए आपराधिक कार्यवाही शुरू करने के लिए इसे केंद्रीय एजेंसियों की अनुमति लेनी होती है। तब तक, आरोपी, ऐसी स्थिति का लाभ उठा सकता है। वह इस दौरान शिकायतकर्ता पर दबाव डाल सकता है और केस वापस लेने के लिए धमका सकता है। जन लोकपाल विधेयक में, यह प्रस्ताव रखा गया है कि इन दोनों शाखाओं का लोकपाल में विलय कर दिया जाए। इससे लोकपाल पूरी तरह सरकार से स्वतंत्र हो जाएगा और अपनी जांचों में मंत्रियों के प्रभाव से मुक्त हो जाएगा।

प्रेरणा

विधेयक हांगकांग के भ्रष्टाचार के खिलाफ स्वतंत्र आयोग (आई.सी.ए.सी.) से प्रेरित था। 1970 के दशक में, हांगकांग में भ्रष्टाचार का स्तर इतना ज्यादा देखा गया कि सरकार ने एक आयोग का गठन किया, जिसके पास भ्रष्टाचार की जांच करने और उससे निपटने की सीधी शक्तियां थीं। पहले मामले में, आई.सी.ए.सी. ने 180 पुलिस अफसरों में से 119 को बर्खास्त कर दिया।

प्रस्तावित विधेयक की प्रमुख खासियतें

प्रस्तावित विधेयक की कुछ अहम खासियतें निम्न हैं—

1. केंद्र सरकार के स्तर पर 'लोकपाल नामक एक भ्रष्टाचार-रोधी संस्था की स्थापना करना। इसी तर्ज पर राज्य स्तर पर 'लोकायुक्त' की स्थापना करना।

2. जैसा कि उच्चतम न्यायालय और मंत्रिमंडलीय सचिवालय के मामले में होता है, लोकपाल का निरीक्षण मंत्रिमंडलीय सचिव और चुनाव आयोग द्वारा किया जाएगा। परिणामस्वरूप, यह सरकार से पूरी तरह स्वतंत्र हो जाएगा और अपनी जांचों में मंत्रियों के दबाव से मुक्त हो जाएगा।

3. सदस्यों की नियुक्ति जजों, साफ-सुथरे रिकॉर्ड वाले भारतीय प्रशासनिक सेवा के अफसरों, नागरिकों और संवैधानिक विशेषज्ञों द्वारा पारदर्शी एवं भागीदारी प्रक्रिया के जरिए की जाएगी।

4. एक चयन समिति साक्षात्कार के लिए छांटे गए उम्मीदवारों को आमंत्रित करेगी और बाद में इसकी वीडियो रिकॉर्डिंग सार्वजनिक कर दी जाएगी।

5. लोकायुक्त हरेक महीने अपनी वेबसाइट पर हाथ में लिए गए मामलों की सूची प्रकाशित करेगा। इसके साथ ही हरेक मामले का संक्षिप्त ब्योरा, उसके नतीजे और प्रस्तावित अथवा की गई कार्रवाई के बारे में भी बताएगा। लोकायुक्त द्वारा पिछले महीने के दौरान प्राप्त किए गए तमाम केसों को भी बताया जाएगा। यह भी बताया जाएगा कि इनमे से कितने केसों पर काम किया गया और कितने केस लंबित हैं।

6. हर केस की जांच एक साल में अवश्य ही पूरी हो जानी चाहिए। और इसके बाद अगले साल मुकदमे की कार्यवाही पूरी हो जानी चाहिए। इस तरह कुल अवधि दो वर्ष होनी चाहिए।

7. भ्रष्ट व्यक्ति द्वारा सरकार को पहुंचाए गए नुकसानों की वसूली दोषी ठहराए जाने के वक्त की जाएगी।

8. एक नागरिक को सरकारी दफ्तर में जो काम कराने होते हैं, वे यदि निर्धारित समय में पूरे नहीं किए जाते हैं तो लोकपाल इसके लिए जिम्मेदार लोगों पर वित्तीय जुर्माना लगाएगा और इस राशि से शिकायतकर्ता को मुआवजा दिया जाएगा।

9. लोकपाल के किसी अधिकारी के खिलाफ शिकायत की मांग एक महीने के अंदर पूरी की जाएगी और यदि पर्याप्त आधार पाए गए, तो उस अधिकारी को दो महीने के अंदर बर्खास्त कर दिया जाएगा।

10. मौजूदा भ्रष्टाचार-रोधी एजेंसियों (सी.वी.सी.), विभागीय सतर्कता और सी.बी.आई. की भ्रष्टाचार रोधी शाखा का लोकपाल में विलय कर दिया जाएगा। लोकपाल को किसी अफसर, जज अथवा राजनेता के खिलाफ जांच करने और मुकदमा चलाने का पूर्ण अधिकार होगा।

11. भ्रष्टाचार के संभावित मामलों के बारे में एजेंसी को सतर्क करने वाले लोगों को इसके द्वारा संरक्षण भी प्रदान किया जाएगा।

जन लोकपाल विधेयक के सरकार के एवं कार्यकर्ताओं के मसौदे में अंतर

मुख्य बिंदु जन लोकपाल विधेयक (नागरिक लोकपाल विधेयक)	लोकपाल विधेयक का मसौदा (2010)
लोकपाल को आम जनता से भ्रष्टाचार की शिकायतें सुनने एवं उस पर खुद कार्रवाई की शुरुआत करने की शक्तियां होंगी।	लोकपाल को खुद भ्रष्टाचार से जुड़ी शिकायतें जनता से सुनने अथवा कार्रवाई करने की शक्ति नहीं होगी। यह

भारत का नागरिक घोषणा-पत्र एवं शिकायत निवारण विधेयक, 2011

	सिर्फ लोकसभा अध्यक्ष या राज्यसभा अध्यक्ष द्वारा आगे बढ़ाई गई शिकायतों की ही जांच कर सकता है।
किसी के दोषी पाए जाने पर लोकपाल को उसके खिलाफ मुकदमा शुरू करने की शक्ति होगी।	लोकपाल सिर्फ एक सलाहकार निकाय होगा जिसकी सीमित भूमिका यह होगी कि वह 'सक्षम प्राधिकरण' के पास अपनी रिपोर्ट अग्रसारित कर दे।
लोकपाल के पास पुलिस की शक्तियां होंगी और एफ.आई.आर. दर्ज करने की भी योग्यता होगी।	लोकपाल को पुलिस की कोई शक्ति नहीं होगी और उसे एफ.आई.आर. भी दर्ज करने की योग्यता नहीं होगी या वह आपराधिक जांच शुरू नहीं कर सकता है।
लोकपाल और सी.बी.आई. की भ्रष्टाचार-रोधी शाखा एक स्वतंत्र निकाय होगी। दंड न्यूनतम एक साल और अधिकतम उम्रकैद होगा।	सी.बी.आई. और लोकपाल असंबद्ध होंगे। भ्रष्टाचार के लिए दंड न्यूनतम 6 माह और अधिकतम 7 वर्ष होगा।

केस उजागर करने वाले (व्हिसल ब्लोअर) की रक्षा एवं नागरिक

घोषणा-पत्र के बारे में सरकार का नजरिया

भ्रष्टाचार-रोधी विधायन पर अंतर करने और जन विरोध की धमकी के खिलाफ कुछ राजनीतिक कवच हासिल करने के प्रमाण के तहत, सरकार ने 20 दिसंबर 2011 को नागरिक घोषणा-पत्र एवं शिकायत निवारण विधेयक 2011 को पेश किया। इसके पहले ही सरकार केस उजागर करने वाले की रक्षा का कानून अथवा जन हित खुलासा (सूचना की रक्षा) विधेयक 2010 को अगस्त 2011 में ला चुकी थी। सरकार के इस कदम पर टीम अन्ना ने एक बयान जारी किया कि ''सरकार का सी.बी.आई., न्यायपालिका, नागरिक घोषणापत्र, केस उजागर करने वाले की रक्षा, ग्रुप सी और ग्रुप डी के कर्मचारियों को लोकपाल के क्षेत्राधिकार से हटाने का प्रस्ताव है। क्या इससे लोकपाल बगैर किसी शक्ति और अधिकार के बस खाली टिन का डिब्बा नहीं हो जाएगा?'' टीम अन्ना और सरकार के बीच यह मसला अनसुलझा रह गया।

जन लोकपाल विधेयक के लिए अभियान

संयुक्त प्रगतिशील गठबंधन (यू.पी.ए.) की अध्यक्षता वाली भारत सरकार द्वारा 2010 में तैयार किए गए लोकपाल विधेयक के पहले प्रतिरूप को सिविल सोसायटी के भ्रष्टाचार-रोधी कार्यकर्ताओं

द्वारा अप्रभावी करार दिया गया। इन कार्यकर्ताओं ने भ्रष्टाचार के खिलाफ भारत (आई.ए.सी.) के झंडे तले मिलकर लोकपाल के नागरिक प्रतिरूप का मसौदा तैयार किया जिसे बाद में जन लोकपाल कहा गया। इस विधेयक के लिए जन जागरण किया गया और विरोध रैलियां की गईं। बहरहाल, जन मशहूर गांधीवादी अन्ना हजारे ने लोकपाल/जन-लोकपाल गांधीवादी अन्ना हजारे ने लोकपाल/जन लोकपाल विधेयक को पारित कराने के लिए 5 अप्रैल, 2011 से अनिश्चितकालीन भूख-हड़ताल करने की घोषणा की तो जन लोकपाल विधेयक के मसौदे के लिए जन समर्थन उमड़ने लगा। सरकार ने बहरहाल इसे स्वीकार कर लिया है। अन्ना हजारे को बेमियादी-अनशन पर जाने से रोकने के लिए, प्रधानमंत्री कार्यालय ने कार्मिक एवं कानून मंत्रालयों को निर्देश दिया कि वे यह देखें कि सामाजिक कार्यकर्ताओं के विचारों को विधेयक में कैसे शामिल किया जा सकता है। 5 अप्रैल को, राष्ट्रीय सलाहकार परिषद् ने सरकार द्वारा तैयार किए गए लोकपाल विधेयक के मसौदे को नामंजूर कर दिया। केंद्रीय मानव संसाधन मंत्री ने विधेयक पर मतभेदों को पाटने के लिए 7 अप्रैल को सामाजिक कार्यकर्ता स्वामी अग्निवेश और अरविंद केजरीवाल से मुलाकात की। बहरहाल, सामाजिक कार्यकर्ताओं और सरकार के बीच कई मसलों पर मतभेदों के कारण 7 अप्रैल को कोई सहमति नहीं बन सकी।

अनशन एवं आंदोलन प्रथम चरण

7 अप्रैल 2011 को अन्ना हजारे ने उनकी मांगों को सरकार द्वारा ठुकराए जाने के खिलाफ 13 अप्रैल से जेल भरा आंदोलन छेड़ने का आह्वान किया। अन्ना हजारे ने यह भी दावा किया कि उनके समूह को समर्थन में 6 करोड़ टेक्स्ट मैसेज प्राप्त हुए हैं। इसके अलावा बड़ी तादाद में उन्हें इंटरनेट पर सक्रिय लोगों का समर्थन है। यह जो समर्थन उमड़ रहा था, वह मोटे तौर पर राजनीतिक रंग लिए हुए नहीं था, बल्कि राजनीतिक दलों को आंदोलन में भाग लेने से खास तौर पर हतोत्साहित किया जा रहा था। जन दबाव के कारण सरकार ने जब ज्यादातर मांगें मान लीं तो 98 घंटे बीत जाने के बाद 9 अप्रैल को अनशन समाप्त हुआ। अन्ना हजारे ने ऐलान किया कि यदि 15 अगस्त तक संसद में विधेयक पारित नहीं किया गया तो वे 16 अगस्त से पुनः भूख हड़ताल शुरू कर देंगे। अनशन के कारण भारत सरकार एक संयुक्त मसौदा समिति बनाने के लिए भी राजी हो गई। यह समिति 30 जून, 2011 तक अपना काम पूरा कर लेगी।

अनशन एवं आंदोलन द्वितीय चरण

अन्ना और उनकी टीम के अनुसार, लोकपाल का सरकारी रूपांतर (वर्जन) कमजोर है और इससे भ्रष्ट शख्स बच निकलेगा। उनके सरकार से कई अन्य मतभेद भी थे। इसके विरोध में, अन्ना हजारे ने 'अनिश्चितकालीन अनशन' की घोषणा कर दी। अन्ना और उनकी टीम ने दिल्ली पुलिस से जंतर मंतर अथवा जे पी पार्क में अपना अनशन और

आंदोलन करने की अनुमति मांगी। दिल्ली पुलिस ने कुछ शर्तों को प्रतिबंधात्मक और मौलिक संवैधानिक अधिकारों के विरुद्ध माना और उन्होंने इन शर्तों की अवहेलना करने का निर्णय लिया। दिल्ली पुलिस ने धारा 144 लगा दी। दिल्ली पुलिस के वरिष्ठ अधिकारी अन्ना हजारे के फ्लैट पर तड़के पहुंचे और उन्हें सूचित किया कि वह अपने घर से बाहर नहीं जा सकते हैं। बहरहाल, हजारे ने उनके आग्रह को नहीं माना और पुलिस ने उन्हें हिरासत में ले लिया। अन्ना ने अपनी गिरफ्तारी के पूर्व देश के नाम अपना संदेश रिकॉर्ड कराया जिसमें उन्होंने अपने समर्थकों से आंदोलन नहीं रोकने को कहा और शांति बनाए रखने की अपील की। 'भ्रष्टाचार के खिलाफ भारत' (आई.ए.सी.) के अन्य सदस्यों अरविंद केजरीवाल, किरन बेदी, कुमार विश्वास और मनीष सिसोदिया को भी निरोधी हिरासत में ले लिया गया। किरन बेदी ने हालात को आपातकाल जैसा बताया (उनका आशय इंदिरा गांधी सरकार द्वारा 1975 में लगाए गए आपातकाल से था)। इस गिरफ्तारी से विशाल जनाक्रोश भड़का और दबाव में, सरकार ने अन्ना को 16 अगस्त की शाम रिहा कर दिया।

बहरहाल, अन्ना हजारे ने जेल से बाहर आने से इनकार कर दिया और जेल से ही अपना अनिश्चितकालीन अनशन शुरू कर दिया। मनीष सिसोदिया ने बताया कि "अन्ना ने कहा है कि उन्होंने जे.पी. पार्क जाने के लिए घर छोड़ा था और इसलिए वह यहां (तिहाड़ जेल) से वहीं जाएंगे। जब तक उन्हें लिखित, बिना शर्त अनुमति नहीं दी जाती, तब तक उन्होंने रिहा किए जाने से इनकार कर दिया है।"

मामले के संवेदनशील होने के कारण जेल अधिकारी बल प्रयोग नहीं करना चाहते थे, लिहाजा अन्ना को तिहाड़ के अंदर ही रात गुजारने देने के अलावा कोई विकल्प नहीं था। बाद में 17 अगस्त को, अन्ना हजारे और उनकी टीम को अपना प्रस्तावित अनशन और आंदोलन करने के लिए रामलीला मैदान का उपयोग करने की इजाजत दे दी और ज्यादातर विवादास्पद, प्रावधान हटा लिए जो उन्होंने पहले लगाए थे। रामलीला मैदान में अनिश्चितकालीन अनशन और आंदोलन शुरू हो गया और करीब 288 घंटे (16 अगस्त, 2011 से 28 अगस्त, 2011 तक यानी 12 दिनों तक) चला। भूख हड़ताल जब 11वें दिन भी जारी रही तो लोकपाल का मसौदा तैयार करने वाली समिति के कुछ सदस्य हजारे की रणनीति से क्षुब्ध हो गए। हजारे की टीम के संतोष हेगड़े, जो कर्नाटक के लोकायुक्त के अध्यक्ष रह चुके थे, ने 'अपना रास्ता निकालने' के लिए अड़े रहने के लिए हजारे की आलोचना की। उन्होंने कहा, 'जिस तरह से चीजें चल रही हैं, मैं अब खुद को टीम अन्ना में नहीं महसूस करता हूं।

ये (संसद को यह कहना कि क्या करें) लोकतांत्रिक चीजें नहीं है।" हजारे ग्रुप के एक अन्य प्रमुख सदस्य स्वामी अग्निवेश ने भी खुद को अलग कर लिया।

लोकपाल और लोकायुक्त विधेयक, 2011 की कठिन परिस्थिति

27 दिसंबर, 2011 को संसद के शीतकालीन सत्र में लोकसभा में विवादास्पद लोकपाल विधेयक को लोकपाल एवं लोकायुक्त विधेयक, 2011 के शीर्षक से पारित तो कर दिया, लेकिन बगैर संवैधानिक हैसियत के। लोकसभा में इस विधेयक को पेश किए जाने के पूर्व इसमें प्रमुख संशोधन रखे गए। 10 घंटे तक सदन में बहस चली। कई विपक्षी दलों ने दावा कि कि पेश विधेयक कमजोर है। वे चाहते थे कि इसे वापस ले लिया जाए। जो कई संशोधन रखे गए, उन पर चर्चा हुई लेकिन वे पराजित हो गए। ये संशोधन निम्न थे—

1. कॉरपोरेट, मीडिया और दान लेने वाले एन.जी.ओ. को शामिल करना।
2. लोकपाल के दायरे में सी.बी.आई. को लाना जिन संशोधनों के लिए सदन सहमत हुआ, वे थे—
3. सुरक्षा बलों और तटवर्ती रक्षा कार्मिकों को रिश्वत-रोधी लोकायुक्त के दायरे से बाहर रखना।
4. पूर्व सांसदों की छूट की अवधि को पांच साल से बढ़ा कर सात साल करना।

लोक सभा द्वारा मंजूरी दिए जाने के पूर्व ही टीम अन्ना ने इसे 'जन-विरोधी एवं खतरनाक' बताते हुए प्रस्तावित विधेयक को ठुकरा दिया। अपनी अस्वीकृति को लेकर टीम अन्ना ने निम्न टिप्पणियां कीं—

1. सरकार का लोकपाल पर तमाम नियंत्रण होगा क्योंकि उसे अपनी इच्छा से सदस्यों को नियुक्त करने और हटाने की शक्तियां होंगी।
2. सिर्फ 10 फीसदी राजनीतिक नेता इस विधेयक के तहत आते हैं।
3. विधेयक मंदिरों, मस्जिदों और चर्चों को भी कवर कर रहा था।
4. भ्रष्टाचार के अभियुक्त को वकील की नि:शुल्क सेवा देने की बात कर विधेयक उनका पक्ष ले रहा था।
5. लोकपाल कार्यालय के अंदर भ्रष्टाचार से निपटने के बारे में भी विधेयक अस्पष्ट था।
6. इसके दायरे में सिर्फ पांच फीसदी कर्मचारी हैं, क्योंकि सी और डी श्रेणी के कर्मचारियों को शामिल नहीं किया गया।

सदन में पेश सरकारी विधेयक में निम्न चीजों को शामिल नहीं किए जाने पर भी टीम अन्ना निराश थी—

1. केंद्रीय जांच ब्यूरो (सी.बी.आई.) का लोकपाल के साथ विलय किया जाना चाहिए और राज्य सरकारों के भ्रष्टाचार-रोधी ब्यूरो और सतर्कता विभागों का लोकायुक्त के साथ विलय होना चाहिए।
2. लोकपाल और लोकायुक्त की अपनी जांच शाखा होनी चाहिए और साथ ही भ्रष्टाचार की रोकथाम कानून के तहत दर्ज केसों पर सिर्फ उसका ही क्षेत्राधिकार होना चाहिए।

3. लोकपाल का सीबीआई के ऊपर प्रशासकीय एवं वित्तीय नियंत्रण होना चाहिए और सी.बी.आई. निदेशक की नियुक्ति बगैर किसी राजनीतिक नियंत्रण के होनी चाहिए।
4. लोकपाल और लोकायुक्त के क्षेत्राधिकार के तहत सी और डी श्रेणी के अधिकारी भी सीधे तौर पर आने चाहिए।

यह विधेयक फिर राज्यसभा में पेश किया गया, जहां फिर गतिरोध पैदा हो गया।

प्रस्तावित विधायन पर संसदीय कार्रवाइयां

27 अगस्त, 2011 को संसद का विशेष सत्र हुआ और सदन के दोनों सदनों द्वारा 'सदन का भाव' प्रस्ताव पारित किया गया।

प्रस्ताव में, सैद्धांतिक रूप से, निम्न विषयों पर सहमति बनी और ढांचा तैयार करने व अंतिम रिपोर्ट तैयार करने के लिए विधेयक को संबंधित संसदीय समिति के पास अग्रसारित कर दिया गया—

1. विधेयक में एक नागरिक घोषणा पत्र
2. निचले स्तर की नौकरशाही को लोकपाल के तहत लाने की एक समुचित प्रणाली।
3. राज्यों में लोकायुक्त की स्थापना।

इस घटनाक्रम के बारे में सूचित किए जाने पर, अन्ना हजारे घटनास्थल पर मौजूद विरोध प्रदर्शन करने वालों के साथ नागरिक अधिकार कार्यकर्ताओं ने इसका स्वागत किया तथा इसे लड़ाई में 'आधी जीत' कहते हुए विरोध-प्रदर्शन को समाप्त कर दिया।

लोकपाल विधेयक, 2011

लोकपाल विधेयक 2011 जिले लोकपाल एवं लोकायुक्त विधेयक, 2011 भी कहा जाता है। भारत में एक प्रस्तावित भ्रष्टाचार-रोधी कानून है, जो खास सरकारी कर्मियों के खिलाफ भ्रष्टाचार के आरोपों और उनसे जुड़े मामलों की जांच के लिए लोकपाल की स्थापना करना चाहता है।'' इस विधेयक को 22 दिसंबर, 2011 को लोकसभा में प्रस्तुत किया गया और 27 दिसंबर, 2011 को सदन द्वारा इसे लोकपाल एवं लोकायुक्त विधेयक के रूप में पारित किया गया। इसके बाद विधेयक को 29 दिसंबर को राज्य सभा में प्रस्तुत किया गया। आधी रात तक बहस चलती रही, लेकिन समयाभाव के कारण मतदान नहीं हो सका। विधेयक पर विचार करने के लिए इसे 21 मई, 2012 को राज्य सभा की प्रवर समिति के पास भेज दिया गया। भ्रष्टाचार के खिलाफ संघर्षरत अन्ना हजारे और उनके सहयोगियों के नेतृत्व में भारी जन-विरोध के कारण विधेयक को संसद में पेश किया गया। माना जाता है कि हाल के समय में भारत में, मीडिया और आम जनता के बीच इस विधेयक पर सबसे ज्यादा चर्चा और बहस की गई। टाइम पत्रिका ने इन विरोध-प्रदर्शन को 2011 के शीर्ष 10 समाचार में शामिल किया। दुनिया भर की मीडिया में विधेयक पर काफी कुछ प्रकाशित किया गया। भ्रष्टाचार भारत में एक भावनात्मक मुद्दा है। ब्लूमबर्ग एल.पी. द्वारा जनवरी 2010 से लेकर मध्य अक्टूबर 2011 तक संग्रह किए गए आंकड़े के अनुसार, स्थानीय रिश्वतखोरी का पर्दाफाश करने के मकसद से हाल में बनाए गए सूचना का

अधिकार कानून के तहत सूचना मांगे जाने पर 12 लोगों को मार डाला गया और 40 लोगों को हमला कर जख्मी कर दिया गया। इसलिए राजनीति एवं कारोबार में गलत कार्यों के खिलाफ लड़ाई में यह कानून सबसे शक्तिशाली औजार बन गया। साल भर में 5,29,000 आग्रह दर्ज किए गए। ट्रांसपैरेंसी इंटरनेशनल के भ्रष्टाचार धारणा सूचकांक (करप्शन परसेप्शंस इंडेक्स) में साल 2011 में भारत का स्थान 95वां था। हाल के एक सर्वे में अनुमान लगाया गया है कि भारत में भ्रष्टाचार ने अरबों डॉलर की चपत लगाई है और विकास को पटरी से उतारने का खतरा पैदा किया है। वॉशिंगटन स्थित ग्लोबल फाइनेंशियल इंटिग्रिटी द्वारा जारी रिपोर्ट के अनुसार, टैक्स चोरी, जुर्म और भ्रष्टाचार के कारण आजादी के बाद भारत को अवैध वित्तीय प्रवाह से 462 अरब डॉलर का नुकसान उठाना पड़ा है।

केंद्रीय मंत्रिमंडल ने विधेयक को मंजूरी दी

सरकार ने विधेयक का अपना रूपांतर 4 अगस्त को लोकसभा में प्रस्तुत किया। ऐसा नौंवी बार किया जा रहा था। प्रधानमंत्री कार्यालय में राज्य मंत्री वी. नारायणसामी ने विधेयक को सदन में रखा। विपक्ष की नेता सुषमा स्वराज ने इस बात पर विरोध जताया कि प्रस्तावित लोकपाल के दायरे से प्रधानमंत्री को बाहर रखा गया है। वी. नारायणसामी ने सदन से कहा कि प्रधानमंत्री मनमोहन सिंह अपने पद को लोकपाल के दायरे में लाए जाने के पक्ष में हैं, लेकिन मंत्रिमंडल ने विमर्श करने के बाद इस विचार को ठुकरा दिया। अन्ना हजारे ने सरकार की गंभीरता के अभाव के विरोध में विधेयक की प्रतियां जलाईं। विधेयक को कार्मिक, जन शिकायत एवं कानून व न्याय पर बनी संसद की स्थायी समिति के पास 8 अगस्त को भेज दिया गया। इस समिति में विभिन्न दलों के 31 सदस्य थे। समिति को इस पर अपनी रिपोर्ट देने के लिए तीन महीने का वक्त दिया गया। लोक सभा और राज्य सभा ने 27 अगस्त को लोकपाल विधेयक पर सदन की भावना को अभिव्यक्त करते हुए प्रणव मुखर्जी द्वारा रखे गए एक प्रस्ताव को पारित कर दिया। सदन नागरिक घोषणापत्र पर 'सैद्धांतिक रूप से' राजी हुआ, जिसके तहत निचले स्तर की नौकरशाही को लोकपाल के अधीन रखा जाएगा और राज्यों में लोकायुक्त की स्थापना की जाएगी।

एक अति महत्वपूर्ण बात यह देखी गई कि 27 अगस्त, 2011 को संसद में ऐतिहासिक बहस हुई और 'सदन की भावना' व्यक्त की गई। इस घटना ने भारतीय संविधान की अनुल्लंघनीयता को और बल दिया। यह विशाल एवं खामोश बहुमत जो, भारत का वास्तविक नागरिक समाज है, के लिए भी राहत और भरोसे की घटना थी।

लोकसभा में यात्रा

लोकपाल विधेयक को 22 दिसंबर, 2011 को लोक सभा में पेश किया गया और लोक सभा के शीत सत्र के तीन दिन के विस्तारित सत्र के पहले दिन 27 दिसंबर, 2011 को ध्वनि मत से पारित किया गया। सदन में 10 घंटे से भी ज्यादा वक्त तक मैराथन बहस हुई। लोकपाल निकाय को संवैधानिक दर्जा नहीं दिया गया क्योंकि लोकपाल को संवैधानिक निकाय का दर्जा देने वाला संविधान संशोधन विधेयक सदन में गिर गया। प्रधानमंत्री ने इसे 'थोड़ा निराशाजनक' बताया और कहा—बहरहाल, जैसा कि हमने वचन दिया था, हम इन विधेयकों को संसद में लाने के मकसद में कामयाब हुए।

सदन द्वारा पारित विधेयक को टीम अन्ना द्वारा 'निरर्थक' करार दिया गया और और उसने कहा कि ऐसे कमजोर लोकपाल को संवैधानिक दर्जा दिए जाने की कोई जरूरत नहीं है। सरकार को अपना पिछला रूपांतर वापस ले लिया और विधेयक का नया रूपांतर वापस ले लिया और विधेयक का नया रूपांतर प्रस्तुत किया। आर.जे.डी. नेता लालू प्रसाद ने एस.पी. ए.आई.एम.एम.एम. और एल.जे.पी. जैसे अन्य दलों के समर्थन से मांग की कि नौ सदस्यीय लोकपाल पीठ में अल्पसंख्यक समुदाय के प्रत्याशियों को शामिल किया जाए। सरकार ने इन दलों की मांगों को मान लिया। मगर मुख्य विपक्षी दल बी.जे.पी. ने इस पर आपत्ति जताई और कहा कि ऐसा कदम गैरकानूनी है। बी.जे.पी. ने सरकार से विधेयक वापस लेने को कहा। बी.जे.डी., जे.डी.यू., आर.जे.डी., एस.पी., टी.डी.पी. और वाम दलों ने कहा कि विधेयक कमजोर है, इसलिए इसे वापस लिया जाए।

सदन द्वारा पारित विधेयक ने उस प्रावधान को खत्म कर दिया, जो पीठासीन अधिकारियों को मुकदमे के पहले ही मंत्रियों और सांसदों के खिलाफ कार्रवाई करने की शक्ति देता था, लेकिन पूर्व सांसदों की छूट की अवधि को पांच साल से बढ़ाकर सात साल कर दिया गया। इसने सशस्त्र बलों और तटवर्ती रक्षकों को भ्रष्टाचार रोधी निकाय के दायरे से अलग रखा। लोकपाल पैनल के दो-तिहाई सदस्यों की सहमति के बाद ही लोकपाल प्रधानमंत्री के खिलाफ शिकायतें लेगा। राज्यों में लोकायुक्त की स्थापना हेतु अधिसूचना के लिए राज्य सरकारों की सहमति को अनिवार्य बनाया गया, लेकिन राज्य में लोकायुक्त की स्थापना को भी अनिवार्य करार दिया गया। नियुक्ति पैनल सरकार के पक्ष में झुका हुआ है। श्री मुखर्जी ने सदन में चर्चा के दौरान कहा भी कि सरकार अब इस बात पर राजी हो गई कि सी.बी.आई. प्रमुख को चुनने के लिए प्रधानमंत्री के साथ विपक्ष के नेता और भारत के मुख्य न्यायाधीश से भी कहा जाएगा। विधेयक को भारत के संविधान के अनुच्छेद 252 के तहत पारित किया गया। विपक्षी दलों ने यह यह कहते हुए ऐतराज जताया कि विधेयक को सिर्फ अनुच्छेद 253 के तहत पारित किया जा सकता है क्योंकि कानून जन सेवाओं से संबंधित है। विधेयक ने सी.बी.आई. के प्रशासकीय नियंत्रण को लोकपाल के हवाले नहीं किया। बी.जे.पी., वाम दल, बी.एस.पी. और एस.पी., सभी चाहते थे कि सरकार को सी.बी.आई. पर अपनी पकड़ ढीली करनी चाहिए। इन दलों का तर्क यह था कि जब तक सरकार सी.बी.आई. का बजट, इसके अफसरों की नियुक्ति और तबादले तय करती है। एजेंसी सरकार के प्रभाव में बनी रहेगी। प्रधानमंत्री ने सी.बी.आई. के मसले पर सरकार के रुख को यह कहते हुए साफ किया—हमारा मानना है कि सी.बी.आई. को बगैर किसी सरकार के हस्तक्षेप के कार्य करना चाहिए। लेकिन कोई भी संस्थान या कोई भी व्यक्ति, चाहे वह कितना भी उच्च पदस्थ क्यों न हो, को उत्तरदायित्व से मुक्त नहीं होना चाहिए।

बासुदेब आचार्य ने एक संशोधन पेश किया कि कॉरपोरेट घरानों और प्रधानमंत्री द्वारा व्यावसायिक करार पर दस्तखत करने के काम को लोकपाल के तहत लाया जाए। इस संशोधन पर जब मतदान हुआ तो भारतीय जनता पार्टी (बी.जे.पी.) अनुपस्थिति रही। मीडिया और दान लेने वाले एन जी ओर को लोकपाल के दायरे में लाने के लिए विपक्ष द्वारा कई संशोधन लाए गए, लेकिन वे पारित नहीं हुए। वाम दल, समाजवादी पार्टी और बी.एस.पी. ने विधेयक पर मतदान के दौरान सदन का बहिष्कार किया। वे इस पर विरोध जता रहे थे कि उनकी मांगें नहीं मानी जा रही हैं। लोकसभा में 277 का संख्या बल होने के बावजूद, यू.पी.ए. सिर्फ 243 मतों को हासिल कर

सका। कम-से कम 15 कांग्रेस सदस्य और यू पी ए गठबंधन के करीब दर्जन भर सदस्य मतदान के वक्त सदन में मौजूद नहीं थे। सदन ने भ्रष्टाचार उजागर करने वाला विधेयक (व्हिसल ब्लोअर्स बिल) भी पारित किया।

राज्य सभा में यात्रा

शीत सत्र, 2011

संसद के शीत कालीन सत्र के तीन दिन की विस्तारित अवधि के आखिरी दिन राज्य सभा में लोकसभा लोकपाल मसले पर बहस शुरू हुई, लेकिन मतदान किए बगैर ही सत्र का 29 दिसंबर को अवसान हो गया। विधेयक पर 12 घंटे से भी ज्यादा समय तक बहस हुई और अचानक मध्य रात्रि को बंद कर दी गई क्योंकि सदन का निर्धारित समय पूरा हो गया था। राज्यसभा अध्यक्ष हामिद अंसारी द्वारा सदन को अनिश्चितकाल के लिए स्थगित कर दिया गया। सदन की कार्यवाही के दौरान काफी नोंक झोंक हुई। कुछ सदस्यों जिसमें यू.पी.ए. गठबंधन में शामिल तृणमूल कांग्रेस के सदस्य भी शामिल थे, ने वी. नारायणसामी द्वारा विधेयक का बचाव किए जाने पर हस्तक्षेप किया और एक सदस्य ने मंत्री से कागजात छीन लिए और उन्हें सदन में बिखेर दिया। विपक्ष काफी तैश में था और वह मतदान कराए जाने पर जोर दे रहा था कि जबकि सरकार का कहना था कि सदन में पेश किए गए 87 संशोधनों का समाधन करने के लिए इसे समय की जरूरत है। कार्यवाही के दौरान भ्रम बना रहा। सभी अध्यक्ष हामिद अंसारी ने राष्ट्रगान जन गण मन गाने को कहा। इसका अर्थ था कि सदन की कार्यवाही समाप्त हो गई। उन्होंने सदन से कहा—यह एक अभूतपूर्व स्थिति है—ऐसा लगता है कि हर कोई चीखने-चिल्लाने में होड़ कर रहा है। पूर्ण गतिरोध है। सदन को शोर शराबे में नहीं चलाया जा सकता है, इसके लिए अनुशासित कार्यवाही की जरूरत है। मुझे भय है कि अध्यक्ष के पास कोई विकल्प नहीं है...बेहद अनिच्छा से....मुझे डर है मैं नहीं चला सकता और.........''

साढ़े ग्यारह बजे से लेकर पौने बारह बजे के दौरान सदन स्थगित रही। इसके बाद कार्यवाही शुरू होने पर, पवन कुमार बंसल ने कहा कि सदन की कार्यवाही के विस्तार पर निर्णय लेना सरकार का विशेषाधिकार है। विपक्ष के नेता अरुण जेटली ने आरोप लगाया कि सरकार संसद से भाग रही है और यह सदन को तय करना चाहिए कि कि उसे कितने लंबे समय तक बैठना चाहिए। उन्होंने आगे कहा—आप एक ऐसी संस्था बना रहे हैं जिसमें आप नियुक्ति प्रणाली को नियंत्रित करते हैं, जिसमें आप बर्खास्तगी प्रणाली को नियंत्रित करते हैं। हम लोकपाल की नियुक्ति का समर्थन करेंगे, लेकिन हम एक सत्यनिष्ठा वाली संस्था के निर्माण की प्रतिबद्धता के प्रति छल नहीं कर सकते हैं। सीताराम येचुरी (सी.पी.आई.एम.) ने कहा कि सदन को बुधवार को इस विधेयक को लाए जाने की अपेक्षा थी, लेकिन यह गुरुवार को आया, जो कि सत्र का अंतिम दिन है। तृणमूल कांग्रेस के सांसद डेरेक ओ ब्रायन ने कहा कि उनकी पार्टी इस विधेयक का समर्थन नहीं कर सकती क्योंकि यह राज्य की स्वायत्तता में दखल देता है। उन्होंने कहा, ''भारत के लोकतंत्र के लिए यह शर्मनाक दिन है। सरकार ने इस स्थिति से बेहद खराब ढंग से निपटा।'' विपक्ष मतदान कराए जाने पर जोर दे रहा था। बंसल ने कहा कि सरकार इसके लिए इच्छुक है, बशर्तें सदन लोकसभा द्वारा पारित विधेयक को मंगलवार को पारित कर दे। इसका मतलब था कि प्रस्तावित संशोधनों को दर किनार कर दिया जाए। वाद-विवाद और

गतिरोध जारी रहा, तभी अध्यक्ष ने कार्यवाहियां समाप्त करने की घोषणा कर दी। चिदंबरम ने 29 दिसंबर को राज्यसभा में लोकपाल एवं लोकायुक्त विधेयक 2011 को टाले जाने का यह कहते हुए बचाव किया कि सरकार के समक्ष यह 'एकमात्र समझदारी वाला विकल्प' था और इसके जरिये इसने यह सुनिश्चित किया कि विधेयक जीवित रहे। उन्होंने बी.जे.पी. पर हमला करना जारी रखा और कहा कि विधेयक को डुबोने के लिए ये संशोधन सीधा तरीका थे। अन्ना हजारे ने अपने खराब स्वास्थ्य के मद्देनजर अपना अनशन बीच में ही खत्म कर दिया।

बजट सत्र, 2012

जोर लगा रहे कार्यकर्ताओं ने उम्मीद की कि 2012 के बजट सत्र के दूसरे भाग के अंत में सदन विधेयक को मंजूर करेगा। विधेयक को 21 मई, 2012 को राज्य सभा में फिर से रखा गया। विधेयक को प्रस्तुत करते हुए, मंत्री ने कहा कि मतभेदों को कम किया गया है। उन्होंने कहा कि सरकार का प्रस्ताव निचली नौकरशाही को लोकपाल के तहत लाने का है। लोकपाल के पास जांच करने और मुकदमा चलाने की शक्तियां होंगी। लोकपाल द्वारा सौंपे गए मामलों की जांच सी.बी.आई. करेगी और इसकी निगरानी सी.वी.सी. करेगी। संपत्तियों को जब्त करने और समयबद्ध जांच के वास्ते प्रावधान होंगे। सरकार ने प्रस्ताव रखा कि विधेयक में संशोधन कर राज्यों को यह अधिकार दिया जाएगा कि वे अपनी विधानसभाओं में विधेयक को पारित करें। इस तरह राष्ट्रीय कानून को राज्यों के ऊपर थोपा नहीं जाएगा। नारायणसामी द्वारा संशोधित विधेयक पेश किए जाने के बाद, समाजवादी पार्टी के सांसद नरेश अग्रवाल ने विधेयक को एक प्रवर समिति में भेजने की मांग की। इसका बी.जे.पी., वाम दलों और बी.एस.पी. ने कड़ा विरोध किया। इन सांसदों का तर्क था कि सिर्फ संबंधित मंत्री (नारायणसामी) ऐसा कर सकते हैं। उनका आरोप था कि सत्तारूढ़ गठबंधन एक 'दोस्ताना विपक्षी दल' के 'कंधे का इस्तेमाल' कर रहा है। काफी हंगामे के बाद सरकार मानी और नारायणसामी ने प्रस्ताव रखा, जिसे तुरंत ध्वनिमत द्वारा पारित कर दिया गया।

प्रवर समिति की 25 जून को बैठक हुई और इसमें तय किया गया कि सरकारी अधिकारियों और जनता के साथ 'विस्तृत परामर्श' किया जाए। पैनल ने जनता को टिप्पणियां आमंत्रित कीं और विविध मंत्रालयों के प्रतिनिधियों को गवाही देने के लिए बुलाया। बैठक की अध्यक्षता वरिष्ठ कांग्रेसी सांसद सत्यव्रत चतुर्वेदी ने की। विधि सचिव बी.ए. अग्रवाल को कई मामलों पर स्पष्टीकरण देन के लिए बुलाया गया। समिति की 19 जुलाई 2012 को फिर बैठक हुई। सी.बी.आई. के निदेशक ने बैठक में अपनी बातें रखीं। उन्होंने खुलासा किया कि सी.बी.आई. लोकपाल विधेयक में उन बदलावों के लिए तैयार है, जो एजेंसी की स्वायत्तता को मजबूत करे। इसके लिए सी.बी.आई. डायरेक्टर, अभियोजन के अध्यक्ष एवं सी बी आई का प्रतिनिधित्व करने वाले वकीलों जैसी प्रमुख नियुक्तियों में प्रस्तावित लोकपाल की भूमिका बढ़ाई जा सकती है। उन्होंने बैठक में इसका भी उल्लेख किया कि प्रक्रिया को कानून मंत्रालय द्वारा नियंत्रित किए जाने, जैसा कि अभी प्रचलित है, की बजाय अभियोजन शाखा के निदेशक की नियुक्ति में लोकपाल को अहम भूमिका की दी जानी चाहिए। इससे इस आलोचना का भी समाधान हो जाएगा कि सी.बी.आई. की जांचों का गला राजनीतिक निर्देशों के द्वारा घोंट दिया जाता है। उन्होंने इसका विरोध किया कि अभियोजन या भ्रष्टाचार-रोधी शाखाओं को लोकपाल के नियंत्रण में दे

दिया जाए। प्रवर समिति ने अपनी पूर्ववर्ती बैठकों में वरिष्ठ विधि अधिकारियों की पड़ताल की थी। ये अधिकारी सदस्यों की इस बात से सहमत थे कि अनुच्छेद 253 के तहत लोकायुक्त के लिए प्रावधान करना संभव नहीं भी हो सकता है। अनुच्छेद 253 का संदर्भ अंतरराष्ट्रीय दायित्वों को पूरा करने से है—इस मामले में आशय भ्रष्टाचार के खिलाफ संयुक्त राष्ट्र समझौते से है। अंतरराष्ट्रीय संधियों का सहारा लेकर ऐसा कानून बनाना जो संघीय ढांचे को प्रभावित करे, कानून के दायरे में नहीं आता। प्रवर समिति ने जुलाई 2012 में विधेयक पर जनता के सुझाव मांगे। इसके जवाब में राज्यसभा को सैकड़ों सुझाव मिले। समिति ने इन्हें देखा और कुछ सुझावों को छांटा और सदस्यों की मौजूदगी में मौखिक गवाही ली। हैदराबाद से आए दीपक तोंगली का प्रस्ताव था कि जिला स्तर पर छोटे-छोटे मामलों में भ्रष्टाचार पर नियमित रूप से नजर रखने के लिए एकदम निचले स्तर पर यूनिट बनाई जाए। इसके अतिरिक्त कुछ अन्य सदस्यों ने भी इस मामले में अपने विचार साझा किए। श्री तोंगली की आयु सिर्फ 26 वर्ष थी। वह राज्य सभा में संसदीय समिति के समक्ष उपस्थित होने वाले सबसे युवा व्यक्ति थे।

मानसून सत्र, 2012

संसद का मानसून सत्र अगस्त 2012 में होना था। इसलिए, एक विधेयक जो उच्च सदन के समक्ष लंबित है, चाहे इसे लोकसभा द्वारा पारित किया गया हो अथवा नहीं, इसके सत्रावसान पर खत्म नहीं हो जाता। इसलिए, विधेयक अभी भी अपने मौजूदा रूप में जीवित है। विधेयक को राज्य सभा में सत्र के आखिरी हफ्ते के पहले दिन के पूर्व रखे जाने की अपेक्षा नहीं थी।

लोकायुक्त

लोकायुक्त (लोक आयुक्त भी) भारतीय राज्यों में एक भ्रष्टाचार-रोधी लोकपाल संगठन है। मोरारजी देसाई की अध्यक्षता में प्रशासकीय सुधार आयोग (ए आर सी) ने 1966 में 'नागरिकों की शिकायतों के निवारण की समस्याएं पर एक विशेष अंतरिम रिपोर्ट दी। इस रिपोर्ट में, ए.आर.सी. ने 'लोकपाल' एवं 'लोकायुक्त' नामक दो विशेष प्राधिकरणों को स्थापित किए जाने की सिफारिश की। लोकायुक्त, आय कर विभाग और भ्रष्टाचाररोधी ब्यूरो के साथ लोगों को मुख्यत: सरकारी सेवा में लगे नेताओं और अधिकारियों में भ्रष्टाचार को जनता के बीच उजागर करने में मदद करता है। लोकायुक्त की कई कार्रवाइयां आरोपितों के लिए आपराधिक या अन्य नतीजों नतीजों के रूप में सामने नहीं आई हैं। महाराष्ट्र पहला राज्य था, जिसने 1971 में महाराष्ट्र लोकायुक्त एवं उप-लोकायुक्त अधिनियम के जरिये लोकायुक्त संस्था की स्थापना की। इसके बाद राजस्थान, बिहार, उत्तर प्रदेश, कर्नाटक, मध्य प्रदेश, आंध्र प्रदेश, गुजरात और दिल्ली जैसे राज्यों ने भी इसी तरह के कानून बनाए। महाराष्ट्र लोकायुक्त को कमजोर माना जाता है क्योंकि उसमें शक्तियों, पर्याप्त स्टाफ, फंड की कमी है और कोई स्वतंत्र जांच एजेंसी भी नहीं है। कर्नाटक लोकायुक्त को देश में सबसे शक्तिशाली लोकायुक्त माना जाता है।

प्रभावशाली बनाने के लिए संवैधानिक संशोधन

भारतीय राज्यों में लोकायुक्त को एक समान रूप से लागू करने के लिए संविधान में एक संशोधन का प्रस्ताव रखा गया है। प्रस्तावित बदलाव लोकपाल की संस्था को देश भर में एक समान बना देंगे। यह एक तीन-सदस्यीय निकाय होगा, जिसकी अध्यक्षता उच्चतम न्यायालय के रिटायर

जज अथवा उच्च न्यायालय के रिटायर मुख्य न्यायाधीश करेंगे। राज्य सतर्कता आयुक्त और एक विधिशास्त्री अथवा एक मशहूर प्रशासक इस निकाय के दो अन्य सदस्य होंगे।

भारतीय राज्यों में लोकायुक्त/लोकपाल/लोकायोग अधिनियम

- लोकायुक्त, आंध्र प्रदेश
- लोकायुक्त, असम
- लोकायुक्त, बिहार
- लोक आयोग अध्यादेश, छत्तीसगढ़
- लोकायुक्त, दिल्ली
- लोकायुक्त, गोवा
- लोकायुक्त, गुजरात
- लोकायुक्त, हरियाणा
- लोकायुक्त, हिमाचल प्रदेश
- लोकायुक्त, झारखंड
- लोकायुक्त, कर्नाटक
- लोकायुक्त, केरल
- लोकायुक्त, मध्य प्रदेश
- लोकायुक्त, महाराष्ट्र
- लोकायुक्त, उड़ीसा
- लोकायुक्त, पंजाब
- लोकायुक्त, राजस्थान
- लोकायुक्त, उत्तराखंड— उत्तर प्रदेश से अपनाया गया
- लोकायुक्त, उत्तर प्रदेश

अरुणाचल प्रदेश, जम्मू एवं कश्मीर, मणिपुर, मेघालय, मिजोरम, नागालैंड, सिक्किम, तमिलनाडु, त्रिपुरा और पश्चिम बंगाल में लोकायुक्त नहीं है। सबसे ताजा लोकायुक्त की स्थापना गोवा में की गई।

सुधार

नवंबर 2012 में, 11वें अखिल भारतीय लोकायुक्त सम्मेलन के समापन के बाद, 16 लोकायुक्तों ने भारत सरकार को कई अनुशंसाएं भेजीं। ये अनुशंसाएं निम्न थीं—

1. भ्रष्टाचार की तमाम शिकायतों के लिए लोकायुक्त को केंद्रक अभिकरण बनाएं।
2. राज्य-स्तर की जांच एजेंसियों को लोकायुक्त के क्षेत्राधिकार में लाएं।
3. नौकरशाहों को लोकायुक्त के दायरे में लाएं।
4. लोकायुक्त को तलाशी और जब्त करने की शक्तियां सौंपे और मानहानि की कार्यवाहियां शुरू करने की शक्तियां दें।
5. लोकायुक्त को प्रशासकीय एवं वित्तीय स्वायत्तता प्रदान करें।
6. सरकार द्वारा वित्त-पोषित स्वयंसेवी संगठनों (एन.जी.ओ.) को लोकायुक्त के क्षेत्राधिकार के तहत लाएं।

संविधान के कामकाज की समीक्षा के लिए राष्ट्रीय आयोग पर जोर

एक सक्षम एवं प्रभावी शासकीय प्रणाली के लिए और सामाजिक-आर्थिक विकास के लिए शासन में ईमानदारी एक अनिवार्य और अहम आवश्यकता है। शासन में ईमानदारी सुनिश्चित

करने की एक महत्वपूर्ण जरूरत है भ्रष्टाचार का अभाव। अन्य जरूरते हैं—प्रभावी कानून, सार्वजनिक जीवन के हरेक पहलू को शासित करने वाले नियम एवं विनियम और इससे भी ज्यादा महत्वूपर्ण है इन कानूनों का प्रभावी रूप से एवं निष्पक्ष कार्यान्वयन। वस्तुत: कानून का समुचित, निष्पक्ष एवं प्रभावी कार्यान्वयन अनुशासन का एक पक्ष है। भारत के लिए दुर्भाग्यपूर्ण है कि सार्वजनिक जीवन से अनुशासन तेजी से गायब होता जा रहा है और जैसाकि स्कैंडिनेवियाई सामाजिक-आर्थिक विशेषज्ञ गुन्नार मिर्डल ने इंगित किया है कि अनुशासन के बगैर कोई असली प्रगति संभव नहीं है। अनुशासन से आशय है कि निजी एवं सार्वजनिक नैतिकता और ईमानदारी के भाव का साथ-साथ होना। पश्चिम में जो कोई भी उच्च पदों पर पहुंचता है, वह कानूनों का ज्यादा सम्मान करता है, लेकिन हमारे देश में स्थिति इसके उलट है। यहां, ऊंचे ओहदे पर बैठे व्यक्ति की पहचान यह है कि वह कितनी आसानी से कानूनों एवं विनियमों की अनदेखी कर सकता है। हम अनुशासनहीनता और असत्य की संस्कृति में समा गए हैं, सार्वजनिक एवं निजी नैतिकता दोनों ही अधिमूल्य पर हैं। यह पर्चा पता करता है कि शासन में शुचिता सुनिश्चित करने के लिए कुछ विधायी उपाय किए जा सकते हैं। यह सच है कि नागरिकों में अनुशासन का भाव पैदा करना समाज, इसके नेताओं, राजनीतिक दलों और सार्वजनिक हस्तियों का काम है। यह ऐसी चीज नहीं है, जिसके लिए कानून बनाए जाएं। फिर भी, हालात ऐसे हो गए हैं कि ऐसे उपायों पर विचार किए जाने की जरूरत है।

सार्वजनिक जीवन में भ्रष्टाचार का संकट

सार्वजनिक संसाधनों या सार्वजनिक जीवन में पद का निजी फायदे के लिए दुरुपयोग भ्रष्टाचार है। भ्रष्टाचार का मौका तब बढ़ जाता है जब लोक प्रशासकों पर नियंत्रण कमजोर होता है और राजनीतिक, कार्यपालिका और नौकरशाही के बीच शक्ति विभाजन अस्पष्ट होता है। राजनीतिक भ्रष्टाचार जो कभी-कभी नौकरशाही के भ्रष्टाचार से पृथक् करने योग्य नहीं होता है, क्योंकि जनमत और प्रेस भ्रष्टाचार की निंदा करने में असमर्थ होते हैं। बहरहाल, भारत का विरोधाभास यह है कि सतर्क प्रेस और जनमत के बावजूद, भ्रष्टाचार का स्तर अपवाद रूप से काफी ज्यादा है। इसकी वजह घोर असंवेदनशीलता, बेशर्मी और रिश्वतखोरों के बीच सार्वजनिक नैतिकता का एकदम अभाव हो सकता है। दरअसल, वे भ्रष्टाचार और बेशर्मी का बैज समान शान और ढीठपन से पहनते हैं। आर्थिक एवं सामाजिक जीवन में राज्य के दखल के अवसरों में वृद्धि में राजनीतिक और अफसरशाही के भ्रष्टाचारी के अवसर में बढ़ोतरी कर दी है। यह खास तौर पर तब से बढ़ गया है, जब से राजनीति पेशेवर हो गई है। हमारे यहां ऐसे पेशेवर राजनेता हैं, जो पद से बाहर होने पर भी पूर्ण कालिक आधार पर राजनीतिज्ञ बने रहते हैं। ट्रांसपेरेंसी इंटरनेशनल नामक एक गैर-सरकारी संगठन द्वारा तैयार किए गए भ्रष्टाचार धारणा सूचकांक में 99 देशों के बीच भारत का स्थान 73वां है। भ्रष्टाचार आज न केवल शासन की गुणवत्ता के लिए खतरा है, बल्कि हमारे समाज और राज्य की नींव को भी खतरा पहुंचा रहा है। रक्षा खरीद में, अन्य खरीदों और ठेकों में भ्रष्टाचार राज्य की सुरक्षा तक को नुकसान पहुंचाते हैं। कुछ राज्यों में बिजली के ठेके इतना वित्तीय बोझ डाल रहे हैं कि उन राज्यों का वित्तीय वजूह ही संशयपूर्ण हो गया है। ऐसा प्रतीत होता है कि आतंकवाद, ड्रग्स, तस्करी और राजनीतिज्ञों के बीच गठजोड़ बन गया है, और इस तथ्य पर वोहरा समिति रिपोर्ट ने भी जोर दिया।

भ्रष्टाचार फलता-फूलता गया है, क्योंकि भ्रष्टाचार के मामलों में सफलतापूर्व मुकदमा चलने और सजा होने के उदाहरण पर्याप्त रूप से नहीं दिखते हैं। कमजोर आधार पर केस बनाए जाते हैं, अधूरे मन से अधूरी जांच की जाती है और फिर काफी देर से धीमी गति से मुकदमे की कार्यवाही चलती है। इसका नतीजा यह होता है कि आरोपी कानूनी रूप से बच जाता है। भ्रष्टाचार को अटल वास्तविकता के रूप में स्वीकार कर लिया गया है। लोगों ने खामोशी से इससे सामंजस्य बना लिया है ओर वे ऐसे गलत कामों के प्रति नतमस्तक हो गए हैं। हमारे नागरिकों की सामाजिक चेतना में अहम उद्दीपन की जरूरत है ताकि वे समझें कि भ्रष्टाचार का न तो व्यक्तिगत और न सामाजिक जीवन में कोई स्थान है। यह सही है कि राज्य ऐसे कई क्षेत्रों से खुद को हटा रहे हैं, जिसमें इसे जाना ही नहीं चाहिए था या जिसमें सक्षमता से काम करने में वह समर्थ नहीं था। इस प्रक्रिया से कुछ हद तक भ्रष्टाचार के मौके कम होंगे, लेकिन यदि हम स्वतंत्र बाजार वाली अर्थव्यवस्था भी बन जाएं, तो भी अर्थव्यवस्था को विनियमित करने की जरूरत तो होगी ही। शासन की आवश्यकताओं के अनुसार अभी भी ठेकों, खरीद आदि कामों की जरूरत तो होगी ही।

स्कैंडिनेवियाई अर्थशास्त्री-समाजशास्त्री गुन्नार मिर्डल ने भारतीय समाज का वर्णन एक 'नरम समाज' के रूप में किया है। उन्होंने यह भी खुलासा कि कि 'नरम समाज' से उनका आशय क्या है। उनके अनुसार, एक नरम समाज है—(ए) जिसके पास अपनी प्रगति और विकास के लिए आवश्यक कानून बनाने की राजनीतिक इच्छा-शक्ति नहीं है और या कानून बना भी लिए तो उन्हें लागू करने की राजनीतिक इच्छा-शक्ति नहीं है (बी) जहां कोई अनुशासन नहीं है। दरअसल, उन्होंने पहले पहलू की तुलना में दूसरे पहलू पर ज्यादा जोर दिया है। उनके अनुसार, अगर समाज में अनुशासन नहीं है, तो वास्तविक अथवा सार्थक विकास या प्रगति संभव नहीं है। समाज, प्रशासन और शासकीय ढांचे के तमाम स्तरों पर अनुशासन के अभाव के कारण ही भ्रष्टाचार पनपता है। भ्रष्टाचार और अनुशासनहीनता एक दूसरे के पोषक हैं। समाज में अनुशासन पैदा करने का एक तरीका यह हो सकता है कि भ्रष्टाचार के मौके कम किए जाएं और जहां कहीं भी भ्रष्टाचार पाया जाए, उससे कड़ाई और निर्ममता से निपटा जाए। इसके लिए, आपराधिक न्यायिक प्रणाली में कमियों को दूर करना होगा। भ्रष्टाचार गरीब-विरोधी भी है। उदाहरण के लिए जन वितरण प्रणाली (पी.डी.एस.) और गरीबों जिसमें अनुसूचित जातियां एवं अनुसूचित जनजातियां भी शामिल हैं, के लिए कल्याण योजनाओं को लें। यह सर्वविदित है कि पीडीएस के लिए अनाज, चीनी, केरोसिन तेल आदि का काफी बड़ा हिस्सा काला बाजार (ब्लैक मार्केट) में चला जाता है और फंड की मुश्किल से 16 फसदी धनराशि अनुसूचित जातियों एवं अनुसूचित जनजातियों तक पहुंच पाती है। बाकी सारी रकम कुछ नेताओं, अफसरों, बेईमान डीलरों और कारोबारियों द्वारा हड़प ली जाती है। प्रसिद्ध अर्थशास्त्री स्वर्गीय महबूब-उल-हक ने हमारे जैसे दक्षिण एशियाई देश में भ्रष्टाचार के कुपरिणामों को बड़े सारगर्भित और मार्मिक ढंग से सामने रखा है।

''भ्रष्टाचार हर जगह होता है। यह इटली और इंग्लैंड में चुनाव अभियानों के केंद्र में रहा है, भ्रष्टाचार के कारण जापान और इंडोनेशिया में सरकारें गिरी हैं और भ्रष्टाचार रोकने के लिए रुस और अमेरिका में विधायी कार्रवाई की गई है। लेकिन, यदि भ्रष्टाचार अमीर, आर्थिक रूप से सफल देशों में है, तो दक्षिण एशिया को इस बारे में ढंग से सामने रखा है।

"भ्रष्टाचार हर जगह होता है। यह इटली और इंग्लैंड में चुनाव अभियानों के केंद्र में रहा है, भ्रष्टाचार के कारण जापान और इंडोनेशिया में सरकारें गिरी हैं और भ्रष्टाचार रोकने के लिए रूस और अमेरिका में विधायी कार्रवाई की गई है। लेकिन, यदि भ्रष्टाचार अमीर, आर्थिक रूप से सफल देशों में है, तो दक्षिण एशिया को इस बारे में चिंतित क्यों होना चाहिए? उत्तर सरल है—दक्षिण एशियाई भ्रष्टाचार की ऐसी चार खासियतें हैं जो इसे दुनिया के किसी भी अन्य भाग में भ्रष्टाचार से ज्यादा नुकसानदेह बनाती हैं।

पहला, दक्षिण एशिया में भ्रष्टाचार ऊपर के स्तर पर होता है, नीचे के स्तर पर नहीं। शीर्ष स्तर पर भ्रष्टाचार विकास की प्राथमिकताओं, नीतियों एवं परियोजनाओं के बारे में मूल निर्णयों को ही दोषपूर्ण बना देता है। औद्योगिक देशों में, ये अहम फैसले पारदर्शी प्रतियोगिता और योग्यता के जरिए लिए जाते हैं, भले ही निचले स्तर पर भ्रष्टाचार छोटे रूप में हो जाए।

दूसरा, दक्षिण एशिया में भ्रष्टाचार के पैसों के चक्के नहीं पंख होते हैं। इस क्षेत्र में भ्रष्टाचार की ज्यादातर कमाई को तुरंत विदेश में सुरक्षित पनाहगारों मे भेज दिया जाता है। अन्य देशों में भी हालांकि कुछ पूंजी बाहर भेजी जाती है, लेकिन बड़ा हिस्सा निवेश में जाता है। दूसरे शब्दों में, यह ज्यादा संभावना है कि उत्तर एशिया में भ्रष्टाचार के पैसे को विदेशी खातों के भरने की बजाय उसका इस्तेमाल कारोबार में धन लगाने में किया जाता है।

तीसरा, दक्षिण एशिया में भ्रष्टाचार से अक्सर जेल नहीं मिलती है, बल्कि प्रोन्नति होती है। बड़ी मछलियां यदि विपक्ष की नहीं है, तो उन्हें विरले ही भूना जाता है। इसके विपरीत, औद्योगिक देशों में उत्तरदायित्व की एक प्रक्रिया है। वहां शीर्ष नेताओं की भी जांच होती है और उन पर मुकदमे चलाए जाते हैं। उदाहरण के लिए, पूर्व इतालवी प्रधानमंत्री बेटिनो क्रैक्सी पर रोम में भ्रष्टाचार के आरोप लगे थे, उन्हें ट्यूनीशिया भागकर निर्वासित जीवन बिताने के लिए बाध्य होना पड़ा। दक्षिण एशिया में भ्रष्टाचार का सबसे निराशाजनक पहलू यह है कि भ्रष्ट लोग इतने शक्तिशाली होते हैं कि उन्हें उत्तरदायित्व की ऐसी ईमानदारी प्रक्रिया से गुजरना नहीं पड़ता है।

चौथा, दक्षिण एशिया में भ्रष्टाचार तब होता है जबकि 51.5 करोड़ लोग गरीबी में जी रहे हैं, उनकी प्रति व्यक्ति आय 20 हजार डॉलर से ऊपर नहीं है। अमीर और तेजी से विकास कर रहे देशों में भ्रष्टाचार निदंनीय तो है, लेकिन उसे फिर भी बर्दाश्त किया जा सकता है। लेकिन गरीबी से ग्रस्त दक्षिण एशिया में, यह राजनीतिक विस्फोटक है। यहां की अधिकांश आबादी मानवीय सुविधाओं से बुरी तरह वंचित है और वे मूलभूत जरूरतें पूरी करने के लिए भी जूझते हैं जबकि चंद लोग भ्रष्टाचार के जरिए मौज करते हैं। इसलिए दक्षिण एशिया में भ्रष्टाचार से सिर्फ मंत्रिमंडल में विभाग नहीं बदलते हैं अथवा अखबारों की सुर्खियां नहीं बनती हैं। इस क्षेत्र में भ्रष्टाचार से लड़ना केवल भ्रष्ट राजनीतिज्ञों एवं नौकरशाहों को दंडित करना नहीं है, बल्कि इसका मतलब मानव जीवन बचाना है। भ्रष्टाचार के दो पहलू हैं। एक है शोषणकारी भ्रष्टाचार जहां सरकारी अफसर असहाय गरीब नागरिकों का शोषण करते हैं। दूसरा है मिलीभगत वाला भ्रष्टाचार जहां नागरिक रिश्वत देकर नौकरशाहों को भ्रष्ट करते हैं, क्योंकि वे इससे बेहतर वित्तीय फायदे उठाते हैं, मिलीभगत वाला भ्रष्टाचार काला धन पर निर्भर करता है।"

इसे याद किया जा सकता है कि उच्चतम न्यायालय ने विनीत नारेण बनाम भारत सरकार (ए.आई.आर. 1998 एस.सी. 889) मामले में केंद्रीय सतर्कता आयोग को सांविधिक दर्जा देने और केंद्रीय जांच ब्यूरो एवं प्रवर्त्तन निदेशालय को राजनीतिक नियंत्रण व दबावों से बचाने के

लिए कुछ निर्देश दिए थे। इस फैसले में, उच्चतम न्यायालय ने इंग्लैंड में लॉर्ड नोलन कमिटी की सार्वजनिक जीवन में स्तरों पर दी गई सिफारिशों का हवाला दिया और सार्वजनिक जीवन में आम व्यवहार के निम्न सिद्धांतों की ताईद की—

सार्वजनिक जीवन के सिद्धांत— सार्वजनिक जीवन में व्यवहार करने के जो आम सिद्धांत हैं, उन्हें फिर से बयान करने की जरूरत है। हमने यह किया है। ये सात सिद्धांत हैं—स्वार्थहीनता, सत्यनिष्ठा, वस्तुनिष्ठा, उत्तरदायित्व, खुलापन, ईमानदारी और नेतृत्व।

आचरण संहिता—तमाम सार्वजनिक निकायों को इन सिद्धांतों को शामिल करते हुए आचरण संहिता तैयार करना चाहिए।

स्वतंत्र जांच—स्तर बनाए रखने के लिए बनाई गई आंतरिक प्रणालियों के साथ-साथ स्वतंत्र जांच भी की जानी चाहिए।

शिक्षा—सार्वजनिक निकायों में आचरण का स्तर बढ़ाने और मजबूत करने के लिए और प्रयास किए जाने की जरूरत है, खासकर प्रेरक प्रशिक्षण के साथ-साथ मार्ग-दर्शन एवं ट्रेनिंग के जरिये।

लॉर्ड नोलान द्वारा दी गई रिपोर्ट में दिए गए सार्वजनिक जीवन के सार सिद्धांत

स्वार्थहीनता—सार्वजनिक पदों पर बैठे लोगों को सिर्फ जनहित के संदर्भ में फैसले लेने चाहिए। उन्हें खुद के लिए, अपने परिवार के लिए या अपने दोस्तों के लिए वित्तीय लाभ या अन्य भौतिक लाभों को ध्यान में रख कर ऐसा नहीं करना चाहिए।

सत्यनिष्ठा—सार्वजनिक पदों पर असीन लोगों को बाहर के व्यक्तियों या संगठनों के ऐसे किसी विशेष वित्तीय अथवा अन्य कृतज्ञता के तहत नहीं लाना चाहिए, जो उन्हें अपने कार्यालय के कार्यों और दायित्वों के निष्पादन में प्रभावित करे।

वस्तुगतता—सार्वजनिक कामकाज करते हुए सार्वजनिक पदों पर आसीन लोगों को योग्यता के आधार पर विकल्प चुनने चाहिए। जैसे, सार्वजनिक नियुक्तियां करने में, ठेके मंजूर करने में, या व्यक्तियों के लिए पुरस्कारों और लाभों की सिफारिश करने में।

उत्तरदायित्व—सार्वजनिक पदों पर बैठे लोगों को अपने फैसलों और कार्यों के लिए जनता के प्रति उत्तरदायी होना चाहिए और अपने पद के उपयुक्त जो भी पड़ताल की जाए, खुद को अवश्य ही उसके हवाले कर देना चाहिए।

खुलापन—सार्वजनिक पदों पर आसीन लोगों को अपने तमाम निर्णयों और कार्यों के लिए यथासंभव खुला होना चाहिए। उन्हें अपने फैसलों के लिए कारण बताने चाहिए और किसी सूचना को सिर्फ तभी रोकना चाहिए, जब यह व्यापक जनहित में हो।

ईमानदारी—सार्वजनिक पदाधारियों को अपने सार्वजनिक कामों से संबंधित निजी हितों की घोषणा कर देनी चाहिए और उनमें यदि कोई टकराव पैदा होता हो तो उनका समाधान इस तरह से करना चाहिए कि जनहित की रक्षा हो।

नेतृत्व—सार्वजनिक पदों पर बैठे लोगों को अपने नेतृत्व और उदाहरण के द्वारा इन सिद्धांतों को समर्थन और बढ़ावा देना चाहिए।

उच्चतम न्यायालय ने आगे कहा—''हरेक लोकतंत्र में सार्वजनिक जीवन के ये सिद्धांत सामान्य व्यवहार के हैं और सार्वजनिक पद पर बैठे हरेक शख्स के आचरण की पड़ताल करते वक्त ये बातें दिमाग में रखनी चाहिए। यह घिसी-पिटी बात है कि सार्वजनिक पदों पर बैठे लोगों को कुछ शक्तियां मिली हुई होती हैं, जिनका इस्तेमाल सिर्फ जनता के हित में किया जाना चाहिए, इसलिए जन विश्वास के तहत वे उन पदों पर होते हैं। अगर उनमें से कोई ईमानदारी के रास्ते से विचलित होता है तो यह उनके साथ विश्वासघात है और ऐसे में मामले को दरी के नीचे सरकाने की बजाय इससे अवश्य ही कड़ाई के साथ निपटा जाना चाहिए। अगर कोई काम अपराधजनक है, तो इसकी तत्परता से जांच होनी चाहिए और जिसके खिलाफ प्रथम दृष्टया मामला बनता है, उस पर शीघ्रता से मुकदमा चलाया जाना चाहिए ताकि कानून का प्रताप बना रहे और कानून के शासन की पुष्टि हो। यह न्यायापालिका का दायित्व है कि वह कानून के शासन को लागू करे और इसलिए कानून के राज में किसी भी तरह की सेंध न लगने दे।''

भारतीय अर्थव्यवस्था के करीबी पर्यवेक्षक प्रेम शंकर झा के निम्न बयान से भारतीय अर्थव्यवस्था पर भ्रष्टाचार के प्रतिकूल प्रभावों के परिणामों का अंदाजा लगाया जा सकता है—

''एशिया में कुछ सबसे उदार विदेशी निवेश कानून अपनाए जाने के बावजूद, अभी तक भारत एक भी प्रमुख अंतरराष्ट्रीय कॉरपोरेशन को राजी नहीं कर सका है कि वह इसे एक वैश्विक उत्पादन मंच के रूप में इस्तेमाल करे। जो भी प्रत्यक्ष विदेशी निवेश आया है, वह उपभोक्ता चीजों एवं टिकाऊ सामान के लिए घरेलू बाजार का दोहन करने पर आमादा है। सिंगापुर में एक खुली चर्चा में, फंड प्रबंधकों और कॉरपोरेट अधिकारियों ने खुलासा किया कि वे अपनी वैश्विक उत्पादन योजनाओं मे शामिल करने के लिए इसलिए तैयार नहीं होते हैं कि केंद्रीय और राज्य सरकारों से तमाम अनुमतियां प्राप्त कर लेने के बाद भी, वे स्थानीय नौकरशाहों और नेताओं की कृपा पर टिके होते हैं। उनमें से कोई भी उनके कामों को रोक दे सकता है, और वे धमकी देते हैं कि यदि उन्हें पर्याप्त 'हिस्सा' नहीं दिया गया तो वे ऐसा कर देंगे। किसी राज्य में सत्ता परिवर्तन के साथ ही ताजा मांगे रखी जाती हैं और नए सत्ताधारियों के साथ नए सिरे से सौदेबाजी करनी पड़ती है। सारांश यह है कि चीनी लोगों ने कहीं ज्यादा मोटी रिश्वत ली, लेकिन बदले में उनके निवेश को पूर्ण सुरक्षा भी प्रदान की। जिन छोटे नौकरशाहों ने इस सिद्धांत का उल्लंघन किया, उन्हें फुटबॉल स्टेडियम में ले जाकर सिर के पीछे गोली मार दी गई। इसके विपरीत भारत में, वे फलते-फूलते गए जबकि उपक्रम बीमार पड़ गया या दम तोड़ बैठा।''

शासन-प्रशासन में ईमानदारी को सुनिश्चित करने के लिए कुछ उपाय किए जाने आवश्यक हैं। इनमें से कुछ का उल्लेख नीचे किया गया है—

(ए) बेनामी सौदा (प्रतिबंध) अधिनियम, 1988 के अनुच्छेद 5 को लागू करने की जरूरत

हालांकि बेनामी सौदा (प्रतिबंध) अधिनियम, 1988 के कई प्रावधान हितकारी हैं, लेकिन इस कानून के कुछ कालदोषों पर गौर करना भी जरूरी है। 'बेनामी सौदा' को इस कानून के अनुच्छेद 2 की उपधारा (ए) में परिभाषित किया गया है। यह धारा निम्न रूप में है—

(ए) 'बेनामी सौदा' का मतलब ऐसा कोई भी सौदा, जिसमें एक आदमी के नाम संपत्ति की जाती है लेकिन इसके लिए भुगतान किसी अन्य व्यक्ति द्वारा किया जाता है।

ऐसा लगता है कि इस परिभाषा को मनमाने रूप में लागू किया जा सकता है यानी यह उन सही सौदों पर लागू हो सकती है, जो जनहित को नुकसान नहीं पहुंचाते हैं, जैसे एक पिता अपने पुत्र के लिए फ्लैट खरीदता है और उसकी कीमत किस्तों में देता है। अगर खरीद के लिए रकम का हिसाब-किताब रखा जाता है और यह एक तरक्की का सौदा है, तो इसे निरस्त नहीं किया जाना चाहिए। यह परिभाषा का सही अर्थ और मकसद है। इस अधिनियम, जिसमें नौ अनुच्छेद हैं, को संभवत: संशोधित और मजबूत किए जाने की जरूरत है। अनुच्छेद 3 एक व्यक्ति का कोई बेनामी सौदा करने से मना करता है। खैर जैसा भी हो, कानून 'बेनामी सौदों' पर प्रतिबंध लगाता है और किसी भी व्यक्ति को यह दावा करने का अधिकार नहीं देता है कि भले ही संपत्ति किसी और के नाम हो, लेकिन वास्तविक मालिक वह खुद है। इस अधिनियम को संसद द्वारा 1988 में बनाया गया था। इसमें बड़ा हितकारी और अत्यंत वांछित प्रावधान अनुच्छेद 5 में है, जो इस प्रकार है—

बेनामी संपत्ति का अधिग्रहण किया जा सकता है—(1) तमाम बेनामी संपत्तियों का निर्धारित किए गए अधिकारी द्वारा तय किए जाने वाले तरीके और प्रक्रिया का पालन करते हुए अधिग्रहण किया जा सकेगा।

किसी भी संशय को दूर करने के लिए, यहां यह घोषणा की जाती है कि उप-खंड (1) के तहत किसी भी संपत्ति के अधिग्रहण के लिए किसी भी रकम का भुगतान नहीं किया जाएगा।

अनुच्छेद 5 को पढ़ने से साफ है कि यह सिर्फ तभी प्रभावी और क्रियाशील हो सकता है जब अनुच्छेद 8 के तहत ऐसे नियम बनाए जाएं तो प्राधिकरण, तरीके और प्रक्रिया को तय कर दे और जिनका पालन करते हुए राज्य द्वारा बेनामी संपत्ति को अधिग्रहीत किया जा सकता है (बगैर कोई मुआवजा दिए)। दरअसल, अनुच्छेद 8 स्पष्ट रूप से कहता है कि अधिनियम के उद्देश्य को पूरा करने के लिए केंद्र सरकार द्वारा नियम बनाया जाएगा। यह आश्चर्यजनक है कि उपर्युक्त मकसद के लिए केंद्र सरकार ने अभी नियम नहीं बनाए हैं। अधिनियम की सामान्य प्रकृति है, जो हरेक बेनामी सौदे पर लागू होता है चाहे संबंधित व्यक्ति सरकारी कर्मचारी है चाहे संबंधित व्यक्ति सरकारी कर्मचारी है या नहीं। यह अनिवार्य है कि इस काम को तत्परता से किया जाए, ताकि विधायी आदेश को पूरा किया जा सके।

संभवत:, लोक सेवकों यानी सरकारी अधिकारियों के लिए एक पृथक् और समग्र कानून बनाना ज्यादा सुरक्षित होगा। भ्रष्टाचार रोकथाम अधिनियम, 1988 के अनुच्छेद 2 (सी) एवं भारतीय दंड संहिता के अनुच्छेद 21 द्वारा 'लोक सेवकों' की जो परिभाषा दी गई है, उनके संबंध में एक कानून बनाना बेहतद जरूरी है। ऐसा कानून अवश्य ही व्यापक प्रकृति का होना चाहिए और लोक सेवकों की संपदा के अधिग्रहण का भी इसमें स्पष्ट उल्लेख होना चाहिए। कानून में यह बात साफ होनी चाहिए कि एक लोक सेवक की पत्नी, उनके बच्चे, निकट संबंधी किस तरीके से संपत्ति रख सकते हैं और यह भी बताया जाना चाहिए कि यदि परिस्थितियां यह दिखाती हैं कि वे लोक सेवकों के बेनामीदार हैं, तो इस कानून में यह बात दर्ज होनी चाहिए कि ऐसी संपत्तियों या जायदाद को रखने के क्या प्रभाव होंगे। संविधि में यह बात भी हो सकती है कि यदि रिपोर्ट करने और सत्यापित करने की समुचित सांविधिक प्रक्रियाओं का पालन नहीं किया गया है, तो यह साबित करने का बोझ संपत्तिधारक पर डाला जा सकता है कि यह संपत्ति

उनके द्वारा बेनामी हासिल नहीं की गई है। यह भी सुझाव दिया जाता है कि संपत्ति हस्तांतरण अधिनियम, 1882 और पंजीकरण कानून, 1908 में यह संशोधन किया जाना चाहिए कि एक लोक सेवक के पक्ष में या द्वारा संपत्ति का अधिग्रहण या हस्तांतरण सिर्फ पंजीकृत उपायों के जरिये होगी जिसमें सौदे के पूर्व पड़ताल या सौदे के बाद पड़ताल शामिल होगी (दिल्ली में, संपत्तियों के ज्यादातर सौदे सिर्फ पॉवर ऑफ अटॉर्नी और वसीयतों के आधार पर किए जाते हैं; कभी भी किसी पंजीकृत दस्तावेज को लागू नहीं किया जाता है—इसका मतलब स्टाम्प ड्यूटी और पंजीकरण शुल्क के रूप में सरकारी राजस्व का भारी नुकसान होता है।) इसे उन सौदों के बारे में भी लागू किया जा सकता है जिनमें हालांकि अंतिम हस्तांतरण नहीं भी किया गया हो, फिर भी संपत्ति में हित का व्यावहारिक रूप से हस्तांतरण किया जा रहा हो। प्रावधान के तहत न केवल लोक सेवकों बल्कि लोक सेवक के परिवार के तमाम लोगों को शामिल किया जाना चाहिए। कंपनी अधिनियम, 1961 ने भ्रष्ट व्यक्ति के रिश्तेदारों को जटिल चक्रीय धन के जरिये बड़ी समृद्ध कंपनियां खोलने का रास्ता दिया हुआ है, इसलिए इसे भी संशोधित किया जाना चाहिए। एक लोक सेवक की स्थिति-वित्तीय एवं संपत्ति संबंधी—को लोक सेवकों से संबंद्ध प्रस्तावित व्यापक कानून के तहत लाए जाने की जरूरत है। हमारा सुझाव है कि कानून में एक निगरानी प्रणाली की व्यवस्था होनी चाहिए, जिसमें कार्यपालिका सरकार के अधिकारी नहीं हो (चूंकि कार्यपालिका सरकार अनिच्छुक नौकरशाहों के खिलाफ ऐसे प्रावधानों का दुरुपयोग कर बदले की कारवाई कर सकती है), बल्कि एक स्वतंत्र लोकपाल हो जो लोक सेवा को विनियमित करेगा। यह कहने की आवश्यकता नहीं कि लोक सेवकों के संबंध में कड़े प्रावधान बनाए जाने के अलावा साथ-साथ जनमत को सिद्धांतों को आत्मसात् करने के लिए प्रोत्साहित करना चाहिए।

यह गौर करने की बात है कि बेनामी सौदा (प्रतिबंध) अधिनियम, 1988 संसद द्वारा करीब तीस साल पहले बनाया गया था। इसने अनुच्छेद 5 द्वारा दिए गए आवश्यक मामले के बारे में नियम बनाने के साथ-साथ इस मकसद के लिए केंद्र सरकार को कानून बनाने की शक्ति दी थी। संसद द्वारा दिए गए दायित्व को पूरा करने में सरकार एकदम विफल रही है। यह सही है कि संसद ने इस काम के वास्ते कोई जवाब नहीं हुआ। तीस साल की अवधि बेहद लंबी है। केंद्र सरकार संसद की मंशा और मकसद को अपनी निष्क्रियता से व्यर्थ नहीं कर सकती। वस्तुतः, यदि अब तक ऐसा नहीं किया गया है, तो उक्त प्रावधान को प्रभावी बनाने के लिए कदम उठाने का सरकार का सांविधिक दायित्व बनता है।

हमें यह भी स्पष्ट कर देना चाहिए कि ए.के. राय केस में उच्चतम न्यायालय के निर्णय के सिद्धांत यहां लागू करने की बात नहीं है। पहला, वह एक 'सशर्त विधायन' का केस था (एक संवैधानिक प्रावधान/कानून को लागू करने की शक्ति)। दूसरा, संवैधानिक संशोधन (अनुच्छेद 22) से संबद्ध मामला 1979 में प्रभावी हुआ और उच्चतम न्यायालय के समक्ष केस 1981 में यानी करीब दो साल के अंदर आया। लेकिन जब 1994 में भारत के ए.जी. बनाम अरतलाल प्रजीवनदास केस में उच्चतम न्न्यायालय के समक्ष यही सवाल सामने आया, तो नौ जजों की संवैधानिक पीठ ने कुछ महत्वपूर्ण टिप्पणियां कीं। हालांकि यह मानते हुए कि उस केस के मकसद के लिए कथित सवाल पर फैसला करना आवश्यक नहीं है, लेकिन अदालत ने वकील

की इस दलील से सहमति जताई कि केंद्र सरकार द्वारा बरती गई देरी कतई उचित नहीं है और कि संसद ने उक्त संशोधन कानून को बनाने वक्त यह हरगिज नहीं सोचा होगा कि केंद्रीय सरकार की निष्क्रियता के कारण यह मृतप्राण हो जाएगा—चाहे यह जान-बूझ कर किया गया हो या किसी अन्य वजह से।

इसलिए, हमारा यह विचार है कि कम-से-कम अब केंद्र सरकार को लोक सेवकों पर एक व्यापक कानून बनाना चाहिए। ऐसा कदम भ्रष्ट लोक सेवकों पर लगाम लगाने के रूप में काम करेगा और शासन में शुचिता को सुनिश्चित करेगा।

इस संबंध में मौजूदा कानून, यथा, भ्रष्टाचार रोकथाम कानून (पी.सी.ए.) 1988 और भारतीय दंड संहिता (आई.पी.सी.) की कमियों को सामने रखना भी जरूरी है। महज आई.पी.सी. या पी.सी.ए. के तहत मुकदमा चलाना पर्याप्त नहीं है। इसकी वजह यह है कि ऐसे मुकदमे विरले ही शुरू किए जाते हैं और यहां तक कि जब वे शुरू किए जाते हैं तो सजा दिलाया जाना तो और भी विरला है। जब तक भ्रष्टाचार के फलों को ले नहीं लिया जाता, तब तक आप भ्रष्टाचार से सच्चे मायने में प्रभावी ढंग से लड़ नहीं पाएंगे। भ्रष्ट लोक सेवकों की संपत्ति को सजा दिलाए जाने के कानूनी रास्ते से जब्त किए जाने के लिए कानून का होना निहायत जरूरी है। दूसरे शब्दों में, जहां भी एक लोक सेवक एक बेनामीदार के नाम से अवैध रूप से हासिल संपदा को आवृत्त किया हुआ पाया जाता है, इस कानून और इसके तहत बनाए गए नियमों के तहत कार्रवाई की जानी चाहिए और जन संपत्तियों को राज्य द्वारा बगैर कोई मुआवजा दिए अधिग्रहीत किया जाना चाहिए, जैसा कि वाकई कानून द्वारा साफ तौर पर कहा गया है। इस मकसद से, समुचित प्राधिकरण (जैसे कि पी.सी.ए. के अनुच्छेद 5 के तहत विशेष कर कहा गया है) को जांच करने, सत्यापित करने, पूछताछ करने की आवश्यक शक्तियां दी जानी चाहिए। इसके अलावा उस प्राधिकरण को किसी भी स्रोत, प्राधिकरण, संस्थान अथवा संगठन से सूचना प्राप्त करने का अधिकार होना चाहिए। जहां तक लोक सेवकों की बात है, राज्यों में और केंद्र में भिन्न-भिन्न प्राधिकरण उल्लिखित किए जा सकते हैं। जहां तक केंद्रीय एवं राज्य के मंत्रियों की बात है, तो समुचित प्राधिकरणों का गठन किया जाना है। गैर-लोक सेवकों के लिए भी, समुचित प्राधिकरण बनाए जा सकते हैं। ऐसे प्राधिकरणों का एकमात्र दायित्व यही होना चाहिए। वे नैसर्गिक न्याय के सिद्धांतों का पालन करें। यह फौजदारी अदालतों द्वारा सजा दिलाने का मामला नहीं होगा—यह भ्रष्टाचार के खिलाफ विशुद्ध रूप से नागरिक (दीवानी) उपचार होगा। यह साबित करने का बोझ कि यह संपत्ति 'बेनामी' नहीं है, उस पर होना चाहिए जो इस संपत्ति/जायदाद का मालिक है।

(बी) सरकारी पद में अपकरण-एक उपाय

उच्चतम न्यायालय ने एक नया प्रयोग करते हुए दो पूर्व केंद्रीय मंत्रियों के कार्यों की पड़ताल की। इसने पाया कि एक मंत्री ने पंद्रह लोगों को पेट्रोल पंपों का आबंटन किया था और यह काम पारदर्शिता के अभाव, भाई-भतीजावाद और मनमाने तरीके से किया गया था। ये आवंटन अधिकतर मंत्री या उनके स्टॉफ के सदस्यों के रिश्तेदारों को किए गए थे। दूसरे मंत्री के मामले में, अदालत ने पाया कि सरकारी आवास को हासिल करने के संबंध में अवैध आवंटन किए गए

हैं। अदालत ने माना कि कोई भी लोक सेवक ऐसे तरीके से काम नहीं कर सकता, जो एकदम मनमाना है। अदालत ने टिप्पणी की—

''यह सही वक्त है कि लोक सेवकों को लोक सेवकों के रूप में अपने कार्य करते हुए उनके गलत कामों के लिए उन्हें निजी तौर पर जिम्मेदार ठहराया जाए। सामाजिक-आर्थिक तस्वीर में बदलाव के साथ, लोक सेवकों को ज्यादा-से-ज्यादा विवेकाधीन शक्तियां दी जा रही हैं, यहां तक कि विविध रूपों में सरकारी धन के वितरण के क्षेत्र में उन्हें निर्णय लेने के अधिकार दिए जा रहे हैं। हम यह साफ कर देना चाहते हैं कि अगर कोई लोक सेवक किसी काम को चाहते हैं कि अगर कोई लोक सेवक किसी काम को करने या न करने में अपने पद का दुरुपयोग करता है, और इसके परिणामस्वरूप किसी व्यक्ति को आघात लगता है या सार्वजनिक संपत्ति की क्षति होती है, तो ऐसे लोक सेवक के खिलाफ कार्रवाई की जानी चाहिए। कोई भी लोक सेवक यह नहीं कह सकता कि आप बदनीयती के आधार पर किसी आदेश को रद्द कर दे सकते हैं लेकिन आप मुझे व्यक्तिगत रूप से जिम्मेदार नहीं ठहरा सकते हैं। कोई भी लोक सेवक मनमाने ढंग से काम नहीं कर सकता है।'' आवंटन के सवाल पर, अदालत ने राय रखी कि मंत्री जो अपने विभाग का कार्यपालिका प्रमुख था, करने विश्वास का पद रखता था। अदालत ने टिप्पणी की—

''सरकार आज एक कल्याणकारी राज्य में नागरिकों को बड़ी संख्या में लाभ प्रदान करती है। यह भूखंड, घर, पेट्रोल पंप, गैस एजेंसी, खनिज लीज, ठेके, कोटा और लाइसेंस आदि के आवंटन के रूप में धन का वितरण करती है। सरकार विविध रूपों में उदार दान का वितरण करती है। एक मंत्री जो संबंधित विभाग का कार्यपालिका प्रमुख है, इन लाभों और उदार दानों का वितरण करता है। वह लोगों द्वारा चुने जाते हैं और उन्हें ऐसा पद दिया जाता है जहां वह लोगों के विश्वासपात्र होते हैं। उन्हें निष्पक्ष और न्यायपूर्ण तरीके से जनता की संपदा को संभावना होता है। जनता ने उनमें जो विश्वास जाहिर किया है, उसका वह उल्लंघन नहीं कर सकते हैं। एक पारदर्शी और वस्तुगत आधार/प्रक्रिया को विकसित करना ही पड़ेगा...

उच्चतम न्यायालय ने सरकार को हुए नुकसान की भरपाई के लिए एक मंत्री को 50 लाख रुपये भुगतान करने को कहा। इसी तरह, दूसरे मंत्री को सरकार को 60 लाख रुपये का भुगतान करने को कहा। दोनों ही मामलों में, अदालत ने निष्कर्ष दिया कि मंत्रियों की कार्रवाइयां सार्वजनिक (सरकारी) संपत्ति का अपकरण है।

उच्चतम न्यायालय ने रमन दयाराम शेट्टी बनाम लखनऊ विकास प्राधिकरण केस में स्पष्ट रूप से लिए गए निर्णय पर भरोसा करते हुए यह कहा कि उदार दान मंजूर करने के मामले में, सरकार और इसके अधिकारियों से यह अपेक्षा की जाती है कि वे निष्पक्ष, न्यायपूर्ण एवं पारदर्शी तरीके से काम करें और यदि दुर्भावनापूर्ण और जान बूझकर मनमाने ढंग से काम जिससे राज्य के नागरिकों को नुकसान हुआ, तो उन्हें इसका मुआवजा देने के लिए जिम्मेदार ठहराया जा सकता है। रुक्स बनाम बर्नार्ड केस पर भरोसा जताते हुए अदालत ने कहा कि सरकारी कर्मियों द्वारा ''दमनकारी, मनमाने और असंवैधानिक कार्रवाई करने के लिए अनुकरणीय मुआवजा दिलाया जा सकता है। उच्चतम न्यायालय ने तब निष्कर्ष निकाला—

''हमारा कानूनी दृष्टिकोण यह है कि जहां भी लोक सेवक की कार्रवाई दमनकारी, मनमानी और असंवैधानिक है, वहां अनुकरणीय मुआवजा दिलवाया जा सकता है और यह कोई अपवाद वाली स्थिति नहीं है।'' दूसरे मंत्री से जुड़े निर्णय में भी यही सिद्धांत दोहराया गया। यहां

यह उल्लेख करना अनावश्यक नहीं होगा कि अपना निर्णय लेने में रुक्स बनाम बर्नार्ड के अलावा कई अन्य ब्रिटिश फैसलों का अनुसरण किया। दरअसल अदालत ने इंगित किया कि हाउस ऑफ लॉर्ड्स ने ब्रूम बनाम कैसेल (1972 ए सी 1027) में रुक्स बनाम बर्नार्ड के सिद्धांत के प्रति खुलकर सहमति जताई। अदालत ने ए.बी. बनाम साउथ वेस्ट वाटर सर्विसेज लिमिटेड (1993 (1) ऑल ई. आर. 609) में कोर्ट ऑफ अपील द्वारा दिए गए उस निर्णय का भी संदर्भ दिया, जिसमें रुक्स बनाम बर्नार्ड के आदेश का अनुकरण और समर्थन किया गया था। यहां यह भी उल्लेख किया जा सकता है कि 1996 में इंग्लैंड के हाई कोर्ट ने थ्री रिवर्स डिस्ट्रिक्ट काउंसिल बनाम बैंक ऑफ इंग्लैंड (1996 (3) मॉल ई. आर. 558 में पूर्ववर्ती फैसलों का अनुसरण करते हुए कहा कि—

"सरकारी कार्यालय में अपकरण का नुकसान एक सरकारी अफसर को दी गई शक्तियों के जानबूझकर एवं बेईमान गलत दुरुपयोग से संबंद्ध है और उद्देश्य यह है कि उन लोगों को मुआवजा दिलाया जाए, जिन्हें शक्ति के अनुचित दुरुपयोग के परिणामस्वरूप नुकसान उठाना पड़ा है। इसकी बराबरी उन नुकसानों के साथ नहीं की गई जो आघात या क्षति पहुंचाने की मंशा पर आधारित थे, हालांकि उनमें कुछ समानताएं थीं। नुकसान को दो वैकल्पिक तरीकों से स्थापित किया जा सकता है—(ए) जहां एक सरकारी अफसर ने वादी को नुकसान पहुंचाने के इरादे से कोई काम किया हो या न किया हो (यानी किसी के प्रति दुर्भावनापूर्ण ढंग से काम करना) और (बी) जहां अफसर ने कोई ऐसा काम किया जिसके बारे में उसे पता था कि उसे ऐसा करने का अधिकार नहीं है, और उसका यह काम वादी को नुकसान पहुंचाएगा।" कानून का यह बयान कोर्ट ऑफ अपील द्वारा बोर्गाइन एस.ए1 बनाम कृषि मंत्रालय (1985 (3) ऑल ई.आर. 585) में दिए गए कानून की की यह विश्वासपूर्ण पुनरोक्ति था।

ये फैसले निश्चित रूप से स्वागत योग्य थे और इनके जनता की नजर में उच्चतम न्यायालय की छवि बिखरी। इन निर्णयों ने इस बात को स्थापित किया कि अदालतें जनता के लिए चिंतित हैं। लोक सेवक और मंत्री अपने दुर्भाग्य पूर्ण कार्यों और आदेशों के परिणामों से बच कर नहीं निकल सकते। सारांश में, इन फैसलों ने इस कहावत को चरितार्थ किया कि "आप चाहे जितने ऊंचे हों, कानून आपके ऊपर है।" फैसलों ने कानून के शासन को सुदृढ़ किया, न कि लोगों के शासन को। एक संदेश दिया गया कि लोक सेवकों को अवश्य ही सार्वजनिक संपदा के प्रति सम्मान विकसित करना चाहिए। और सबसे बड़ी बात है कि सरकारी पद एक विश्वास है, न्यास है, न कि भ्रष्टाचार, भाई-भतीजावाद और निजी लाभ का कोई चार्टर है।

बहरहाल, उपर्युक्त और में जो सिद्धांत प्रतिपादित किए गए थे, उन्हें उच्चतम न्यायालय ने उनमें से एक मंत्री द्वारा दायर समीक्षा याचिका पर फैसला देते हुए पलट दिया। फैसले (इसकी रिपोर्ट ए.आई. आर 1999 एस.सी. 2979 में दी गई थी) को पढ़ने से यह खुलासा होता है कि समीक्षा याचिका को निम्न आधारों पर इजाजत दी गई—

"कॉमन कॉज" एक पंजीकृत सोयायटी है, जिसने अदालत के समक्ष याचिका दायर की थी। लेकिन इसने पेट्रोल पंप के आवंटन के लिए आवेदन नहीं किया था और इसीलिए मंत्री द्वारा जो अवैध आवंटन किए गए थे, उससे उसे कोई कानूनी नुकसान नहीं पहुंचा था। अगर ऐसा है, तो कैसे याचिकाकर्ता (मंत्री) द्वारा सरकारी पद का अपकरण करने का मामला अनुच्छेद 32 के तहत कार्यवाहियों में दर्ज किया जा सकता है और वह भी प्रेस रिपोर्ट के आधार पर 'कॉमन

कॉज' के कहने पर। ऐसा हो सकता है कि कॉमन कॉज का इस सवाल को लेकर उद्वेलित होना सही हो और इसके लिए उसने जनहित याचिका डाली हो लेकिन उसका यह प्रयास पहले ही सफल हो चुका है। क्योंकि 15 अवैध आवंटन रद्द कर दिए गए। लेकिन अदालत को इससे आगे जाने की कोई मतलब नहीं था और यह नहीं कहना था कि मंत्री ने सरकारी पद में अपकरण का अन्याय किया और इस आधार पर अनुकरणीय मुआवजा नहीं दिलवाना था।

एक अन्यायपूर्ण काम के लिए उस खास वादी को मुआवजा दिलाया जा सकता है, जिसका उस अन्यायपूर्ण काम के कारण नुकसान हो। ''जब तक कि अन्य आवश्यक तत्व मौजूद न हों, पेट्रोल पंपों के महज आवंटन को 'अपकरण' नहीं कहा जा सकता। यह सही है कि मंत्री द्वारा 15 पेट्रोल पंपों का आवंटन पूरी तरह अनुचित था और यह सत्ता के मनमाने दुरुपयोग का एक दृष्टांत था, फिर भी यह सरकारी पद में अपकरण का मामला नहीं बनता है। अपकरण एक अन्याय विशेष होता है, जिसके तत्व इस केस में पूरी तरह नहीं मिलते हैं।'' इसलिए, अनुकरणीय मुआवजा देने का यह कोई मौका नहीं था। अनुकरणीय मुआवजा निस्संदेह कुछ परिस्थितियों में लोक सेवकों के खिलाफ दिया जा सकता है लेकिन इस जैसे केस में नहीं। रुक्स बनाम बर्नार्ड के हाउस ऑफ लॉर्ड्स का फैसला जिसकी पुष्टि ब्रूम बनाम कैसेल में हुई, को स्वीकार नहीं किया जा सकता। ''यदि हम रुक्स बनाम बर्नार्ड में दिए गए नियम जिसे कैसेल एंड कंपनी लिमिटेड बनाम ब्रूम केस में सही ठहराया गया, को निरपवाद रूप से और बेहिचक लागू करें और सरकारी अफसरों या सरकारी सेवकों के शामिल होने वाले हरेक केस में अनुकरणीय मुआवजा दिलाने लगें, तो परिणाम भयंकर होगा।'' अदालत ने आगे टिप्पणी की, ''याचिकाकर्ता मंत्री बन जाने से सही मायने में एक 'न्यासी' की भूमिका नहीं अख्तियार कर लेता और न ही सरकारी संपत्तियों के मामले में 'न्यास' अस्तित्व में आ जाता है।''

विश्वास के आपराधिक उल्लंघन जैसा कि भारतीय दंड संहिता के अनुच्छेद 405 में परिभाषित किया गया है, की दृष्टि से पड़ताल किए जाने पर, ''आवंटन करने की शक्ति' को आई पी सी के सेक्शन 405 में दिए गए अर्थ के तहत 'संपत्ति' के रूप में नहीं लिया जा सकता है। जिसका दुरुपयोग और गबन किया जा सके। संबंधित मंत्री के खिलाफ आपराधिक कार्यवाहियों की शुरुआत करने का निर्देश देना संविधान के अनुच्छेद-21 द्वारा मंत्री को प्राप्त जीवन एवं स्वतंत्रता के अधिकार का उल्लंघन था। उच्चतम न्यायालय के लिए यह इजाजत देने योग्य नहीं है कि वह 'सरकार को निर्देश दे कि वह खुद को अनुकरणीय मुआवजे का भुगतान करे।'' (यह तर्क इस आधार पर दिया गया कि सरकार का एक मंत्री सरकार का ही हिस्सा होता है और इसलिए सरकार को खुद को ही मुआवजा देने का निर्देश नहीं दिया जा सकता है।)

हालांकि उपर्युक्त केसों में दिए गए फैसलों के नैतिक बल का सम्मान किए जाने की जरूरत है, लेकिन अपकरण के अन्याय के सिद्धांत में क्या एक व्यक्ति को आघात या नुकसान पहुंचने का तत्व अवश्य ही शामिल हो, इस बात की फिर से पड़ताल किए जाने की आवश्यकता है। जिस सिद्धांत के आधार पर लोक सेवकों की जिम्मेदारी तय की जा सकती है, वह अवश्य ही स्पष्ट होना चाहिए और यह निष्पक्ष सिद्धांत ऐसा होना चाहिए कि लोक सेवक निर्माण होकर काम कर सकें और अवश्य ही ऐसा नहीं होना चाहिए कि इसके दायरे में नौकरशाहों के सही कार्य भी आ जाएं। यह आवश्यक है कि इस सिद्धांत को अच्छे शासन को प्रोत्साहित करना चाहिए। उदाहरण के तौर पर, हम आंध्र प्रदेश को-ऑपरेटिव सोसायटीभ एक्ट, 1964 को देख

सकते हैं। इस कानून के अनुच्छेद 60 में दिया गया है कि यदि एक पदाधिकारी को सोसायटी के संगठन, प्रबंधकीय मामलों की जिम्मेदारी दी जाती है और वह धन का गबन करता है या वह विश्वास के उल्लंघन का दोषी पाया जाता है, तो उसके कार्य-व्यवहार की जांच की जानी चाहिए और ऐसी स्थिति में उसे धन या संपत्ति को मुआवजे के तौर पर भुगतान करने का आदेश दिया जाना चाहिए। लोक सेवकों से जुड़े व्यापक कानून के एक हिस्से के तौर पर, उन सिद्धांतों को अवश्य ही शामिल किया जाना चाहिए जिनके आधार पर अपकरण को दंडनीय बनाया जा सकता है। सिद्धांत को यह अवश्य सुनिश्चित करना चाहिए कि गलत काम एकदम स्पष्ट है, और अनुमान लगाने के प्रकट पैमानों के मद्देनजर, इसमें कोई दो राय संभव नहीं है। तब और सिर्फ तभी लोक सेवक पर मुआवजा लगाया जाए। इसी तरह, सिद्धांत दोनों ही स्थितियों को शामिल कर सकता है, यानी एक ऐसी स्थिति जहां एक तीसरे पक्ष को निश्चित तौर पर आघात का नुकसान पहुंचाया गया है और दूसरा जहां न्यायिक रूप से प्रबंध करने योग्य पैमानों को संतुष्ट करते हुए इस निष्कर्ष पर पहुंचा जास के कि सत्ता या शक्ति का मनमाना दुरुपयोग किया गया है। दोनों ही मामलों में लोक सेवकों पर मुआवजा देने का प्रावधान लागू किया जाना चाहिए। इसी तरह, क्षतिपूर्ति की मात्रा के सिद्धांत को परिभाषित किए जाने की आवश्यकता है, चूंकि आंकड़ों पर पहुंचने में मनमानी करना एक ऐसा क्षेत्र बन जा सकता है ही कभी पहुंचे।'' कानूनी प्रावधानों का मसौदा तैयार करते वक्त मूलभूत सत्ता के ढांचे, विशिष्ट वर्ग की बनावट, उनके मौलिक ढांचे की अवश्य ही पड़तला होनी चाहिए। (देखें डब्लू. माइकल रीसमैन, फोल्डेड लाइनः ब्राइबरी, क्रुसेड्स एंड रिफॉर्म्स, 69-73 (1973)। यह आवश्यक है कि सिद्धांत अवश्य ही स्पष्ट होना चाहिए और वांछित परिणाम हासिल करना चाहिए क्योंकि नैतिक संघर्ष तो बहुतेरे हुए हैं लेकिन सफल अभियोजन चंद ही हुए हैं। कार्यपालिका की किसी कार्रवाई के सही और गलत पक्षों को समंजित करते हुए, मामला ऐसा होना चाहिए जो निर्धार्य, समसामयिक हो और साथ में जिसका अनुमान के स्पष्ट पैमानों का संदर्भ हो।

आंध्र प्रदेश को-ऑपरेटिव सोसायटी एक्ट के अनुच्छेद 60 के अनुसार (इस कानून का शीर्षक सरचार्ज' है)।

(1) सेक्शन 50 के तहत ऑडिट के दौरान या सेक्शन 51 के तहत किसी पूछताछ के दौरान या सेक्शन 52 या सेक्शन 53 के तहत किसी जांच के दौरान, या सोसायटी को बंद किए जाने के दौरान, यह लगता है कि कोई व्यक्ति जो सोसायटी का संगठन, प्रबंधन संभालता था या सोसायटी का कोई मौजूदा या अतीत के अधिकारी ने गबन किया है या धन या अन्य संपत्ति का फर्जीवाड़ा कर अपने पास रखा है या सोसायटी के विश्वास का उल्लंघन किया है या सोसायटी की संपदाओं में कोई कभी की है या जानबूझकर लापरवाही की है या इस कानून, नियमों, उप-नियमों के प्रावधानों के विपरीत कोई भुगतान है, तो रजिस्ट्रार खुद, इस मामले में उनके द्वारा खास तौर से अधिकृत व्यक्ति, खुद अथवा कमिटी, परिसमापक या ऋणदाता या अनुदान देने वाले के आवेदन पर, ऐसे व्यक्ति या अधिकारी या कर्मचारी के व्यवहार की जांच कर सकता है और धन का ब्याज समेत भुगतान करने अथवा संपत्ति या उसके किसी हिस्से को बहाल करने का आदेश दे सकता है। इस रकम पर कितना ब्याज देना पड़ेगा, इसका फैसला भी रजिस्ट्रार या उनके द्वारा अधिकृत व्यक्ति ही करेगा।

इसमें यह खुलासा कर दिया गया है कि जिस व्यक्ति या अधिकारी पर आरोप लगाए गए हैं, उन्हें अपना पक्ष रखने का मौका दिए बगैर उनके खिलाफ कोई भी आदेश नहीं दिया जाएगा।

(2) ऐसे व्यक्ति या अधिकारी या कर्मचारी ने भले ही कोई आपराधिक कार्य किया हो, लेकिन यह सेक्शन उस पर लागू होगा।''

यह याद करने वाली बात है कि कोऑपरेटिव सोसायटी को चलाने और इसके मामलों/कारोबार को संभालने के लिए एक चुनी हुई प्रबंधकीय समिति है। इसके साथ ही मैनेजमेंट के लोगों को कार्य-संपादन में सहयोग देने के लिए सोसायटी ने स्टाफ भी नियुक्त किया है। तो सोसायटी के चुने हुए सदस्य और नियुक्त किए गए कर्मचारी, दोनों ही उपर्युक्त सेक्शन के दायरे में आएंगे। ऐसा कोई कारण नहीं है कि इस सिद्धांत को केंद्र अथवा राज्य स्तर पर सरकारी मशीनरी तक क्यों नहीं बढ़ाया जा सकता है। केंद्र और राज्य में भी सरकार के चुने हुए सदस्य स्थायी नौकरशाही की सहायता से सरकारी कामकाज निपटाते हैं। यहां तक कि सांविधिक अधिकारियों को भी इस नियम की निगरानी के तहत होना चाहिए। कानूनों में जो रक्षात्मक धाराएं होती हैं, वे अधिकारियों को अच्छे विश्वास के तहत किए गए कार्यों के लिए किसी मुकदमे से बचाती हैं। मगर यह रक्षा कवच दुर्भावनापूर्ण कार्यों के लिए नहीं होता या नहीं होना चाहिए। जहां भी दुर्भाग्यपूर्ण कार्य से राज्य या जनता को नुकसान हो तो राज्य को उस संबंधित अधिकारी/कर्मचारी से नुकसान की भरपाई कराने का अधिकार होना चाहिए।

विविध राज्यों द्वारा कोऑपरेटिव सोसायटी को लेकर बताए गए कई अन्य कानूनों में भी इसी तरह के प्रावधान रखे गए हैं।

एक व्यापक कानून बनाए जाने की जरूरत है कि जहां भी लोक सेवक अपनी दुर्भावनापूर्ण कार्रवाइयों से अथवा सुस्पष्ट प्रकृति के काम नहीं करने से राज्य को नुकसान पहुंचाते हैं, तो राज्य को उस नुकसान की उनसे भरपाई का अधिकार होना चाहिए। इसके अतिरिक्त, उन पर अनुकरणीय मुआवजा भी ठोका जा सकता है। सिद्धांतों में सरकारी पद के दुरुपयोग और प्राधिकरण के बाहर किए गए कार्य से जुड़े मामले भी शामिल किए जाने चाहिए। 'लोक सेवक' अभिव्यक्ति के तहत भारतीय दंड संहिता और भ्रष्टाचार रोकथाम कानून, 1988 में परिभाषित तमाम लोक सेवक शामिल किए जाने चाहिए। इसके दायरे में सांसद, विधायक और राज्य विधानसभाओं और परिषदों के सदस्यों और मंत्रियों को शामिल किया जाना चाहिए। ऐसा कानून कई सवालों का निराकरण करने की योग्यता रखेगा जैसे क्या सरकार को खुद को मुआवजा देने के लिए कहा जा सकता है, क्या कुछ लाभों को मंजूर करने या आवंटित करने को 'सपंत्ति' कहा जा सकता है, क्या लोक सेवक की ऐसी कार्रवाई 'अन्यायपूर्ण काम' है, क्या ऐसे कामों के लिए मुआवजा/अनुकरणीय मुआवजा दिलवाया जा सकता है, और यदि हां तो किस आधार पर और किस हद तक, क्या सरकारी पद एक ट्रस्ट है और अधिकारिता के सवाल आदि। यह कार्यवाहियों की बहुलता से भी बचाएगा और महज आपराधिक मुकदमे की तुलना में ज्यादा प्रभावी होगा, चाहे मुकदमा आई.पी.सी. के तहत हो या पी.सी. अधिनियम के तहत। बहरहाल, इस कानून में यह बात होनी चाहिए जिनके आधार पर कार्यवाहियां शुरू की जा सकती हैं, उनमें ऑडिट रिपोर्ट या किसी आयोग, समिति या प्रांसगिक तथ्यों की पड़ताल करने में सक्षम किसी

निकाय की रिपोर्ट शामिल होगी। जिस अधिकारी को कार्यवाहियां शुरू करने की शक्ति दी जाए, उसे एक स्वतंत्र उच्च स्तर का अफसर/एजेंसी होना चाहिए और जिसकी अवधि, सेवा शर्तें और स्वतंत्रता सुदृढ़ एवं पूरी तरह गारंटीशुदा होनी चाहिए जैसा कि केंद्रीय सतर्कता आयुक्त के मामले में किया गया है। लोक सेवकों के विभिन्न वर्गों के लिए अलग-अलग अधिकारी निर्धारित किए जा सकते हैं। उदाहरण के लिए, मंत्रियों और विधायकों को एक श्रेणी में रखा जा सकता है, ग्रुप ए अधिकारियों को एक अन्य श्रेणी में रखा जा सकता है, और इसी तरह अन्य श्रेणियां बनाई जा सकती हैं। यह वर्गीकरण विभाग के आधार पर भी किया जा सकता है। यह बात, बहरहाल, संसद/विधायिका द्वारा तय की जानी चाहिए। संसद और राज्य विधायिकाओं के लिए इसी तर्ज पर लोक सेवकों के लिए उनके सरकारी कार्यों, राज्य के साथ संबंध तथा उनके निजी प्रभावों एवं निजी संपत्तियों की जांच के संदर्भ में एक नया व्यापक कानून बनाना भी उपयुक्त हो सकता है। बहरहाल, यह तथ्य है कि ऐसा कार्य तुरंत किया जाना निहायत आवश्यक है।

लोक सेवकों को यह नोटिस भेजा जाना चाहिए कि वे अगर अपने गलत कार्यों से राज्य को नुकसान पहुंचाते हैं, तो उन्हें इसकी भरपाई करनी पड़ेगी। इन गलत कार्यों का जिक्र ऊपर किया गया है। उन्हें यह बता दिया जाना चाहिए कि अब वे भ्रम में न रहें कि उनके दुर्भावनापूर्ण आदेशों या कार्रवाइयों को अदालत द्वारा महज रद्द कर दिया जाएगा और निजी तौर पर उनका कुछ नहीं बिगड़ेगा। उन्हें यह पता होना चाहिए कि उनसे मुआवजा/क्षतिपूर्ति वसूला जा सकता है। इस तरह का निजी उत्तरदायित्व ठहराने से अच्छे शासन को काफी बढ़ावा मिलेगा और शक्ति के पारदर्शी, न्यायपूर्ण और ईमानदार ढंग से प्रयोग करने की जरूरत को बल देगा। यह किसी भी तरह से मंत्रियों या अधिकारियों को अपने काम प्रभावी ढंग से करने में बाधा खड़ी नहीं करेगा। एक जिम्मेदार सरकार और उत्तरदायित्व की अवधारणा अच्छे शासन के इसे प्रोत्साहित करते हैं, जनहित में योगदान करते हैं। महज निर्णय की भूल अथवा सदाशयी गलतियां करने पर लोक सेवकों को निश्चित रूप से ऐसे परिणाम नहीं भुगतने पड़ेंगे लेकिन पहले उल्लेख किए गए छह आधारों के दायरे में पड़ने वाले उनके दुर्भावपूर्ण कार्यों के लिए उन्हें जिम्मेदार ठहराया जाना चाहिए। अगर उनके ऐसे कामों से राज्य की हानि होती है, तो उन्हें अवश्य ही इसकी भरपाई के लिए बाध्य किया जाना चाहिए।

(सी) लोक सेवकों की अवैध रूप से हासिल की गई संपदाओं की जब्ती के लिए एक कानून बनाए जाने की आवश्यकता

दिल्ली विकास प्राधिकरण बनाम स्कीपर कंस्ट्रक्शन कंपनी (प्राइवेट) लिमिटेड (ए.आई.आर. 1996 एस.सी.-2005) केस में उच्चतम न्यायालय ने निम्न टिप्पणियां कीं—

"...सरकारी पद' (जिसमें सरकारी क्षेत्र के निगमों में पद भी शामिल हैं) पर आसीन लोगों द्वारा भ्रष्ट और अवैध कार्यों एवं सौदों द्वारा हासिल की गई संपत्तियों को जब्त करने के लिए एक कानून का होना हमारे समाज की मौजूदा स्थिति में निहायत आवश्यक है। इस कानून के दायरे में ऐसी संपत्ति धारणा करने वाले के नाम में हासिल संपत्तियां, बल्कि उनकी पत्नी, बच्चों या अन्य रिश्तेदारों एवं सहयोगियों के नाम में हासिल की गई संपत्तियां भी होनी चाहिए,

जैसा कि साफेमा (SAFEMA) में दिया गया है। एक बार यह साबित हो जाए कि ऐसे पद पर आसीन शख्स भ्रष्ट कार्यों में शामिल रहा है, तो तुरंत ऐसी संपत्तियों को जब्त कर लिया जाना चाहिए। कानून को यह साबित करने का जिम्मा उस संपत्ति के मालिक पर डालना चाहिए कि वह संपत्ति भ्रष्ट सौदों से प्राप्त धन/संपत्तियों की मदद से हासिल नहीं की गई है, जैसा कि साफेमा में किया गया है और जिसकी मान्यता पहले ही इस अदालत की वृहत्तर सांविधानिक पीठ द्वारा की जा चुकी है। अगर भ्रष्टाचार के नासूर को इस मुल्क की मौत का कारण नहीं बनना है तो ऐसा कानून बनाया जाना परम आवश्यक है। कई सुधी पर्यवेक्षकों के अनुसार, यह पहले ही लगभग प्राणघातक रूप ले चुका है। अगर संसद को इस नासूर से वाकई निपटना है, तो इस मामले में कानून बनाने की जिम्मेदारी उसी की है।''

वास्तव में, उपर्युक्त मामले में उच्चतम न्यायालय ने भारत के महान्यायवादी बनाम अमरतलाल प्रजीवनदास केस में नौ सदस्यीय संवैधानिक पीठ द्वारा स्थापित नियम का ही अनुसरण किया। इस केस (1994 (5) एस सी सी 54) में उच्चतम न्यायालय ने तस्करों एवं विदेशी मुद्रा का फर्जीवाड़ा करने वालों की संपत्ति जब्त करने के कानून, 1976 (1976 का 13) की संवैधानिक मान्यता/वैधता पर विचार किया था। इस कानून में तस्करों विदेशी मुद्रा का उल्लंघटन करने वालों द्वारा अवैध रूप से हासिल की गई संपदाओं को जब्त करने का इसी तरह का प्रावधान था। नौ जजों की बेंच ने एक राय से फैसला देते हुए टिप्पणी की कि कथित कानून के पीछे सराहनीय मकसद था—

''दोषी/कैदी की अवैध रूप से हासिल संपत्तियों को जब्त करना, भले ही वे संपत्तियां उनके किसी रिश्तेदार या सहयोगी के नाम करके आवृत्त कर दी गई हों, जैसा कि दो व्याख्याओं में परिभाषित किया गया है। विचार यह नहीं है कि ऐसे रिश्तेदारों का सहयोगियों की स्वतंत्र रूप से हासिल की गई संपत्तियों को जब्त किया जाए, बल्कि दोषी/कैदी की सिर्फ उन संपत्तियों पर हाथ डाला जाए, जो उसने अपने नाम कर रखी है या अपने रिश्तेदार के नाम कर छुपाई हुई है।''

यह ध्यान दिलाया जा सकता है कि साफेमा ने यह साबित करने का जिम्मा पूरी तरह तस्कर और विदेशी मुद्रा का घोटाला करने वालों पर डाल दिया कि उसके द्वारा या उसके परिवार के सदस्यों द्वारा हासिल की गई संपदाएं कानूनी रूप से हासिल की गई है। नौ जजों की बेंच के फैसले में यह इंगित किया गया कि इस तथ्य के मद्देनजर ऐसा करना अपरिहार्य है क्योंकि सिर्फ वही व्यक्ति बता सकता है कि उसने वे संपत्तियां किस तरह हासिल कीं और यह काम प्राधिकरण के लिए करना संभव नहीं है। इस फैसले में टिप्पणी की गई—

''...विदेशी मुद्रा कानूनों एवं आयात-निर्यात से संबद्ध नियमों के उल्लंघन में आवश्यक रूप से टैक्स नियमों का उल्लंघन शामिल होता है। वास्तव में, यह सुविदित तथ्य है कि पिछले चंद दशकों के दौरान, तस्करी, विदेशी मुद्रा उल्लंघन, कर चोरी, ड्रग्स एवं अपराध सभी का घालमेल हो गया है। ऐसी गतिविधि में करों की चोरी अभिन्न हिस्सा बन गई है। किसी लेखा-जोखा या अन्य प्रासंगिक सामग्री के अभाव में, किसी भी अधिकारी के लिए यह कहना मुश्किल होगा कि तस्कर ने जो संपत्तियां हासिल की हैं, उनमें से कौन या उनका कौन-सा हिस्सा तस्करी और विदेशी मुद्रा उल्लंघनों से जुड़ा हुआ है और कौन-सी संपत्तियां या उनका कौन-सा हिस्सा अन्य कानूनों (जिन्हें बनाने की शक्ति संसद के पास है) के उल्लंघन से जुड़ा हुआ है। संभवत: इसी कारण से यह साबित करने का बोझ उसी संबंधित व्यक्ति पर डाला गया है कि कारण

बताओ नोटिस में उल्लिखित संपत्तियां अवैध रूप से हासिल नहीं की गई हैं। हो सकता है कि यह वैसा ही मामला है, जहां खतरनाक रोग के लिए अतिवादी इलाज की जरूरत होती है। कड़वी दवाई खराब दवाई नहीं होती है। कानून में यह संभव नहीं है कि परिभाषा मनमानी है या अतार्किक ढंग से व्यापक संदर्भ में व्यक्त किया गया है....''

इसलिए, यह एकदम उपयुक्त है कि भ्रष्ट लोक सेवकों की संपत्तियों को जब्त करने के संबंध में प्रस्तावित कानून में भी, संपत्ति के मालिक पर ही साबित करने का बोझ डाला जाना चाहिए। वस्तुत: भारतीय प्रमाण अधिनियम, 1872 की धारा 106 में यही सिद्धांत अधिनियम, 1872 की धारा 106 में यही सिद्धांत है। ''उदाहरण के साथ दी गई इस धारा में कहा गया है— जब कोई तथ्य विशेष तौर पर एक व्यक्ति की जानकारी में है, तो उस तथ्य को साबित करने का बोझ भी उसी पर है।

उदाहरण (दृष्टांत)

(ए) जब कोई व्यक्ति किसी मंशा से कोई ऐसा काम करता है जो उस काम के चरित्र और परिस्थितियों से इंगित होता है तो उस मंशा को साबित करने का बोझ उसी शख्स पर है।

(बी) ए पर आरोप है कि उसने बिना टिकट के रेल यात्रा की है तो यह साबित करने का बोझ कि उसके पास टिकट था, उसी पर है।''

इसी सिद्धांत के आधार पर भ्रष्टाचार रोकथाम संविधियों में, साबित करने का बोझ अक्सर अभियुक्त पर डाला जाता है। उच्चतम न्यायालय द्वारा सी. एस. डी. स्वामी बनाम राज्य (ए.आई.आर.-1960 एस.सी.-7) में कहा गया कि ''इस तरह विधायिका ने जानबूझ कर अभियुक्त पर यह बोझ डाला है कि वह न केवल संतोषजनक स्पष्टीकरण दे कि उसने इतनी विशाल संपत्ति कैसे प्राप्त की, बल्कि वह अदालत को भी संतुष्ट करे कि उसका स्पष्टीकरण स्वीकार्य है।'' इस केस का फैसला भ्रष्टाचार रोकथाम कानून, 1947 की धारा 5 (3) के संदर्भ में किया गया अदालत ने आगे कहा ''...अधिनियम की धारा 5 (3) किसी नए जुर्म को पैदा नहीं करती है बल्कि सिर्फ प्रमाण के नियम तय करती है ताकि कोर्ट खास परिस्थितियों में दोष का अनुमान लगा सकें—और इस तरह फौजदारी केसों में साबित करने के बोझ के सामान्य नियम का यह एक अपवाद है। महाराष्ट्र राज्य बनाम वासुदेव (1981 एस सी 1186) केस में भी ऐसे ही प्रभाव का फैसला दिया गया। धारा 5 का अन्वय करते हुए, कोर्ट ने कहा—''जब धारा 5 (1) (ई) इन शब्दों का इस्तेमाल करती है ''जिसके लिए लोक सेवक संतोषजनक ढंग से ब्योरा देने में असमर्थ है'', तो इसका आशय यह है कि गैर-आनुपातिक संपदाओं को हासिल करने के स्रोतों का लेखा-जोखा ऐसा लोक सेवक ही प्रस्तुत करे और यदि वह अपनी संपदाओं का ब्योरा संतोषजनक ढंग से देने में विफल रहता है, तो वह दोष सिद्ध किए जाने योग्य है।

कुछ लोगों द्वारा यह इंगित किया है कि जहां कोई संपत्ति कई साल पहले हासिल गई है, वहां उस व्यक्ति को उसके स्रोत को साबित करने के लिए कहना उपयुक्त नहीं भी हो सकता है, क्योंकि हो सकता है कि ऐसी संपत्ति हासिल करने के रिकॉर्ड को उसने सुरक्षित नहीं रखा हो। बहरहाल यह ऐसा पहलू है जिसे अदालत या न्यायाधिकरण यह तय करते वक्त अवश्य ही अपने दिमाग में रखेगा कि संबंधित व्यक्ति ने अपने ऊपर डाले गए बोझ का निर्वाह किया अथवा नहीं।

उच्चतम न्यायालय के भारत के महान्यायवादी बनाम अमरतलाल प्रजीवन दास केस में 'निहित विश्वास' की अवधारणा के जरिये संपत्ति की ऐसी जब्ती के दार्शनिक आधार की व्याख्या की। सरकार और लोक सेवक के बीच संबंध न्यासी प्रकृति का है। ऐसे मामले में, यह कहा गया कि अपने कर्तव्य का उल्लंघन कर न्यासी द्वारा प्राप्त किया गया कोई भी लाभ पाने वाले का शेयर है। इससे आगे कहा गया कि न्यासी पद पर रहते हुए एक व्यक्ति द्वारा स्वीकार किया गया उपहार दरअसल अपनी ड्यूटी भंग करने के लिए दी गई रिश्वत है और हालांकि कानून में यह न्यासी का हुआ, लेकिन शेयर के हिसाब से रिश्वत दी गई राशि के बराबर वह न्यासी उस व्यक्ति का ऋणी हो गया, जिसके लिए वह ड्यूटी निभाई जानी थी। उस लोक सेवक ने रिश्वत स्वीकार की और उससे जो संपत्ति हासिल की, वह उस व्यक्ति के लिए 'रचनात्मक न्यास' की तरह रहा। ऐसी संपत्ति के मूल्य में कोई बढ़ोतरी होती है, तो यह उस व्यक्ति का है जो आहत/लाभान्वित हुआ है और संपदा में कोई कमी होती है, तो गलत काम करने वाला शख्स इसके लिए जिम्मेदार है। यह भी कहा गया है कि जब तक अवैध रूप से हासिल की गई संपदाओं को तुरंत जब्त करने के लिए कानून नहीं बनाया जाता, तब तक वे विदेशों के सुरक्षित पनाहगाहों के खातों में पहुंचाए जाते रहेंगे।

उपर्युक्त दो फैसलों में उच्चतम न्यायलय की टिप्पणियों के मद्देनजर, भारत के विधि आयोग ने 'भ्रष्ट लोक सेवक (संपत्ति जब्त किया जाना) विधेयक' पर अपनी 166वीं रिपोर्ट में अनुशंसा की कि केंद्र सरकार भ्रष्ट लोक सेवकों की अवैध रूप से हासिल की गई संपत्तियों को जब्त करने के लिए संसद में विधेयक लाए। इस रिपोर्ट के साथ विधेयक का मसौदा भी जोड़ा गया। यह फिर खेद की बात है कि सरकार ने वांछित कदम उठाना जरूरी नहीं सोचा है।

हमारा विचार है कि आज की स्थिति में उपर्युक्त सिफारिश के अनुसार एक कानून का होना निहायत आवश्यक है, इससे बचा नहीं जा सकता। भ्रष्टाचार रोकने के लिए यह राज्य को प्रभावी साधन प्रदान करेगा। कोई नहीं कहता कि कानून बना देने भर से भ्रष्टाचार खत्म हो जाएगा। लेकिन ऐसे कानून के तहत चंद कुख्यात भ्रष्ट लोगों से जुड़े मामलों को भी निपटा लिया गया, तो इससे अन्य गलत काम करने वालों लगाम लेगी।

(डी) जन हित प्रकटीकरण कानून बनाना

भ्रष्टाचार और कुप्रशासन से लड़ने के लिए कई पश्चिमी देशों में जो उपाय किए गए हैं, उनमें से एक है जनहित प्रकटीकरण कानून बनाया, जिसे लोकप्रिय ढंग से व्हिसल-ब्लोअर एक्ट कहते हैं। ऐसे कानूनों का मकसद सरकार और सार्वजनिक क्षेत्र से संगठनों में उत्तरदायित्व बढ़ाना है। इससे लोगों को प्रोत्साहित किया जाता है कि वे अपने संगठनों में चल रही गड़बड़ियों से निगाहें न फेर लें और इसकी सूचना संबंधित अधिकारी को दें। ब्रिटिश कानून का (जनहित प्रकटीकरण अधिनियम, 1998) आदर्श है ''संदेशवाहक की बजाय संदेश का समाधान करें और गंभीर गड़बड़ियों पर पर्दा डालने के लालच से बचें।'' इस कानून में पर्दाफाश करने वालों को बर्खास्तगी और प्रताड़ित किए जाने से बचाव के लिए समुचित प्रावधान किए गए हैं।

एक अनुभवी भ्रष्ट लोग सेवक जानता है कि आंतरिक नियंत्रण कार्यवाहियों से कैसे बचा जाए। ऐसा व्यक्ति ऐसी गतिविधि खुद करता है या अन्य कर्मचारियों या बाहरी लोगों की मिलीभगत से यह काम अंजाम देता है। फिर भी, जहां भ्रष्टाचार या कदाचार होता है, संगठन

में कोई-न-कोई इस बारे में जान रहा होता है या उसे किसी तरह मिल जाती है। यह कानून ऐसी सूचना अधिकारी विशेषज्ञ तक पहुंचाने में उस व्यक्ति की मदद करता है और इस तरह जन हित को बढ़ावा मिलता है। यह सही है कि ऐसे प्रकटीकरण में लोग दिलचस्पी नहीं दिखाते थे, लेकिन हाल में तमाम संबंधित लोगों में यह जागरूकता आई है कि जो सरकार या सार्वजनिक क्षेत्र के संगठनों में गंभीर कदाचार, गड़बड़ी, भ्रष्टाचार और फर्जीवाड़े के बारे में खुलासा करते हैं, उन्हें अपने नियोक्ताओं या सहयोगियों के प्रति 'निष्ठावान' नहीं होने के लिए दंडित और अपमानित करने की बजाय सार्वजनिक धन्यवाद और समर्थन दिया जाए।

इस कानून का वाकई मकसद सरकार और सार्वजनिक क्षेत्र के अंदर उत्तरदायित्व को बढ़ावा देना है। यह कर्मचारियों की इजाजत देता है कि यदि संगठन के स्तर पर या व्यक्तिगत स्तर पर कोई गलत काम दिया जा रहा है, तो वे इसकी सूचना गोपनीय तरीके से या सार्वजनिक रिपोर्ट के जरिये उपयुक्त अधिकारियां को दें। कानून में इसकी व्यवस्था होनी चाहिए कि ऐसी सूचना प्राप्त करने वाला अधिकारी एक स्वतंत्र व्यक्ति होना चाहिए, न कि संबंधित सरकार अथवा सार्वजनिक क्षेत्र के संगठन का हिस्सा होना चाहिए। अगर उन्हें गोपनीय रूप से कोई सूचना दी जाती है तो उन्हें संदिग्ध शख्स अथवा व्हिसल ब्लोअर को सार्वजनिक रूप से अपमानित किए बिना लगाए गए आरोपों की जांच करनी चाहिए। यह सुनिश्चित करने के लिए उन्हें उपयुक्त तरीके अपनाने चाहिए। यह भी अवश्य ही सुनिश्चित किया जाना चाहिए कि ऐसी अवैध गतिविधियों के बारे में सही और सच्ची सूचना देने वाले को पुरस्कृत किया जाए और यह पुरस्कार जरूरी नहीं कि वित्तीय हो। यह सुनिश्चित करना भी समान रूप से आवश्यक है कि खुलासा करने की सुविधा का दुरुपयोग दुष्ट कर्मचारियों द्वारा निजी बदले के लिए न किया जाए।

वास्तव में, अब यह माना जाता है कि कानून और समाज की ऐसी संस्कृति बनानी चाहिए जिसमें ईमानदार विनिमयों को दंडित करने की बजाय सम्मानित किया जाए और उसका महत्व समझा जाए। कानून को यह भी सुनिश्चित करना चाहिए कि मुखबिरों के खिलाफ कोई प्रतिशोध लिया जाए और भेदभाव नहीं किया जाए। हो सकता है कि मुखबिर ने अपनी समझ से जिस सूचना का खुलासा किया है, वह अंततः पूरी तरह या काफी हद तक सही न निकले। साथ ही, यह भी माना जाना चाहिए कि ऐसे कदम में कुछ खतरे भी हैं। यह संभव है कि कुछ लोगों द्वारा बदला लेने, प्रतिकार करने या पुरस्कार हासिल करने के लिए इस सुविधा का दुरुपयोग किया जाए। बहरहाल, यह बात उपयुक्त अधिकारी छोड़ देनी चाहिए कि वह यह तय करे कि जो सूचना गोपनीय ढंग से उनके समक्ष रखी गई है, वह काफी हद तक सही सूचना है, या क्या मुखबिर सही मंशा से सूचना दे रहा था या यह सूचना पूरी तरह झूठी थी और प्रतिशोध के लिए या दुर्भाग्यवश दी गई थी। ऐसी गलत मंशा से झूठी सूचना देने वाले शख्स को दंडित करने का भी प्रावधान होना चाहिए। कई विकसित देशों में माना जाता है है कि ऐसे विधायी उपाय में निश्चित रूप से कुछ खतरे शामिल हैं, लेकिन यह बेहतर है कि इन खतरों को उठाया जाए बजाय इसके कि भ्रष्टाचार और फर्जीवाड़े को जारी रहने दिया जाए अथवा मुखबिर को किसी बाहरी एजेंसी के पास जाने के लिए छोड़ दिया जाए। निस्संदेह यह संतुलन बनाना बढ़िया है कि लोगों से कहा जाए कि वे पर्दाफाश करें, लेकिन उन्हें चेता भी दें कि गलत सूचना देने पर खुद उनके खिलाफ कार्यवाही की जा सकती है। ऐसे विधायी कदम से जो स्थितियां पैदा होती हैं, यदि उन्हें संवेदनशीलता से संभाला जाए तो यह निश्चित रूप से भ्रष्टाचार और कु-प्रशासन के खिलाफ लड़ाई में एक कदम आगे ले जाने वाला साबित होगा, न कि एक कदम पीछे ले जाने वाला।

ब्रिटिश अधिनियम में, उपर्युक्त प्रकृति की शिकायतें प्राप्त करने वाले व्यक्ति/अधिकारी को रेगुलेटर (नियामक) कहा जाता है।

जैसा कि लंदन प्रशासक के रूप में, लैम्बैथ अपने विहसल ब्लोइंग चार्टर में कहते हैं, ''अगर आप मानते हैं कि कुछ गलत है, तो आवाज उठाएं।''

इस संबंध में, इस क्षेत्र में कार्यरत इंग्लैंड के एक संगठन 'पब्लिक कन्सर्न एट वर्क' का उल्लेख किया जा सकता है। इसे इंग्लैंड की सरकार के मान्यता दी हुई है। सरकार ने अपने 'सार्वजनिक निकायों का शासन' में इस तथ्य को स्वीकार किया है कि ईमानदारी और उत्तरदायित्व को सुनिश्चित करने में मुखबिरी (सूचना उजागर करना) महत्वपूर्ण भूमिका निभा सकती है और इस संदर्भ में कहा है कि उक्त संगठन 'इस क्षेत्र में एक अग्रणी संगठन है।'' इस संगठन ने सूचना उजागर करने की भूमिका को आगे बढ़ाने के लिए कई पर्चे भी प्रकाशित किए हैं, जिनमें कुछ केस स्टडी भी शामिल हैं। उनके पर्चों में से एक में निम्न रूप से कहा गया है—

सार्वजनिक जीवन में मानक

नीतिगत संदर्भ में हाल के वर्षों में जो सबसे अहम घटना हुई है, वह यह है कि नोलन कमिटी ने माना कि सार्वजनिक निकायों में उच्च मानक सुनिश्चित करने और प्रदर्शन करने में सूचना उजागर करना एक साधन है। नोलन कमिटी की 1996 में दी गई अनुशंसाओं को मेजर सरकार ने सार्वजनिक निकायों के शासन पर अपने श्वेत पत्र में 1997 में स्वीकार किया। जैसा कि श्वेत पत्र ने टिप्पणी की, ''नोलन कमिटी ने सूचना उजागर करने या 'व्हिसल ब्लोइंग' शब्द का यह आशय लगाया कि एक संगठन के अंदर अथवा उस संगठन से संबद्ध एक स्वतंत्र समीक्षा ढांचे के अंदर मौजूद समस्याओं को गोपनीय ढंग से उठाया जाए, न कि निंदात्मक रूप से मीडिया को प्रचलित अंदाज में सूचना लीक की जाए।''

हमने इंग्लैंड, ऑस्ट्रेलिया, मिशिगन स्टेट (अमेरिका) और कनाडा जैसे कई देशों द्वारा बनाए गए व्हिसल ब्लोअर कानूनों को भी देखा है। हम पाते हैं कि ऑस्ट्रेलियाई कानून हमारे देश के लिए एक मॉडल बन सकता है, निस्संदेह इसमें कुछ उपर्युक्त परिवर्तन करने होंगे। इस संबंध में, हम 'पेंटागन पेपर्स' से जुड़ी कहानी का संदर्भ ले सकते हैं, जिसके कारण अंतत: न्यूयॉर्क टाइम्स बनाम संयुक्त राज्य अमेरिका (1971) 403 यू.एस. 713 = 29 एल. एडिशन 2 डी. 822 केस में अमेरिकी सुप्रीम कोर्ट का फैसला आया। वहां के रक्षा विभाग में काम करने वाले एक कर्मचारी डेनियल इल्सबर्ग को एक वर्गीकृत स्टडी हाथ लगी, जिसका शीर्षक था ''वियतनाम नीति पर अमेरिकी निर्णय-प्रक्रिया का इतिहास''। इस स्टडी में खुलासा किया गया था कि अमेरिकी सरकार वियतनाम में अपने लिप्त रहने के बारे में सच्ची और सही सूचना जनता से छुपा रही है और यह वियतनाम संघर्ष में अपने शामिल होने से जुड़े मसलों और तथ्यों तथा अमेरिकी लोगों के जीवन व हितों को महत्वपूर्ण ढंग से प्रभावित करने वाले अन्य प्रांसगिक तथ्यों को अमेरिकी लोगों के सामने गलत ढंग से पेश करने का दोषी है। वह नहीं जानते थे कि किससे शिकायत करें। सरकार के बाहर ऐसा कोई प्राधिकरण नहीं था जिसके पास जाकर वह अपनी बात कहें। इसलिए वह दो प्रमुख अखबारों, न्यूयॉर्क टाइम्स और वॉशिंगटन पोस्ट के पास इस सामग्री को लेकर गए। (उन्होंने गुप्त रूप से इसकी प्रतियां बना ली थीं)। उस कर्मचारी को गिरफ्तार कर लिया गया और राष्ट्रीय सुरक्षा से कथित रूप से समझौता करने के लिए उन्हें तंग

किया गया। सरकार ने उन दोनों अखबारों में प्रख्यात 'पेंटागन पेपर्स' को छापने जाने से रोकने की असफल कोशिश की। इस प्रकरण के कारण वियतनाम में अमेरिकी संलिप्तता के लिए अमेरिकी सरकार और इसके क्रमागत राष्ट्रपतियों की बुरी फजीहत हुई।

यह जाहिर है कि यदि वहां एक स्वतंत्र प्राधिकरण (रेगुलेटर) होता जिनके पास वह कर्मचारी अपने हाथ लगी सूचना को लेकर जा सकते थे और ऐसे प्राधिकरण को मामले में जांच करने और आवश्यक आदेश देने का अधिकार होता—और यदि बात जनहित में लगती तो इस सूचना को सार्वजनिक कर देते, तो पूरा मामला व्यवस्थित ढंग से आगे बढ़ा होता और जन हित में यह बात बेहतर और ज्यादा त्वरित घटित होती। इससे कितनी ही अमेरिकी और वियतनामी जाने बच जातीं। कहने की जरूरत नहीं कि इन खुलासों से जनता का भ्रम टूट गया और वे अमेरिका में वियतनाम युद्ध के खिलाफ हो गए। अंततः अमेरिका को 30 अप्रैल, 1975 को वियतनाम से अपने कदम वापस लेने पड़े।

यह समझा जाता है कि भारत का विधि आयोग एक जनहित खुलासा विधेयक का मसौदा तैयार करने की प्रक्रिया में है। इस मसौदे को भारत सरकार को सौंपा जाएगा।

(ई) सूचना की स्वतंत्रता अधिनियम का बनना

सूचना प्राप्त करने का अधिकार और सूचना प्रदान करने का अधिकार संविधान के अनुच्छेद 19 की धारा (1) की उपधारा (ए) द्वारा गारंटी किए गए बोलने एवं अभिव्यक्ति की स्वतंत्रता का एक हिस्सा माना गया है। वैसे इस स्वतंत्रता पर उक्त अनुच्छेद की धारा (2) में दिए गए संदर्भ एवं सीमा तक समुचित प्रतिबंध भी लगाए जा सकते हैं। सचिव, सूचना एवं प्रसारण मंत्रालय बनाम बंगाल क्रिकेट एसोसिएशन 1995 (2) एस सी.सी. (161) केस में उच्चतम न्यायालय द्वारा यह स्थापित किया गया है—

"बोलने एवं अभिव्यक्ति की स्वतंत्रता में सूचना प्राप्त करने और इसका प्रसार करने का अधिकार शामिल है। आत्माभिव्यक्ति के लिए बोलने और अभिव्यक्ति की स्वतंत्रता आवश्यक है, यह मुक्त अंतरात्मा और आत्म-पूर्ति के लिए एक महत्वपूर्ण साधन है। यह लोगों को सामाजिक एवं नैतिक मसलों पर बहस में योगदान करने योग्य बनाता है। किसी भी चीज के सबसे सही रूप को प्राप्त करने का यह सर्वोत्तम तरीका है, क्योंकि सिर्फ इसी माध्यम से व्यापक रूप से विचारों का प्रसारण हो सकता है। राजनीतिक संवाद का यह एकमात्र उपाय है और यह लोकतंत्र के लिए अनिवार्य है। तमाम किस्म के कलात्मक एवं बौद्धिक प्रयासों की सुविधा प्रदान करने में यह अहम भूमिका निभाती है। इसलिए, संवाद करने के अधिकार में किसी भी उपलब्ध मीडिया चाहे प्रिंट हो या इलेक्ट्रॉनिक हो या ऑडियो-विजुअल हो जैसे कि विज्ञापन, फिल्म, लेख, भाषण आदि के जरिये संवाद करने का अधिकार शामिल है। यही कारण है कि बोलने एवं अभिव्यक्ति की स्वतंत्रता में प्रेस की स्वतंत्रता शामिल है। प्रेस की स्वतंत्रता में इसी तरह प्रसारण का अधिकार और ऐसे प्रसारण की मात्रा या सीमा तय करने का अधिकार भी शामिल है। इस स्वतंत्रता में यह बात शामिल है कि कोई देश के अंदर या विदेश में बगैर किसी दखल के अपने विचार खुल कर रख सकता है।

बोलने की स्वतंत्रता की अवधारणा में जो मूल्य निहित हैं ओर एक लोकतांत्रिक समाज में यह स्वतंत्रता जो भूमिका निभाती है, उसे व्यापक रूप से स्वीकार किया गया है। उनका सारांश निम्न रूप से प्रस्तुत किया जा सकता है—

(1) **प्रथम**— बोलने की आजादी किसी व्यक्ति के व्यक्तित्व के विकास के लिए अनिवार्य है। खुद को अभिव्यक्त करने और दूसरों के साथ संवाद करने का अधिकार मनुष्य के रूप में अपने चरित्र और क्षमता को ढालने का केंद्रीय तत्व है। इसके विपरीत, किसी की सोच या राय को दबाना उसके सम्मान और सत्यनिष्ठा पर हमला है। इस मायने में बोलने की स्वतंत्रता अपने आप में एक साध्य है। यह सिर्फ अन्य साध्यों को प्राप्त करने का एक साधन नहीं है। इस तरह यह समाज के अन्य लक्ष्यों का आवश्यक रूप से अधीनस्थ नहीं है।

(2) **द्वितीय**—बोलने की आजादी ज्ञान पाने और बढ़ाने के लिए अनिवार्य है। जैसा कि जॉन स्टुअर्ट मिल ने इंगित किया है—प्रबुद्ध निर्णय तभी संभव है, जब कोई किसी भी स्रोत से आए तमाम तथ्यों और मंतव्यों पर विचार करने, विपक्षी विचारों के मुकाबले अपने निष्कर्ष को परखने को इच्छुक हैं। यहां तक कि जो भाषण गलत सूचना देता है या विचारों को दूषित करता है, उसका भी मूल्य है, क्योंकि यह हमें स्वीकृत स्थितियों व मान्यताओं को फिर से परखने और उन पर फिर से विचार करने को बाध्य करता है। और इस तरह हमारी समझ को ज्यादा पुख्ता और बेहतर बनाता है। बोलने की आजादी के इस कार्य से, यह बात निकलती है कि अपने को अभिव्यक्ति करने का अधिकार इस बात पर निर्भर नहीं करता कि समाज इस विचार को सही या गलत मानता है, अच्छा या बुरा ठहराता है, सामाजिक रूप से उपयोगी या हानिकारक मानता है। तमाम दृष्टिकोण चाहे वह अल्पसंख्यक ही क्यों न हों, सुने जाने के काबिल हैं।

(3) **तृतीय**—बोलने की स्वतंत्रता हमारी लोकतांत्रिक सरकार की प्रणाली का एक आवश्यक हिस्सा है। संप्रभुता का वास लोगों में है; दूसरे शब्दों में, लोग (जनता) मालिक हैं, और सरकार उनका नौकर या सेवक है। अगर लोगों को संप्रभु की अपनी भूमिका निभानी है और सरकार को निर्देश देना है, तो उनकी अवश्य ही तमाम सूचना, विचारों और दृष्टिकोणों तक पहुंच होनी चाहिए। स्वतंत्र रूप से बोलने का हक न सिर्फ नीति निर्धारण के लिए बल्कि सरकार द्वारा नीति के कार्यान्वयन पर नजर रखने के लिए भी अति महत्वपूर्ण है। इसका मतलब यह हुआ कि सरकार को यह तय करने का कोई हक नहीं कि नागरिकों द्वारा क्या कहा जाए और क्या सुना जाए।

(4) **चतुर्थ**—बोलने की स्वतंत्रता शांतिपूर्ण सामाजिक बदलाव के लिए महत्वपूर्ण है। यह कार्रवाई शुरू किए जाने के पूर्व विचारों को परखने का मौका देता है, यह लिए गए निर्णय को वैध करार देता है और यह बल प्रयोग किए बिना नई परिस्थितियों को अपनाने की इजाजत देता है। यह समाज में संघर्ष या टकराव को समाप्त नहीं कर देता है, लेकिन यह टकराव को कम हिंसक और ज्यादा विवेकपूर्ण बनाता है। न्यायमूर्ति विलियम जे. ब्रेनन ने न्यूयॉर्क टाइम्स बनाम सुलीवान केस (1964) में कहा था, भाषण अक्सर ''बेलगाम, खरा और व्यापक'' हो सकता है।

यहां ब्रैंडीज जे. द्वारा विहरनी बनाम कैलिफोर्निया केस में दिए गए फैसले से उद्धरण देना अनुपयुक्त नहीं होगा। उनकी टिप्पणी थी—

''...कि आजादी का सबसे बड़ा खतरा निष्क्रिय लोग होते हैं, कि सार्वजनिक चर्चा एक राजनीतिक कर्तव्य है, और कि यह सरकार का एक मूलभूत सिद्धांत होना चाहिए।''

साथ ही यह माना जाना चाहिए कि आज अभिव्यक्ति की स्वतंत्रता पर गंभीर खतरा है। अमेरिकी सुप्रीम कोर्ट द्वारा अपने कई फैसलों में भाषण एवं अभिव्यक्ति की स्वतंत्रता का उल्लेख ''विचारों का स्वतंत्रत बाजार-स्थल' के रूप में किया गया है। यह ''स्वतंत्र बाजार अर्थव्यवस्था' के सामान्य तर्क के समान है, जैसा कि मिल्टन फ्रीडमैन एवं जेन फ्रीडमैन ने अपनी पुस्तक 'फ्री टु चूज' में कहा है।

जैसा कि जेरोम बैरॉन द्वारा (एक्सेस टु प्रेस-ए न्यू फर्स्ट अमेंडमेंट राइट—80 हार्वर्ड लॉ रिव्यू 1641-1967) में वस्तुतः इंगित किया गया है।

''अगर कभी विचारों का स्वसंचालित बाजार स्थल होता था, तो यह बहुत पहले बंद हो चुका है...जैसे कि आर्थिक सौदेबाजी की शक्ति में असमानता है, वैसे ही विचार व्यक्त करने की शक्ति में असमानता है, पहले वाले को मानना और दूसरे को नकारना अव्यावहारिक है...संचार उद्योग में बदलावों ने बाजार थल में संतुलन को नष्ट कर दिया है। हालांकि 1925 में न्यायमूर्ति होम्स की इस बात से सहमत हुआ जा सकता था कि हर विचार पर काम होता है जब तक कि कोई अन्य विश्वास या विचार इस पर भारी न पड़ जाए या ऊर्जा की विचार इस पर भारी न पड़ जाए या ऊर्जा की किसी विफलता के कारण जन्म के समय ही आंदोलन ने दम तोड़ दिया हो'', लेकिन अब इस पर यकीन करना असंभव है। होम्स के इस सिद्धांत को अभी भी छोड़ा नहीं गया है, हालांकि रेडियो और टेलीविजन के आगमन को इस दर्शन को और भी अव्यावहारिक और अवास्तविक बना दिया है...। एक अन्य विधिशास्त्री हर्बर्ट मार्क्यूस इसी तरह तर्क देते हैं कि मीडिया खुद आर्थिक और राजनीतिक सत्ता का महज औजार बन गया है और एकाधिकारवादी मीडिया के शासन में एक मानसिकता गढ़ी जाती है कि क्या सही है और क्या गलत। जब भी वे समाज के अहम हितों को प्रभावित करते हैं, तो पूर्व परिभाषित रहता है कि सच क्या है और झूठ क्या है।'' (हर्बर्ट मार्क्यूस द्वारा लिखित रिप्रेसिव टॉलरेंस)। जब टेलीविजन और जन संचार के अन्य साधन सर्वव्यापी और सर्व समाहितकारी हो गए हैं तो आज यह सब और कितना सही ध्वनित होता है। वे जिसका प्रतिनिधित्व करते हैं, वही सूचना और सच के रूप में पास हो जाते हैं। हम टेलीविजन पर जो देखते-सुनते हैं या अखबारों में जो पढ़ते हैं, उन्हीं से अगोचर रूप से हमारे विचार और दृष्टिकोण बन जाते हैं। यह सही है कि एक लोकतांत्रिक समाज में प्रेस और मीडिया एक महत्वपूर्ण और आवश्यक कार्य कर रहे हैं। भले ही उनका स्वामित्व बड़े व्यापारियों के हाथों में हो और भले ही वे सरकार-प्रायोजित विज्ञापनों पर निर्भर करने हों, लेकिन वे अत्यंत मूल्यवान और उपयोगी कार्य कर रहे हैं। नागरिकों के जानने के अधिकार और सरकार व जनता को अपने विचार और दृष्टिकोण बताने के उनके अधिकार के अभिभावक के रूप में कार्य करते हैं। जैसा कि सही ही कहा गया है—

''एक लोकतांत्रिक समाज में प्रेस की स्वतंत्रता वही काम करती है जो काम अभिव्यक्ति की स्वतंत्रता समग्र रूप में करती है। प्रेस की स्वतंत्रता व्यक्तिगत पूर्णता पाने के अवसर बढ़ाती है, ज्ञान और समझ की तलाश को बढ़ाती है। यह स्व-शासन की प्रक्रिया के लिए अहम हैं और विचारों के शांतिपूर्ण आदान-प्रदान से सामाजिक बदलाव को प्रशस्त करता है। प्रेस को खास तौर

यह भूमिका दी गई है कि वह जनता को सूचित करे और सरकार के कामकाज की निगरानी करे। अक्सर इसे 'चौथी संपदा' या सरकार की चौथी शाखा कहा जाता है। एक स्वतंत्र प्रेस हमारे समाज में उन मुम्य संस्थाओं में से एक है, जिसके पास सरकार और सत्ता के अन्य स्थापित प्रतिष्ठानों से लड़ने की क्षमता और संसाधन हैं। स्वतंत्र प्रेस की इस अवधारणा को न्यायमूर्ति ह्यूगो एल. ब्लैक ने न्यूयॉर्क टाइम्स कंपनी बनाम यूनाइटेड स्टेटस (1971) (दी पेंटागन पेपर्स केस) में इस तरह जोरदार ढंग से पेश किया—"पहले संशोधन में संस्थापकों (संविधान निर्माताओं) ने स्वतंत्र प्रेस को आवश्यक रक्षा कवच प्रदान किया ताकि हमारे लोकतंत्र में वह अपनी अनिवार्य भूमिका को पूरा कर सके। प्रेस का काम शासितों की सेवा करना है, न कि शासकों की। सरकार की प्रेस को सेंसर करने की शक्ति खत्म कर दी गई ताकि सरकार की आलोचना करने के लिए वह सदा स्वतंत्र रहे। प्रेस की इसलिए रक्षा की गई कि वह सरकार के राजों का पर्दाफाश कर सके और जनता को इसके बारे में बता सके। सिर्फ एक स्वतंत्र और निबांध प्रेस सरकार की धोखाधड़ी को उजागर कर सकता है।"

सरकार में ईमानदारी को सुनिश्चित करने के एक उपाय के तौर पर जनता के सूचना प्राप्त करने और सूचना बांटने के अधिकार को पक्का करने में प्रेस इस तरह एक महत्वपूर्ण एजेंट की भूमिका निभाता है।

(बोलने) भाषण देने और अभिव्यक्ति की स्वतंत्रता जिसमें सूचना प्राप्त करने और सूचना देने की स्वतंत्रता शामिल है, के महत्व को महसूस करते हुए, कुछ विकसित देशों ने सूचना की स्वतंत्रता कानून बनाए हैं। इन कानूनों के पीछे मकसद यह है कि सरकारी गतिविधि पारदर्शी, न्यायपूर्ण और खुली रहे। रक्षा, परमाणु ऊर्जा और देश की रक्षा से जुड़े मामलों को छोड़ कर, सरकार के कामकाज में गोपनीयता की कोई जगह नहीं है। चाहे लोगों को प्रभावित करने वाला कोई फैसला लेने की बात हो या चाहे सरकारी संपत्ति की खरीद-फरोख्त से संबंद्ध लेन-देन हो चाहे लोगों को प्रभावित करने वाला कोई जगह नहीं है। इन तमाम मामलों में, सरकार को पारदर्शी तरीके से काम करना चाहिए जिसका मतलब यह है कि जो कोई नागरिक उन मामलों के बारे में कोई भी सूचना प्राप्त करना चाहता है, उसे यह हासिल करने का अधिकार होना चाहिए। इस संदर्भ में, हम ब्रिटिश संसद द्वारा 30 नवंबर, 2000 को बनाए गए सूचना की स्वतंत्रता अधिनियम, 2000 को देख सकते हैं। इस अधिनियम का मुख्य उद्देश्य श्वेत पत्र में दिए गए सिद्धांतों को लागू करना है, इसलिए यह उपयुक्त है कि प्राथमिक विधायन द्वारा ऐसा किया जाए। अन्य मामले में द्वितीयक (सेंकेडरी) विधायन में, आचार संहिताओं या प्रशासकीय कार्रवाई द्वारा संभाले जा सकते हैं। यह अधिनियम सरकारी प्राधिकारणों के रिकॉर्ड में दर्ज सूचना तक पहुंच प्रदान करता है, सूचना का खुलासा करने के दायित्व से कुछ अपवादों को इंगित करता है और कार्यान्वयन और अपील के लिए व्यवस्थाएं बनाता है। यह अधिनियम डाटा प्रोटेक्शन एक्ट (आंकड़ा सुरक्षा कानून), 1998 और पब्लिक रिकॉर्ड्स एक्ट (सरकारी रिकॉर्ड कानून), 1958 में संशोधन करता है। चूंकि अधिनियम का मकसद दिसंबर 1997 में जारी श्वेत पत्र में निर्धारित सिद्धांतों को लागू करना है, इसलिए संक्षेप में उन पर नजर डालना उपयुक्त हो सकता है। "योर राइट टु नो : दी गवर्नमेंट्स प्रपोजल्स फॉर ए. फ्रीडम ऑफ इन्फॉर्मेशन एक्ट (आपका जानने का अधिकार : सूचना की स्वतंत्रता कानून के लिए सरकार के प्रस्ताव) शीर्षक वाले श्वेत पत्र में, अधिनियम की निम्न योजना का संकेत किया गया—

नया अधिनियम ढेरों सरकारी निकायों के रिकॉर्ड्स या किसी आंकड़े की सूचना तक किसी भी व्यक्ति, कंपनी या अन्य संस्था को पहुंच प्रदान करेगा। आवेदकों को सूचना के लिए आवेदन करते वक्त अपना मकसद बताने की जरूरत नहीं है। अधिकारीगण खास सूचना को सार्वजनिक करने के लिए बाध्य हैं। वास्तव में, इस कानून के दायरे में आने वाले अधिकारियों की यह ड्यूटी है कि वे बिना किसी आग्रह के खास सूचना को सार्वजनिक रूप से उपलब्ध कराएं (इसमें वे तथ्य व विश्लेषण शामिल हैं, जिन्हें सरकार प्रमुख नीतिगत प्रस्ताव तैयार करने में महत्वपूर्ण मानती है, जनता के साथ कार्य-व्यवहार पर व्याख्यात्मक सामग्री, लागत, मानक, लक्ष्य और लोक सेवकों की शिकायत करने की प्रक्रिया भी इसमें सम्मिलित हैं) और प्रशासनिक फैसलों के लिए कारण बताएं। खुलासों को रोकने के लिए मंत्रियों के पास कोई वीटो नहीं होना चाहिए।

इतना ही नहीं, इस अधिनियम के दायरे से अपवाद के रूप में मंत्रिमंडल और मंत्रिमंडलीय समितियों तक को नहीं रखा गया है। न सिर्फ सूचना, बल्कि दस्तावेजों तक पहुंच दी जाएगी। यह सही है कि सुरक्षा एवं खुफिया सेवाओं को कानून के दायरे से बाहर रखा गया है।

इसी तरह से कुछ अन्य को भी कानून के दायरे से बाहर रखा गया है और इसकी काफी आलोचना हुई है। ये अपवाद हैं—पुलिस की सिविल एवं फौजदारी प्रवर्तन कार्यवाहियां तथा जांच एवं मुकदमे से जुड़े कार्य और कानून कार्यान्वयन कार्य करने वाले अन्य निकाय जैसे सामाजिक सुरक्षा विभाग या आव्रजन सेवा तथा सरकारी उपक्रम के रोजगार के रिकॉर्ड्स। कुछ अन्य अपवाद भी हैं। उपर्युक्त ब्रिटिश कानून के मद्देनजर, इसके प्रावधानों में और विस्तार से जाने की आवश्यकता नहीं है। भारत सरकार ने भी इस अधिकार के महत्व को माना है और तदनुरूप 25 जुलाई, 2000 को एक विधेयक लोकसभा में प्रस्तुत किया है, जिसे सूचना की स्वतंत्रता विधेयक 2000 (2000 की बिल संख्या 98) कहा जाता है। यह विधेयक काफी हद तक नागरिकों को सरकार के कामकाज के संबंध में सूचना की स्वतंत्रता सुनिश्चित करता है। यह सरकारी अधिकारियों पर यह दायित्व सौंपता है कि जहां भी ऐसी सूचना मांगी जाए, वहां वे यह प्रदान करें। अगर किसी के मांगे बगैर, सरकार द्वारा खुद ही प्रमुख नीति प्रस्तावों और किस जाने वाले प्रमुख बहुपक्षीय समझौतों के बारे में सूचनाएं सार्वजनिक करने को लेकर विधेयक में प्रावधान किया जाता, तो यह और भी बेहतर होता। यही कारण है कि ऐसी नीतियों ओर समझौतों के द्वारा जो लोग प्रभावित होने वाले हैं, उन्हें ही इनके बारे में पता नहीं होता है।

भारत सरकार द्वारा 1994 में संसद को या राज्यों को या लोगों को विश्वास में लिए बगैर और इसके अच्छे-बुरे परिणामों पर राष्ट्रीय बहस किए बिना डब्ल्यू.टी.ओ. (विश्व व्यापार संगठन) समझौते करना इनका जीता जागता उदाहरण हैं। संविधान के अनुच्छेद 73, अनुच्छेदर 253 और सातवीं अनुसूची की सूची एक में प्रविष्ट 14 के तहत मिली शक्ति का प्रयोग करते हुए, केंद्र सरकार ने न केवल इस अनुसूची की सूची एक और सूची तीन के तीन विषयों को लेकर भी करार किए हैं, यथा कृषि ओर जन स्वास्थ्य। उक्त समझौतों के नकारात्मक प्रभाव दिन-ब-दिन स्पष्ट होते जा रहे हैं और घरेलू उद्योगों के वजूद को बुरी तरह नुकसान पहुंचा रहे हैं। (जबकि इन घरेलू उद्योगों पर काफी पैसा खर्च हुआ था)। कृषि और व्यापार के क्षेत्र में इन समझौतों से

क्षति हुई है। खैर, जैसा भी है, यह विधेयक एक विशाल शून्य को भरता है, यह विधेयक एक विशाल शून्य को भरता है, वैसे यह सही है कि इसमें कई सुधार संभव है। समझा जाता है कि यह विधेयक एक स्थायी समिति को भेज दिया गया है। हम यहां हाल में बनाए गए दक्षिण अफ्रीकी सूचना की स्वतंत्रता कानून (दी प्रमोशन ऑफ एक्सेस टु इन्फॉर्मेशन एक्ट, 2000) की एक प्रति साथ में लगा रहे हैं। इस कानून के दायरे में सरकारी और प्राइवेट दोनों निकायों को रखा गया है। जो कोई भी देश सूचना की स्वतंत्रता की अवधारणा के प्रति समर्पित है, उसके लिए दक्षिण अफ्रीकी कानून एक आदर्श रूप हो सकता है। चंद सुधारों के साथ उपर्युक्त विधेयक को जल्द कानून बनाए जाने की जरूरत हैं। प्रस्तावित भारतीय कानून के मसौदे को अंतिम रूप देने के पहले ब्रिटिश कानून और दक्षिण अफ्रीकी कानून के विविध प्रावधानों पर गौर कर लेना उपयोगी होगा।

(एफ) केंद्रीय सतर्कता आयोग अधिनियम के अतिरिक्त लोकपाल विधेयक को कानून बनाने की आवश्यकता

लोकपाल की संस्था

शासन में ईमानदारी को सुनिश्चित करने का एक और उपाय है लोकपाल कानून और केंद्रीय सतर्कता आयोग कानून बनाना। पहले लोक पाल कानून के बारे में बात करना उपयुक्त होगा। प्रशासकीय सुधार आयोग ने ''नागरिक शिकायतों के समाधान की समस्या'' पर 1966 में अपनी अंतरिम रिपोर्ट में, लोकपाल संस्था की स्थापना की भी सिफारिश की थी। इस सिफारिश को अमली जामा पहनाने के लिए, लोकपाल एवं लोकायुक्त विधेयक, 1968 लोकसभा में 1968 में प्रस्तुत किया गया। इसे संसद के दोनों सदनों की एक संयुक्त समिति के पास भेज दिया गया। समिति की रिपोर्ट के आधार पर 1969 में लोक सभा द्वारा विधेयक को पारित किया गया। लेकिन विधेयक जब राज्य सभा में लंबित था, तो चौथी लोकसभा भंग कर दी गई। परिणामस्वरूप यह विधेयक भी गिर गया।

1971 में, पिछली लोकसभा द्वारा पारित किए गए विधेयक को उसी नाम से लोकसभा में फिर पेश किया गया, लेकिन यह भी पांचवीं लोकसभा भंग किए जाने पर गिर गया। 1968 और 1971 में प्रस्तुत विधेयकों के दायरे में न सिर्फ दुराचरण के आरोपों के बारे में बल्कि कु-प्रशासन से जुड़ी शिकायतों को भी रखा गया था। लोकपाल को एक-सदस्यीय निकाय रखा गया था। लोकपाल को एक ऐसे व्यक्ति के रूप में वर्णित किया जा सकता है जो लोकायुक्त के कार्य करेगा, जैसा कि नार्वे, स्वीडन, इंग्लैंड जैसे पश्चिमी देशों में है। साथ लोकपाल केंद्रीय सतर्कता आयोग, जिसका गठन केंद्र सरकार के प्रशासकीय आदेश के तहत किया गया था, के कार्य भी करेगा। इस विधेयक में यह प्रावधान था कि केंद्रीय मंत्रियों, संघीय लोकसेवकों, संघ शासित प्रदेशों के मंत्रियों और केंद्र द्वारा आंशिक या पूर्णतः नियंत्रित स्थानीय प्राधिकरणों एवं निगमों में कार्यरत लोगों के खिलाफ शिकायतें की जा सकती हैं। बहरहाल, सांसदों और राज्यों के मुख्यमंत्रियों को इस विधेयक के तहत नहीं रखा गया था। संक्षेप में, इन विधेयकों को इस तरह

तैयार किया गया था कि सत्ता के दुरुपयोग, भ्रष्टाचार और कु-प्रशासन के अन्य मामलों को रोका जा सके। पीड़ित लोगों को आजादी दी गई थी कि वे निर्धारित प्राधिकरणों के पास अपनी शिकायत लेकर पहुंचे।

वर्ष 1977 में, एक ताजा विधेयक लोकपाल विधेयक, 1977 लोक सभा में पेश किया गया। यह फिर संसद के दोनों सदनों की एक संयुक्त समिति को भेजा गया। संयुक्त समिति ने जुलाई 1978 में अपनी रिपोर्ट दी। यह विधेयक जब लोक सभा में विचाराधीन था, तभी पहले सभावसान हो गया और फिर लोक सभा भंग कर दी गई। तदनुरूप, यह विधेयक भी गिर गया। यह उल्लेख किया जा सकता है कि 1977 के विधेयक के दायरे में कु-प्रशासन से जुड़ी शिकायतों को नहीं रखा गया था, यह बस विशेष श्रेणियों के लोगों जिसमें केंद्रीय मंत्री, सांसद, राज्यों के मुख्यमंत्री आदि के खिलाफ दुराचरण या भ्रष्टाचार से जुड़ी शिकायतों तक सीमित था। इस विधेयक के दायरे में प्रधानमंत्री और संघीय प्रदेशों के विधायकों को भी लाया गया था, मगर नौकरशाहों को इसके दायरे से बाहर रखा गया था। 'कदाचार' की परिभाषा को काफी व्यापक बनाया गया था। इसमें कहा गया था कि यदि कोई लोक सेवक प्रत्यक्ष या अप्रत्यक्ष रूप से अपने रिश्तेदारों या साथियों को अपने पद का लाभ उठाने देता है, तो यह उस लोक सेवक का कदाचार माना जाएगा। इसी तरह वह तब भी सदाचार का दोषी माना जाएगा, जब वह पद के अनुरूप पूरी सत्यनिष्ठा के साथ अपना कार्य-व्यवहार नहीं करेगा। वैसे, जिस संयुक्त समिति के पास इस विधेयक को भेजा गया था, उसने यह अनुशंसा कर दी थी कि उक्त आवश्यकता को निरस्त कर दिया जाए। खैर, जैसा भी हो, यह विधेयक भी समाप्त हो गया। साल 1985 में, 1977 के विधेयक की तर्ज पर एक और लोकपाल विधेयक लोकसभा में लाया गया। बहरहाल, प्रधानमंत्री के पद को इसके दायरे से बाहर रखा गया। इसके अनुसार, लोकपाल को एक-सदस्यीय निकाय बनाया गया था ओर इसके क्षेत्राधिकार को बस भ्रष्टाचार के मामलों तक सीमित रखा गया था; इसमें कु-प्रशासन और शिकायतों को नहीं रखा गया था। जैसा भी हो, अन्य ऐसे विधेयकों की तरह वैसे ही कारण से यह विधेयक भी समाप्त हो गया। साल 1989 में, एक अन्य लोक पाल विधेयक लाया गया। इसके तहत, लोक पाल को तीन-सदस्यीय निकाय बनाया गया था और इसके दायरे में प्रधानमंत्री के पद को भी लाया गया था। इसमें नियुक्ति की योग्यता और हटाने के मामलों में कुछ बदलाव दिए गए थे जिनका यहां उल्लेख किया जाना आवश्यक नहीं है।

साल 1996 में, एक अन्य लोकपाल विधेयक लोकसभा में 13 सितंबर, 1996 को प्रस्तुत किया गया। इसे गृह मामलों से संबद्ध संसदीय स्थायी समिति को भेजा गया। स्थायी समिति ने 9 मई, 1997 को अपनी रिपोर्ट संसद को सौंप दी। लेकिन इससे पहले कि सरकार समिति की विविध अनुशंसाओं पर अपने विचार पुख्ता कर पाती, लोकसभा 4 दिसंबर, 1997 को भंग कर दी गई। परिणामस्वरूप, यह विधेयक भी समाप्त हो गया।

लोकपाल कानून बनाने का एक और प्रयास 1998 में हुआ। लोकसभा में 3 अगस्त, 1998 को एक लोकपाल विधेयक पेश किया गया। इस विधेयक में यह प्रावधान रखा गया था कि लोकपाल संस्था का एक अध्यक्ष होगा और दो सदस्य होंगे। इनके कार्यकाल नियत होंगे। इनको हटाने की एक प्रक्रिया की गई थी। कहा गया कि साबित किए गए दुर्व्यवहार या अक्षमता के आधार पर राष्ट्रपति उन्हें उनके पद से हटा सकते हैं। लेकिन इसके पूर्व एक कमिटी आरोपों

की जांच करेगी। इस कमिटी में भारत के मुख्य न्यायाधीश और उनके बाद के दो वरिष्ठतम जज सदस्य होंगे। जिन पर आरोप लगाए गए हैं, उन्हें जांच समिति सूचित करेगी और अपनी बात रखने का पर्याप्त अवसर देगी। लोकपाल संस्था के अध्यक्ष और दो सदस्यों की नियुक्ति राष्ट्रपति द्वारा की जाएगी। नियुक्ति की सिफारिश भी एक समिति द्वारा की जाएगी। इस समिति में उप-राष्ट्रपति (अध्यक्ष), प्रधानमंत्री, लोक सभा के अध्यक्ष, गृह मंत्री, उस सदन के नेता जिसके सदस्य प्रधानमंत्री नहीं है और राज्य सभा में विपक्ष के नेता। लोकपाल का क्षेत्राधिकार उन आरोपों को सुनना होगा, जो भ्रष्टाचार रोकथाम कानून, 1988 के तहत दंडनीय अपराध हैं। प्रधानमंत्री केंद्रीय मंत्रीगण और सांसद के खिलाफ लोकपाल शिकायत सुन सकते हैं। विधेयक की धारा 12 में दिया गया है कि लोक सेवक को छोड़ कर कोई भी व्यक्ति इस विधेयक के तह लोकपाल के समक्ष शिकायत कर सकता है। (शिकायत' को भी धारा 2 की उप-धारा (सी) में परिभाषित किया गया है, जिसका मतलब है कि एक सरकारी कर्मी ने कोई ऐसा अपराध किया है, जो भ्रष्टाचार रोकथाम कानून, 1988 के तहत दंडनीय है। सरकारी कर्मी से आशय प्रधानमंत्री, केंद्रीय मंत्री और सांसद, पूर्व एवं वर्तमान दोनों से है) अगर अपनी जांच के दौरान, लोकपाल को लगता है कि 'सरकारी कर्मी' के अलावा किसी और व्यक्ति के काम या आचरण की जांच करना आवश्यक है तो वह ऐसा कर सकते हैं ताकि वह अपने क्षेत्राधिकार के तहत सामने लाए गए मामले को प्रभावी ढंग से निपटा सकें। विधेयक की धारा 13 में दिया गया है कि लोकपाल द्वारा शिकायतों की शुरुआती जांच की जाएगी और धारा 14 में बताया गया है कि कोई भी जांच करने की प्रक्रिया क्या होगी। धारा 15 में लोकपाल को यह शक्ति दी गई है कि वे किसी भी व्यक्ति को अपने समक्ष पेश होने के लिए समन भेज सकते हैं या किसी व्यक्ति या प्राधिकरण से दस्तावेज मंगवा सकते हैं। लोकपाल को धारा 16 के तहत तलाशी लेने और जब्त करने का अधिकार भी दिया गया है। विधेयक के चौथे अध्याय में सिर्फ एक धारा रखी गई है और वह है धारा 18, जो हरेक सांसद पर यह दायित्व सौंपती है कि वह पद ग्रहण करने के लिए 90 दिनों की अवधि के दौरान लोकपाल के समक्ष अपने और अपने परिवार की तमाम संपदाओं और देनदारियों का ब्योरा प्रस्तुत करें। और ऐसा वह हर वित्तीय वर्ष शुरू होने के बाद 90 दिनों के अंदर करें।

इस विधेयक के प्रावधानों को परखते हुए, हम यह मानने लगे हैं कि प्रधानमंत्री को लोकपाल के दायरे में लाना एक वांछनीय कदम हो सकता है, लेकिन यह भी आवश्यक है कि लोकपाल की उस शक्ति को विनियोजित किया जाए, उसकी घेराबंदी की जाए। हमारी संवैधानिक व्यवस्था यानी संसदीय प्रणाली की सरकार के तहत, प्रधानमंत्री एक अनूठी हैसियत रखते हैं। पूरे सरकारी ढांचे के वह सिरमौर हैं। उनकी छवि, उनकी प्रतिष्ठा और उनका व्यक्तित्व पूरी सरकार में व्याप्त होता है। सरकार की प्रायः वही छवि बनती है, जैसी छवि प्रधानमंत्री की होती है। हमारी जैसी संसदीय प्रणाली में प्रधानमंत्री को जो असाधारण शक्ति प्राप्त है, उसके कारण न्यायशास्त्रियों द्वारा इस व्यवस्था को कभी-कभी 'प्रधानमंत्रीय शासन प्रणाली' कहा जाता है। प्रधानमंत्री सामान्यतः लोकसभा में बहुमत वाले दल या यदि गठबंधन सरकार है, तो वह गठबंधन का नेता होता है। अपने पद और अपनी शक्ति के कारण, प्रधानमंत्री को काफी विरोध,

आलोचना, आरोप आदि झेलने पड़ते हैं। अगर लोकपाल प्रधानमंत्री के खिलाफ किसी राजनैतिक दल अथवा समूह अथवा किसी व्यक्ति द्वारा लगाए गए प्रत्येक आरोप को लेने लगें, तो यह प्रधानमंत्री को अपने प्रभावी कार्य-निष्पादन में बाधा पहुँचाएगा। न तो वह हर हमेशा एक धुंधमें रह सकते हैं और न ही देश ऐसा चाहेगा कि उसके प्रधानमंत्री पर संशय का साया मंडराता रहे। संभवत: इसी कारण से, कुछ पूर्ववर्ती लोकपाल विधेयकों में, प्रधानमंत्री को लोकपाल के दायरे से बाहर रखा गया। लेकिन, जैसा कि हमने पहले कहा है, प्रधानमंत्री को लोकपाल के दायरे के अंदर लाना हालांकि एक वांछनीय कदम हो सकता है, लेकिन साथ ही यह व्यवस्था की जानी चाहिए कि प्रधानमंत्री के खिलाफ कोई जांच, पूछताछ अथवा कोई अन्य कार्यवाही शुरू करने से पहले लोकपाल राष्ट्रपति से इस बाबत लिखित अनुमति प्राप्त कर लें। इसका मतलब यह है कि लोकपाल को तमाम प्रासंगिक सामग्री राष्ट्रपति के समक्ष रखनी चाहिए। और राष्ट्रपति को तथ्यों और परिस्थितियों के साथ संतुष्ट करना चाहिए कि प्रधानमंत्री के खिलाफ लगाए गए आरोपों की पड़ताल क्यों जरूरी है। लोकपाल अन्य मामलों की तरह प्रधानमंत्री के खिलाफ भी रुटीन ढंग से या मशीनवत जांच की जो शुरुआत कर सकते थे, उस पर राष्ट्रपति से पूर्व लिखित अनुमति मांगने से एक रोक लगेगी। इस संदर्भ में तर्कसंगति और कानूनियत के बीच फर्क को समझा जाना चाहिए। तर्कसंगति (वैधता) एक राजनीतिक अवधारणा है। प्रधानमंत्री सामान्यत: निर्वाचित प्रतिनिधियों के बहुमत का नेता होने के नाते, बहुसंख्यक लोगों की इच्छा का प्रतिनिधित्व करते हैं। शासन करने की वैधता उनके और उनकी मंत्रिपरिषद् के पास है। इसके विपरीत, लोकपाल महज नियुक्त किए गए हैं। उन्हें इतनी शक्ति नहीं दी जा सकती है कि हर आरोप की जांच करने के बहाने प्रधानमंत्री की छवि, प्रतिष्ठा और व्यक्तित्व पर आंच पहुंचाए। राष्ट्रपति से पूर्व अनुमति प्राप्त करने की आवश्यकता यह सुनिश्चित करेगी कि प्रधानमंत्री के खिलाफ तभी कोई जांच-पड़ताल की जाएगी जब इसके लिए पर्याप्त व स्वीकार्य सबूत हों। राष्ट्र एक ऐसे प्रधानमंत्री को बर्दाश्त नहीं कर सकता, जिस पर शक का साया हो, जब तक यह मानने का वास्तविक और पर्याप्त आधार न हो कि वह किसी गंभीर कदाचार के दोषी हो सकते हैं। एक विश्वास यह भी है कि एक देश के प्रधानमंत्री को लोकपाल की निगरानी में नहीं रखा जाना चाहिए क्योंकि यह उनकी स्वतंत्रता और फैसले की आजादी को बुरी तरह बाधित करेगा। प्रधानमंत्री को खुला हाथ होना चाहिए और पूर्ण स्वतंत्रता उनके लिए निहायत आवश्यक है। जहां तक कि यदि कोई खास प्रधानमंत्री चाहें कि उन्हें लोकपाल के दायरे में रखा जाए, तो उनकी इस इच्छा को आयोग को तवज्जो नहीं देना चाहिए। राष्ट्रहित और जनहित का समायोजन किए जाने की जरूरत है और यह देखते हुए कि प्रधानमंत्री के विवेकाधिकार का किस तरह प्रयोग किया जाता है, यह एक पीछे ले जाना वाला कदम होगा। खैर, लोकपाल विधेयक, 2001 को 14 अगस्त, 2001 में लोकसभा में पेश किया। इस विधेयक में भी प्रधानमत्री को लोकपाल की जांच के दायरे में रखा गया है।

इस बारे में, अमेरिका की 'इंडिपेडेंट काउंसेल' (स्वतंत्र वकील) नामक संस्था का जिक्र करना उपयुक्त होगा। इसका गठन वहां सरकारी कानून में नीतिशास्त्र के शीर्षक छ: द्वारा किया गया है। स्वतंत्र वकील कानून एक 'स्वतंत्र वकील' की नियुक्ति की व्यवस्था करता है, जो संघीय

आपराधिक कानूनों का उल्लंघन करने के लिए उच्च पदस्थ सरकारी अधिकारियों के खिलाफ जांच करता है और यदि उन्हें उपयुक्त लगता है तो उनके खिलाफ मुकदमा भी चलाता है। इस कानून के अनुसार, यदि अटार्नी जनरल (महान्यायवादी) को किसी अधिकारी के खिलाफ सूचना मिलती है, तो पहले वह इस बात से संतुष्ट होते हैं कि क्या (कानून के दायरे में उल्लिखित) उस व्यक्ति ने किसी संघीय आपराधिक नियम का उल्लंघन किया है, यह मानने का पर्याप्त आधार है। अगर अटार्नी जनरल ने अपनी शुरुआती जांच पूरी कर ली है या 90 दिन बीत चुके हैं, तो कानून के अनुसार उन्हें इसकी रिपोर्ट एक विशेष अदालत को देनी होती है ताकि 'स्वतंत्र वकील' की नियुक्ति की जाए। अगर अटार्नी जनरल को लगता है कि 'यह मानने के पर्याप्त आधार हैं कि आगे और जांच की जरूरत है, तो वह "एक स्वतंत्र वकील की नियुक्ति करने के लिए कोर्ट के डिविजन को आवेदन करना होगा।" अटार्नी जनरल के आवेदन में स्वतंत्र वकील के चयन और उनके जांच संबंधी क्षेत्राधिकार तय करने में मदद देने के लिए पर्याप्त सूचना होगी। ऐसी सूचना प्राप्त होने के बाद, स्पेशल डिविजन "एक उपयुक्त स्वतंत्र वकील की नियुक्ति करेगा और उस स्वतंत्र वकील के अभियोजन संबंधी क्षेत्राधिकार को परिभाषित करेगा।"

स्वतंत्र वकील का क्षेत्राधिकार काफी विस्तृत है। उनमें तमाम शक्तियां निहित हैं और सभी जांच एवं अभियोजन संबंधी कार्य करने के लिए वह स्वतंत्र अधिकारी हैं। उनके पास न्याय विभाग, अटार्नी जनरल (महा न्यायवादी) और न्याय विभाग के किसी भी अन्य अधिकारी या कर्मचारी की शक्तियां हैं। वह ग्रैंड जूरी कार्यवाहियां और अन्य जांच कर सकते हैं, वह सिविल और फौजदारी कोर्ट की कार्यवाहियों और मुकदमों में शामिल हो सकते हैं। उन्हें यह भी शक्ति दी गई है कि वह ऐसे किसी केस में आए फैसले के खिलाफ अपील कर सकते हैं, जिसमें उन्होंने अपनी सरकारी क्षमता में भाग लिया हो। उनकी शक्तियों में शामिल हैं—सक्षम क्षेत्राधिकार वाले किसी कोर्ट में अभियोजन की प्रक्रिया शुरू करना और आगे बढ़ाना, अभियोग पत्र तैयार करना और उन पर दस्तखत करना, संयुक्त राज्य अमेरिका के नाम से किसी भी केस में सूचना भरना और केस के तमाम पहलुओं का संचालन करना। उन्हें किसी भी विभाग या प्राधिकरण से सहायता मांगने का अधिकार है। इतना ही नहीं, अधिनियम के तहत जब कोई मामला एक स्वतंत्र वकील के पास भेजा जाता है, तो न्याय विभाग में अटार्नी जनरल को उस मामले में तमाम जांच और कार्यवाहियां स्थगित कर देनी पड़ती हैं। स्वतंत्र वकील अधिनियम की वैधता को संघीय अदालतों में चुनौती दी गई। मामला अंततः अमेरिकी उच्चतम न्यायालय में पहुंचा। जस्टिस रेंक्विस्ट सी.जे. के नेतृत्व में सात जजों में से बहुमत ने इस अधिनियम की वैधता को मानते हुए कहा कि यह अमेरिकी संविधान के अनुच्छेद दो के सेक्शन 2 की धारा 2 द्वारा राष्ट्रपति को जो शक्तियां दी गई हैं, उनमें यह कटौती नहीं करती या दखल नहीं देती। मगर जस्टिल स्कैलिया जे. ने असहमति जताई। एक अन्य जज ने मामले के फैसले में भाग नहीं लिया) इस केस का नाम था—मॉरिसन बनाम ओल्सन, 487 यू. एस. 654 (1988)। हालांकि असहमति जताने वाले जज स्कैलिया जे. की उस वक्त यह कहकर काफी आलोचना की गई कि वह बहुत रूढ़िवादी है, लेकिन उसके बाद घटित घटनाओं ने उन्हें सही साबित किया है। राष्ट्रपति बिल क्लिंटन और

उनकी पत्नी को कथित रूप से फंसाने वाले व्हाइट-वाटर मामले की जांच के लिए स्वतंत्र की नियुक्ति की गई थी। लेकिन उन्होंने जिस तरह असंबद्ध मामलों को घसीट लिया, वह एक निर्देशात्मक दृष्टांत है। व्हाइट वाटर मामले में जब स्वतंत्र वकील को कुछ खास नहीं मिला, तो उन्होंने व्हाइट हाउस के एक स्टाफ की आत्महत्या का मामला उठा लिया और जब इसमें भी कुछ नहीं मिला तो उन्होंने पाउला जोन्स अफेयर को उठा लिया। इस मामले की जांच करते हुए, स्वतंत्र वकील केनेथ स्टार के हाथ मोनिका लेविंस्की अफेयर लग गया। और उसके बाद हर कोई जानता है कि किस तरह पूरे मामले को तमाम तार्किक आधारों के परे जाकर ऐसा रंग दे दिया गया कि राष्ट्रपति क्लिंटन को सीनेट में महाभियोग की कार्यवाहियों का सामना करना पड़ा। ऊपर दिए गए केस में जस्टिस स्कैल्पिया जे. की निम्न टिप्पणियां बड़े पते की हैं—

"हरेक अभियोजनकर्ता को व्यावहारिक रूप से क्या करना चाहिए कि वह अभियोजन के लिए केसों का चयन करे और उन केसों को चुने जिसमें जुमले सबसे ज्यादा स्पष्ट हों, जन हित को सबसे ज्यादा नुकसान हुआ हो और जिसमें सबूत सबसे ज्यादा निश्चित हों। अगर अभियोजनकर्ता से अपना केस चुनने को कहा जाएगा, तो इसका आशय यह है कि वह अपने प्रतिवादी भी चुन सकता है। इसी बात में अभियोजनकर्ता की सबसे खतरनाक शक्ति है। वह बजाय इसके कि वह उन केसों को चुने जिनमें अभियोग लगाए जाने की जरूरत है, वह उन लोगों को चुनेगा जिन्हें वह चुनना चाहेगा। कानून की किताबें अपराधों की कहानियों के महान संग्रह हैं। एक अभियोजक के लिए यह भरपूर मौका है कि वह तकरीबन हर किसी के द्वारा किसी कानून के तकनीकी उल्लंघन की बात ढूंढ निकाले। ऐसे मामले में, सवाल यह नहीं है कि यह पता किया जाए कहां अपराध हुआ है और फिर उस अपराध को करने वाले शख्स का पता किया जाए, बल्कि सवाल यह हो जाता है कि पहले आदमी चुन लिया जाए और उसका अपराध पता करने के लिए कानून की किताबें खंगाली जाएं या जांच कर्ताओं को इस काम में लगा दिया जाए कि उस आदमी पर कैसे कोई अपराध थोपा जाए। अभियोजक ऐसे शख्स को चुनता है जिसे वह नापसंद करता है या जिन्हें वह फजीहत में डालना चाहता है, या ऐसे अलोकप्रिय लोगों के एक समूह को चुनता है और फिर उन पर अपराध थोपने की तलाश करता है। इसी क्षेत्र में अभियोजन शक्ति के दुरुपयोग का सबसे बड़ा खतरा है। यहां कानून प्रवर्तन निजी हो जाता है, और वास्तविक जुर्म उन लोगों का हो जाता है जो शासकीय समूह या प्रभुत्वकारी समूह के लिए अप्रिय है, जो विरोधी राजनीतिक विचारों से जुड़ा हुआ है, या जो खुद अभियोजक के लिए निजी तौर पर अप्रिय है, राह का रोड़ा बना हुआ है, स्वतंत्र वकील एक लघु कार्यपालक बन जाता है। वह ऐसे क्षेत्र में कार्य—संचालन करता है जहां कानून तो बहुत थोड़ा है, लेकिन विवेकाधिकार काफी ज्यादा है। वह जान-बूझकर न्याय विभाग के एकात्मक प्रभाव से कट जाता है और उस दृष्टिकोण से भी परे हो जाता है जो विविध उत्तरदायित्व प्रदान करते हैं। सामान्य तौर पर जिसे महज एक तकनीकी उल्लंघन माना जाएगा। ऐसी चीजों को परिभाषित करने वाला कोई नियम नहीं है, वह उनकी (अभियोजक की) छोटी दुनिया में अभियोजन योग्य एक अपराध बन जाएगा। सामान्य तौर पर एक जांच जो ऐसे मोड़ पर पहुंच गई कि उसका पटाक्षेप कर दिया जाना

चाहिए, लेकिन अभियोजन की नजर में यह जांच साल भर और आगे बढ़ाई जा सकती है। यह कितना भयावह है कि अपना स्वतंत्र वकील और स्टाफ नियुक्त करो कोई और काम न रह जाए बल्कि आपके खिलाफ वह तब तक जांच करता रहे जब तक कि अर्थहीन, अनुपयोगी न हो जाए। ऐसे फैसले जिन प्रतियोगी जिम्मेदारियों के आधार पर टिके होते हैं, क्या उन पर निर्भर नहीं करना सार्थक है। और यह फैसला उन स्वतंत्र वकील और स्टाफ पर छोड़ना, जहां तुलना के लिए कोई आधार नहीं है, कि जो आपने किया है, वह इतना बुरा है, क्या उसके साथ इतनी मंशा जुड़ी हुई है और वह इतना सिद्ध किया जाने लायक है, कि अभियोग लगाया जाए...यह भाव कि कानून के हर उल्लंघन पर अभियोग चलाया जाना चाहिए—खास तौर पर उच्च पदों पर बैठे लोगों द्वारा किए गए हरेक उल्लंघन पर एक आकर्षक भाव है और एक चुनाव अभियान में यह दलील देना खतरनाक होगा कि यह एक एकदम अधिभावी मूल्य नहीं है। भले ही स्वर्ग (आसमान) गिर जाए, लेकिन न्याय किया जाना चाहिए। बहरहाल, वास्तविकता यह है कि यह एक एकदम अधिभावी मूल्य नहीं है....''

उपर्युक्त परिस्थितियों के संदर्भ में हमारा सुझाव है कि लोकपाल विधेयक की धारा 12 में एक प्रावधान निम्न रूप में हो

''किसी शिकायत या सूचना के आधार पर प्रधानमंत्री के खिलाफ कोई जांच या पूछताछ शुरू करने के पूर्व, लोकपाल इसके लिए राष्ट्रपति से लिखित अनुमति लेगा।''

विधेयक पर वापस आते हुए, यह भविष्यवाणी करना कठिन है कि मौजूदा विधेयक अधिनियम बनने में सफल होगा या इसका भी हश्र अपने पूर्ववर्ती जैसा ही होगा। लेकिन अभी तक जो स्थिति है, विधेयक स्वागत योग्य है; हालांकि कुछ मामलों में इसे मजबूत किए जाने की जरूरत है। विधेयक में ठीक ही कहा गया है कि लोकपाल के समक्ष कार्यवाही को भारतीय दंड संहिता के अनुच्छेद 193 (धारा 15 (2)) के आशय के तहत एक न्यायिक कार्यवाही माना जाएगा। यह भी कहा गया है कि सरकारी गोपनीयता कानून, 1923 या कानून के किसी अन्य प्रावधान के अनुसार लोकपाल के लिए यह जरूरी नहीं है कि वह गोपनीयता बरते या किसी सूचना को उजागर करने में अन्य पाबंदी खुद पर लादे। लेकिन, विधेयक यह नहीं कहता कि लोकपाल द्वारा निकाला गया निष्कर्ष अंतिम होगा और यदि कोई सरकारी कर्मी दोषी पाया जाता है तो उसे अपने पद से इस्तीफा दे देना चाहिए। जिसमें संसद/विधायिका की सदस्यता गंवाना भी शामिल है। ऐसा करने पर सेक्शन 17 महज इतना कहता है कि लोकपाल के निष्कर्षों को सक्षम प्राधिकरण को बता दिया जाना चहिए। ('सक्षम प्राधिकरण' को विधेयक की धारा 2 की उप-धारा (बी) द्वारा परिभाषित किया गया है (1) प्रधानमंत्री के मामले में लोक सभा को (2) प्रधानमंत्री को छोड़ कर मंत्रि परिषद् के सदस्य के मामले में प्रधानमंत्री को और (3) मंत्री को छोड़ कर एक सांसद के केस में राज्यसभा या लोकसभा को, जैसा मामला हो)। हो सकता है कि अपनी जांच मशीनरी के साथ वाले प्रभावी लोकपाल की स्थापना के लिए संविधान में संशोधन करना पड़े।

केंद्रीय सतर्कता आयोग

जहां तक केंद्रीय सतर्कता आयोग की बात है, इसका एक लंबा पूर्व इतिहास है। प्रशासन में सत्यनिष्ठा को बनाए रखने के मामलों के संदर्भ में सरकार को परामर्श देने के लिए भारत सरकार ने संथानम समिति बनाई थी। इस समिति की अनुशंसाओं के मद्देनजर, साल 1964 में सी वी सी की स्थापना की गई। भारत सरकार के गृह मंत्रालय के 11 फरवरी, 1964 के प्रस्ताव के अनुसार सी.वी.सी. का क्षेत्राधिकार तमाम लोक सेवकों और सरकारी क्षेत्र के उपक्रमों, राष्ट्रीयकृत बैंकों और स्वायत्त संगठनों के कर्मचारियों तक विस्तृत किया गया। बगैर किसी खास प्रभाव के, यह तब तक इसी रूप में काम करता रहा जब तक कि उच्चतम न्यायालय ने विनीत नारायण बनाम भारत सरकार (1997 (7) स्केल 656) (ए.आई.आर. -1998 एस.सी.-889) केस में 18 दिसंबर 1997 को निर्देश दिया कि सी.वी.सी. को सांविधिक स्वरूप दिया जाए और इसे विस्तृत शक्तियां प्रदान की जाएं, जिसमें केंद्रीय जांच ब्यूरो (सी बी आई) और प्रवर्तन निदेशालय (ई डी) पर निगरानी करना भी शामिल हो। दरअसल, उक्त निर्देश देते वक्त, उच्चतम न्यायालय स्वतंत्र समीक्षा समिति की रिपोर्ट पर निर्भर रहा था। इस समिति में निम्न लोग थे—पूर्व मंत्रिमंडलीय सचिव श्री बी.पी. देशमुख, प्रधानमंत्री के प्रधान सचिव श्री एन.एन. वोहरा और केंद्रीय सतर्कता आयुक्त एस.वी. इस समिति का गठन 8 सितंबर, 1977 को सरकारी आदेश के तहत हुआ था। उच्चतम न्यायालय के निर्देश काफी विस्तृत हैं, जो सी.वी.सी., सी.बी.आई. और ई.डी. में नियुक्ति, शक्तियां और कामकाज तक को समेटे हुए हैं। इन निर्देशों का मकसद उक्त संस्थाओं को राजनीतिक नियंत्रण से बचाव करना और उन्हें उत्तरदायित्व के साथ पर्याप्त स्वतंत्रता प्रदान करना था। (जो उच्चतम न्यायालय के उन निर्देशों को पढ़ने में दिलचस्पी रखते हों, वे उच्चतम न्यायालय के उक्त फैसले को देख सकते हैं)। इन निर्देशों के अनुसार, केंदीय सरकार ने एक विधेयक का मसौदा तैयार किया है। 1999 की विधेयक संख्या 137 को केंद्रीय सतर्कता आयोग विधेयक, 1999 कहा जाता है और इसे 20 दिसंबर, 1999 को लोक सभा में प्रस्तुत किया गया। ऐसा प्रतीत होता है कि यह विधेयक अभी भी संसद के समक्ष लंबित है। इस दौरान, सी.वी.सी. उच्चतम न्यायालय के उक्त फैसले के अधिकार के तहत काम कर रहा है। यह आवश्यक है कि विनीत नारायण केस में उच्चतम न्यायालय के फैसले में दिए गए निर्देशों को दिमाग में रखते हुए संसद यथाशीघ्र इस विधेयक को पारित करे।

लोक सेवा आयोग बोर्ड

इस संदर्भ में एक अनुषंगी सुझाव है जिसे बहुत दिक्कत के बिना लागू किया जा सकता है, लेकिन जिसके अत्यंत लाभकारी परिणाम हो सकते हैं। यह सुझाव है कि वरिष्ठ पदों पर नियुक्तियों और तबादलों के मामलों को देखने के लिए एक लोक सेवा आयोग बोर्ड का गठन किया जाए। विचार यह है कि राजनीतिक कार्यपालिका के हाथों से तबदले की शक्ति ने ली जाए; क्योंकि यह वैश्विक आधार पर माना जाता है कि इस शक्ति का न केवल दुरुपयोग किया गया है बल्कि इसका इस तरह से इस्तेमाल किया गया है कि नौकरशाही, जिसमें आई.ए.एस. भी शामिल हैं, को कातर, दंतहीन और भ्रष्ट बना दिया गया है। हो सकता है कि ऐसे बोर्ड के गठन के लिए

संवैधानिक संशोधन की आवश्यकता पड़े। बोर्ड की बनावट जरूरी नहीं कि पूरी तरह गैर-राजनीतिक हो। इसकी अध्यक्षता प्रधानमंत्री अथवा गृह मंत्री द्वारा की जा सकती है और इसका क्षेत्राधिकार नौकरशाही में चंद सहज पदों तक सीमित हो।

केंद्रीय सतर्कता आयोग के सुझाव

एक अन्य अनुषंगी विचार केंद्रीय सतर्कता आयुक्त श्री एन. विट्टठल ने दिया कि भ्रष्टाचार मुक्त शासन को नागरिकों का मौलिक अधिकार बना दिया जाए। उन्होंने सुझाव दिया कि संविधान के भाग 3 में एक अनुच्छेद जोड़ा जाए, जिसमें नागरिकों के ऐसे अधिकार की घोषणा की जाए। उनका परामर्श है कि संविधान के भाग 4 (राज्य के नीति निदेशक सिद्धांत) में इस आशय का एक प्रावधान अवश्य ही शामिल किया जाए। उनकी राय है कि ऐसा प्रावधान केंद्रीय और राज्य सरकारों को ईमानदारी का पैमाना, उपभोक्ताओं, को सेवाएं प्रदान करने के नियम और सरकारी कर्मियों के तबादले के मामले में नियम बनाने में मददगार होगा। उनकी यह भी राय है कि ऐसा अधिकार जोड़े जाने से नागरिक समाप्त को पारदर्शिता, न्यायोचित प्रक्रियाएं, सरकारी अधिकारियों द्वारा भद्र व्यवहार की मांग करने का मंच मिलेगा। साथ ही सिविल सोसायटी जनता को प्रभावित करने वाले तमाम मामलों में जनता को शामिल किए जाने की मांग करेगी।

संयुक्त राज्य अमेरिका के सरकारी अधिनियम में नीति शास्त्र

इस संदर्भ में अमेरिकी कांग्रेस द्वारा 1978 में बनाए गए सरकारी अधिनियम में नीति शास्त्र के चंद प्रावधानों पर गौर करना उपयुक्त होगा। इस अधिनियम के सेक्शन 101 का शीर्षक है, ''व्यक्तियों के लिए दर्ज करने (सूचनाएं) की जरूरत'। यह सेक्शन कहता है कि (ए) उप-खंड (एफ) में वर्णित अधिकारी या कर्मचारी का ओहदा हासिल करने के 90 दिनों के अंदर, एक व्यक्ति सेक्शन 102 (बी) में वर्णित सूचना को दर्ज करते हुए एक रिपोर्ट देगा, बशर्ते उस व्यक्ति ने नया पद संभालने के पूर्व 30 दिनों के अंदर उप-खंड (एफ) में वर्णित एक अन्य पद छोड़ हो अथवा नए पद के लिए नामांकन के संदर्भ में इस शीर्षक के तहत पहले ही रिपोर्ट दर्ज कर चुका हो। उप-खंड (एफ) में राष्ट्रपति, उप-राष्ट्रपति, कार्यपालिका शाखा में हरेक अधिकारी या कर्मचारी, तमाम सरकारी कर्मचारी, कांग्रेस के सदस्य, कांग्रेस के अधिकारी या कर्मचारी, न्यायिक अधिकारी और न्यायपालिका के कर्मचारी शामिल हैं। सेक्शन 102 में वे मामले दिए गए हैं, जिन्हें ऐसी रिपोर्ट में दर्ज किया जाना चाहिए।

यह एक बहुत लंबा सेक्शन है और इसके पूरे हिस्से को उद्धृत करना संभव नहीं है। यहां इतना भर उल्लेख करना पर्याप्त होगा कि यह सेक्शन 103 समय सीमा निर्धारित करता है, जिसके अंदर रिपोर्ट दे देनी चाहिए। इसमें यह भी बताया गया है कि यह रिपोर्ट समक्ष दी जानी चाहिए। सेक्शन 104 महान्यायवादी को यह शक्ति प्रदान करता है कि यदि कोई व्यक्ति जान-बूझकर रिपोर्ट में झूठी घोषणा करता है, तो उसके खिलाफ वह समुचित अमेरिकी अदालत में सिविल कार्रवाई करें। सेक्शन 105 घोषणाओं की परिक्षा की व्यवस्था करता है, यह साफतौर

पर कहता है कि जनता की पहुंच ऐसी घोषणाओं तक होगी। कोई भी अमेरिकी नागरिक किसी वैध मकसद से इन रिपोर्टों का उपयोग कर सकता है। सेक्शन 106 इन रिपोर्टों की विशेश प्राधिकरणों द्वारा समीक्षा और पड़ताल की व्यवस्था करता है। सेक्शन 108 घोषणा करता है कि महालेखा नियंत्रक अपने सांविधिक कार्यों को प्रभावी ढंग से पूरा करने के लिए इस अधिनियम के तहत दर्ज की गई वित्तीय खुलासा रिपोर्टों को देख सकते हैं।

यह विचारणीय है कि क्या संसद को यह सलाह देना सही होगा कि वह भी उक्त अमेरिकी कानून की तर्ज पर एक कानून बनाए।

(जी) आपराधिक न्यायिक प्रणाली को मजबूत करना

शासन में ईमानदारी सुनिश्चित करने के लिए यह सर्वाधिक महत्वपूर्ण पूर्व शर्तों में से एक है। आपराधिक न्यायिक प्रणाली में पुलिस/जांच एजेंसी, अभियोजन एजेंसी, वकील, गवाह और अंतत: न्यायपालिका, शामिल होते हैं। इस विषय पर एक अन्य पर्चे में चर्चा की गई है, इसलिए इस पर इस परामर्श में विस्तृत विवरण नहीं दिया जा रहा है।

परिशिष्ट 4

भारत का सरकारी गोपनीयता कानून, 1923

सरकारी गोपनीयता कानून, 1923 ब्रिटिश औपनिवेशिक शासन के समय से ही भारत का जासूसी-रोधी कानून है। यह साफ तौर पर कहता है कि कोई भी कार्रवाई जिसमें भारत के विरुद्ध एक शत्रु देश की मदद करना शामिल है। इसमें यह भी कहा गया हे कि कोई प्रतिबंधित सरकारी स्थल या क्षेत्र तक नहीं पहुंच सकता है, जांच नहीं कर सकता है, या यहां तक कि उस क्षेत्र से होकर जा नहीं सकता है। इस अधिनियम के अनुसार, एक शत्रु देश को एक गोपनीय सरकारी स्केच, प्लान, मॉडल देना या सरकारी कोड और पासवर्ड सौंपना शत्रु देश की मदद करना है। किसी भी ऐसी सूचना को उजागर करना जो भारत की संप्रभुता और अखंडता को प्रभावित कर सकता है, देश की सुरक्षा या विदेशों के साथ दोस्ताना रिश्तों पर गलत असर डाल सकता है, वह काम इस कानून के अनुसार दंडनीय है।

अभियोजन और जुर्माना

इस अधिनियम के तहत तीन साल से लेकर चौदह साल तक की जेल हो सकती है। यदि किसी व्यक्ति की कार्रवाई अनैच्छिक है और उसकी मंशा देश की सुरक्षा को खतरा पैदा करना नहीं है, तो भी इस कानून के तहत जुर्म करने का आरोप उस पर लगाया जा सकता है। यह कानून सिर्फ सक्षम अधिकारियों को सरकारी गोपनीय चीजों का उपयोग करने की शक्ति देता है। यदि कोई अन्य शख्स प्रतिबंधित क्षेत्रों में या उसके बाहर गोपनीय सरकारी चीजों का इस्तेमाल करता है तो वह दंड का भागी होगा। अगर कोई व्यक्ति विदेशी एजेंट के साथ संवाद करता रहा है या संवाद करने का प्रयास किया है, चाहे यह भारत में हो या भारत के बाहर, तो इस कानून के तहत इस अपराध के लिए उसके खिलाफ कार्यवाही शुरू की जा सकती है, क्योंकि उसका काम राष्ट्र विरोधी जासूसी के लिए प्रासंगिक है और अभियोजन की मांग करता है। पत्रकारों को भी उप-निरीक्षक के पद से ऊपर के पुलिस बलों के सदस्यों और सशस्त्र बलों के सदस्यों की अपराध की जांच में करनी पड़ेगी। आवश्यकता पड़ने पर पत्रकारों को अपनी सूचना के स्रोत भी बताने के लिए कहा जा सकता है।

अगर मजिस्ट्रेट को महसूस होता है कि उनके समक्ष जो सबूत रखा गया है, उससे देश की सुरक्षा को पर्याप्त खतरा है तो वह किसी भी वक्त इस अधिनियम के तहत तलाशी वारंट जारी कर सकते हैं। यदि अभियोजन पक्ष को लगता है कि कार्यवाही के दौरान दी जाने वाली कोई सूचना संवेदनशील है तो जनता के दिलचस्पी न रखने वाले सदस्यों को अदालत की कार्यवाहियों से बाहर किया जा सकता है। इसमें मीडिया भी शामिल हैं, इसलिए पत्रकारों को भी खास केस की रिपोर्ट करने के लिए कोर्ट के अंदर नहीं जाने दिया जाएगा। इस कानून के तहत यदि कोई कंपनी दोषी ठहराई जाती है, तो कंपनी के प्रबंधन में शामिल हरेक शख्स, जिसमें बोर्ड ऑफ डायरेक्टर्स (निदेशक मंडल) भी शामिल हैं, को दंडित किया जा सकता है। खबर के मामले में, संपादक, प्रकाशक और मालिक समेत हर किसी को जुर्म के लिए जेल भेजा जा सकता है।

❑❑❑

परिशिष्ट 5: अंतर्राष्ट्रीय एन.जी.ओ. उत्तरदायित्व घोषणा-पत्र

अंतर्राष्ट्रीय गैर-सरकारी संगठन उत्तरदायित्व घोषणापत्र की स्थापना स्वतंत्र गैर-लाभकारी संगठनों के एक समूह द्वारा 2006 में की गई थी। इसका मकसद गैर-सरकारी संगठनों, पक्षकार संवाद और कार्य-निष्पादन में उत्तरदायित्व एवं पारदर्शिता को बढ़ावा देना है। गैर-सरकारी संगठन आज पहले से काफी ज्यादा सामाजिक, राजनीतिक एवं आर्थिक माहौल बनाने में महत्वपूर्ण भागीदार हैं। राष्ट्रीय स्तर पर वे जिन विकासशील देशों में काम कर रहे हैं, वहां वे आपदा राहत और सामाजिक सेवा प्रदान करते हैं, स्व-सहायता एवं स्व-शासन को बढ़ावा देते हैं। इसके अतिरिक्त उन्होंने एक सुदृढ़ अंतर्राष्ट्रीय नागरिक समाज को संवर्धित किया है। उन्होंने अनौपचारिक लेकिन अहम नियामक बनाए हैं, जो अंतर्राष्ट्रीय संस्थाओं को फैसले लेने में प्रभावित कर रहे हैं। गैर-सरकारी संगठनों की इस वृहत्तर भागीदारी से यह सवाल भी खड़ा होता है कि वे खुद अपनी गतिविधियों का औचित्य कैसे ठहराते हैं। गैर-सरकारी (स्वयं सेवी) संगठनों की उत्तरदायित्व एवं पारदर्शिता के पैमानों को पूरा करने में खास दिलचस्पी है, यह देखते हुए कि जिस मकसद के लिए वे काम कर रहे हैं, न सिर्फ उसके प्रति उनकी जिम्मेदारियां हैं, बल्कि विविध किस्म के पक्षकारों जिसमें दानदाता और प्रायोजक शामिल हैं (संभवत: ये निगम और सरकारें होती हैं), कार्यक्रम से लाभान्वित होने वाले, स्टाफ और आम जनता के प्रति भी वे उत्तरदायी हैं।

गैर-सरकारी संगठनों की वैधता को रेखांकित करने में यह चार्टर (घोषणा पत्र) एक योगदान देने वाला तत्व या कारक माना जाता है।

उत्पत्ति

चार्टर या घोषणा-पत्र का विकास

ट्रांसपेरेंसी इंटरनेशनल द्वारा जून 2003 में आयोजित इंटरनेशनल एडवोकेसी नॉन-गवर्नमेंट ऑर्गेनाइजेंशस (आई.ए.एन.जी.ओ.) वर्कशॉप में, इसके भागीदारों द्वारा उत्तरदायित्व और वैधता को प्रोत्साहित करने के महत्व पर चर्चा की गई। जैसा कि उन्होंने माना कि अंतर्राष्ट्रीय मुद्दों में उनकी संलिप्तता या भागीदारी बढ़ती जा रही है, इसलिए उत्तरदायित्व को बढ़ावा देने की जरूरत है। हार्वर्ड यूनिवर्सिटी में गैर-लाभकारी संगठनों के लिए बने हाउस सेंटर को आगामी चर्चाओं की नींव प्रदान करने के लिए इस विषय पर एक शोध पत्र तैयार करने को कहा गया। साल 2004 और साल 2005 में अपनी सालाना बैठकों में, भागीदारों ने उत्तरदायित्व की अपनी अवधारणाओं का विश्लेषण किया, शुरुआती मसौदा बनाया और फिर स्वतंत्र परामर्श विशेषज्ञों की मदद से मसौदे को तब तक संशोधित किया जब तक कि इसे लॉन्च करने के लिए आखिर प्रतिरूप तैयार नहीं हो गया।

अभिग्रहण

मानवाधिकार, पर्यावरण और सामाजिक विकास के क्षेत्र में सक्रिय ग्यारह प्रमुख अंतर्राष्ट्रीय गैर-सरकारी संगठनों द्वारा जून 2006 में आई.एन. जी.ओ. एकाउंटेबिलिटी चार्टर पर दस्तखत किया गया। इसे 'एन.जी.ओ. क्षेत्र के लिए पहला अंतर्राष्ट्रीय एवं क्रॉस-सेक्टर (विविध क्षेत्रों के लिए) दिशा निर्देश तथा गैर-लाभकारी क्षेत्र के लिए प्रथम वैश्विक उत्तरदायित्व घोषणा-पत्र माना गया है।

संस्थापक सदस्य

इसके संस्थापक सदस्य हैं—एक्शन ऐड इंटरनेशनल, एमनेस्टी इंटरनेशनल, सिविकस वर्ल्ड, अलायंस फॉर सिविक पार्टिसिपेशन, कंज्यूमर्स इंटरनेशनल, ग्रीनपीस इंटरनेशनल, ऑक्सफैम इंटरनेशनल, इंटरनेशनल सेव दी चिल्ड्रेन अलायंस, सर्वाइवल इंटरनेशनल, इंटरनेशनल फेडरेशन टर्रे डेस होम्स, ट्रांसपेरेंसी इंटरनेशनल और वर्ल्ड वाई.डब्ल्यू.सी.ए.।

नियम

चार्टर (घोषणा-पत्र) नौ मूल सिद्धांतों पर आधारित है और इसका मकसद उत्तरदायित्व व पारदर्शिता को बढ़ाना, पक्षकारों के बीच संवाद को प्रोत्साहित करना और संगठनात्मक कार्य-क्षमता व प्रभावशीलता में सुधार करना है। इन उद्देश्यों के प्रति अंतर्राष्ट्रीय एन.जी.ओ. की प्रतिबद्धता को यह कलमबद्ध करता है।

चार्टर के अनुसार इसके हरेक सदस्य को ग्लोबल रिपोर्टिंग इनिशिएटिव के एन.जी.ओ. सेक्टर सप्लीमेंट के अनुसार सालाना रिपोर्ट जमा करानी होती है। इन रिपोर्टों की एक स्वतंत्र समीक्षा पैनल द्वारा समीक्षा की जाती है और फिर संगठन को पैनल द्वारा प्रतिक्रिया दी जाती है। इसके बाद ही रिपोर्टों और प्रतिक्रिया को चार्टर की वेबसाइट पर प्रकाशित किया जाता है।

शासन

चार्टर के निदेशक मंडल में निम्न संगठनों के प्रतिनिधि हैं—एमनेस्टी इंटरनेशनल, सी.बी.एम. इंटरनेशनल, सिविकस : वर्ल्ड अलायंस फॉर सिटिजन पार्टिसिपेशन, ग्रीनपीस इंटरनेशनल, ऑक्सफैम इंटरनेशनल और वर्ल्ड विजन इंटरनेशनल। निदेशक मंडल के मौजूदा अध्यक्ष जेरेमी हॉब्स हैं, जो ऑक्सफैम इंटरनेशनल के कार्यकारी निदेशक हैं। जुलाई 2010 में बर्लिन सिविल सोसायटी सेंटर ने सिविकस से चार्टर की सचिवालय भूमिका की जिम्मेदारी संभाली।

संबद्ध आचार संहिता

साल 1997 में, वन वर्ल्ड ट्रस्ट ने एक एन.जी.ओ. चार्टर बनाया था। यह उत्तरदायित्व और पारदर्शिता के प्रति संकल्प को दर्शाने वाली एक आचार संहिता थी।

❑❑❑

Printed in the USA
CPSIA information can be obtained
at www.ICGtesting.com
CBHW032113130924
14158CB00053B/1052

9 789353 220273